邓小平

照片背后的故事

刘金田　著

江苏人民出版社

图书在版编目（CIP）数据

邓小平:照片背后的故事/刘金田著.一南京:
江苏人民出版社，2024.6(2025.3重印)
ISBN 978-7-214-28742-7

Ⅰ.①邓… Ⅱ.①刘… Ⅲ.①邓小平(1904—1997)
一生平事迹一摄影集 Ⅳ.①A762-64

中国国家版本馆 CIP 数据核字(2023)第244186号

书　　　名	邓小平:照片背后的故事
著　　　者	刘金田
责 任 编 辑	张　欣
责 任 监 制	王　娟
装 帧 设 计	刘　俊
出 版 发 行	江苏人民出版社
地　　　址	南京市湖南路1号A楼,邮编:210009
照　　　排	江苏凤凰制版有限公司
印　　　刷	江苏凤凰新华印务集团有限公司
开　　　本	718毫米×1000毫米　1/16
印　　　张	30.75　插页4
字　　　数	424千字
版　　　次	2024年6月第1版
印　　　次	2025年3月第4次印刷
标 准 书 号	ISBN 978-7-214-28742-7
定　　　价	98.00元

(江苏人民出版社图书凡印装错误可向承印厂调换)

目　录

① 最小的勤工俭学生

这是迄今为止发现的最早的一张邓小平的留影，也是邓小平刚到法国几个月后拍摄的第一张合影照片。

照片左边的人叫邓绍圣，他是邓小平的广安同乡，也是邓小平的远房叔叔。他是和邓小平一起到重庆就读于留法勤工俭学预备学校，后又一起赴法国勤工俭学的。他比邓小平大几岁，看上去也比邓小平成熟许多。

照片上的邓小平，圆圆的脸庞，留着当时中国年轻人比较时髦的分头，一身学生装束，身着洋装西服，打着领带，身板挺直，透出几分精神，但脸上仍充满着稚气。

邓小平，原名邓先圣，后曾改名邓希贤，1904 年 8 月 22 日出生在四川省广安州望溪乡姚坪里（今广安市广安区协兴镇牌坊村）。他 5 岁进私塾发蒙，6 岁转入在协兴场开办的初级小学读书，1915 年考入广安县立高等小学，1918 年又考入广安县立中学读书。

1919 年五四运动爆发后，邓小平在广安县立中学参加了游行、集会、宣传、罢课和抵制日货等活动，这是他第一次投身群众斗争和政治斗争，萌发出改造社会的意识，具有了初步的爱国思想和民主思想。

就在这一年的夏天，邓小平的父亲邓绍昌从重庆捎回口信，让邓小平去重庆报考留法勤工俭学预备学校。父亲的这一决定从此改变了邓小平的人生。

邓小平的父亲邓绍昌早年在成都接受过一些新式教育，有一些文化，加之为人仗义，在当地算得上是一个小有名气和影响的人。他曾参加当地民间的帮会组织"哥老会"（在四川又叫"袍哥会"），还在协兴场的"袍哥会"中当过"三爷""掌旗大爷"。辛亥革命时期，他率众参加过广安的武装起义，后当过广安县的团练局长等。因得罪过当地的一些帮派势力，1916 年后，他长期待在重庆避难。邓小平晚年谈到父亲时说他是"进步党人"。邓绍昌是有见识的。在听说重庆开办了勤工俭学预备学校后，他就打定主意将邓小平送进这所学校，想让长子到国外去闯荡一番。

对于父亲的这个主意,邓小平很高兴。因为这时的邓小平已经接受了一些新的思想,眼界也已逐步打开。他渴望走出广安,了解外部世界。

邓小平后来说:其实我们当时去法国,也只是抱着一个"工业救国"的思想。当时我才16岁,受到五四运动的影响,就想出洋学点本领,回来搞工业,以工业救国。我们看到中国当时是个弱国,我们要使它强大。我们认为要达到这一目标,只有使它走上现代化的道路,所以我们去西方学习。

邓小平的母亲是一位传统的中国女性。她是极力反对邓小平去法国勤工俭学的。她认为邓小平是家中的长子,眼看就要成为家中的顶梁柱了。加之邓小平的父亲长期不在家,这个家要靠邓小平来支撑。况且邓小平才16岁,要让他漂洋过海,远行万里,她无论如何是不肯同意的。

据邓小平的弟弟邓垦回忆:到法国勤工俭学,我父亲极力主张,我母亲舍不得,不赞成。大哥愿意去,加上家境困难,听说能出去留洋,也都做母亲的工作,家里面还有一场争论,他就跟母亲讲道理。讲不通后,他跑到我家老房子正面靠右边的一个房间,这是一个过间,是很矮的,有一个门,他进去后把门一关,不吃饭。大概有一两天吧,我母亲心里慌了。儿子不吃饭,那怎么办呢,这就让步了,痛哭流涕,就这样勉强同意了。

当时和邓小平准备一同报考重庆留法勤工俭学预备学校的还有当地的两个青年人:一个是邓小平的远房叔叔邓绍圣,还有一个名叫胡明德,又名胡伦。他们两个人都比邓小平大几岁,大家一起互相照应,这也使得邓小平的母亲放心一些。后来,在邓小平去重庆读书前,邓小平的母亲特地拜托邓绍圣以后在外要多多关照邓小平。1918年的下半年,邓小平和邓绍圣、胡伦来到重庆留法勤工俭学预备学校学习。

1920 年 9 月 11 日,邓小平和邓绍圣等 80 多名四川学生登上法国邮轮"盎特莱蓬"号前往法国求学。经过 39 天的航程,10 月 19 日,邓小平等到达法国的马赛。

10 月 20 日,法国《小马赛人报》报道说:"100 名中国青年人到达马赛的安德列勒蓬桥上。他们的年龄在 15～25 岁之间,穿着西式和美式服装,戴着宽边帽,穿着尖皮鞋,显得彬彬有礼,温文尔雅。"

这批中国青年人大多是到法国勤工俭学的,他们中间有 80 多人来自重庆勤工俭学预备学校。其中一位年龄最小的勤工俭学生就是邓小平。

2 天后,邓小平和邓绍圣等 20 多名中国学生被安排到离巴黎 200 多公里的巴耶中学学习。

邓小平后来回忆,学校待他们像小孩子一样,每天很早就要求上床睡觉。邓小平还说,那是一家私人开的学校,才上了几个月,没学什么东西,吃得却很坏。

尽管邓小平等人在学校里生活非常节俭,但是到了 1921 年的 3 月,他们身上带来的钱还是都花得所剩无几了。屋漏偏逢连夜雨。而就在这时,巴黎华法教育会又宣布和勤工俭学生断绝经济关系。邓小平等人的学费问题没有了着落。他们多次与校方交涉,法国教育部也曾致信校方提出能否减免部分学生的费用,但均被校方拒绝。这样,邓小平和邓绍圣等 19 名学生于 3 月 13 日晚上离开学校,前往法国南部的重工业城市克鲁梭。临走时他们还欠下了学校的费用共 2 292.5 法郎,后来这笔钱由法中救济委员会代为偿付了。

邓小平在巴耶中学学习了 5 个月。离开巴耶中学,竟是他在法国"俭学"生活的结束。

来到克鲁梭后,邓小平和邓绍圣等几名四川学生经人介绍在施奈德钢铁厂找到一份工作。从此,他开始了作为一个劳动者、一个外籍工人的 4 年多的"勤工"生活。

　　大概就是在这个时候,邓小平和邓绍圣留下了这张合影。从此,他就要脱去这身学生装束,开始"勤工"。这也许是他们对"俭学"生活结束和"勤工"生活开始的纪念吧!

　　这时的邓小平才16岁零7个月。

　　邓小平和邓绍圣被分配到施奈德钢铁厂的轧钢车间当了一名轧钢工。这个工种的劳动强度特别大,而且常有危险。这对尚未成年、身材矮小的邓小平来说,确实不堪重负。干了一个月,邓小平便离开了钢铁厂。厂方在邓小平登记表的"辞职原因"一栏写的是:体力不支,自愿离开。

　　后来,邓小平不止一次地对人说,他个子不高的原因就是在法国做工时干太累的活,吃不饱饭。

　　比邓小平体力好一些的邓绍圣又勉强坚持了一个月,最后也离开了施奈德钢铁厂。

　　后来,他们俩又一同到巴黎做工,再同到哈金森橡胶厂做工。1925年他们又一起在旅欧中国共产主义青年团里昂支部工作。1926年1月,根据中共旅欧支部的安排,他们一同前往莫斯科中山大学学习,并且在同一个班、同一个党小组,直到1926年年底邓小平奉命回国。

　　邓小平走后,邓绍圣继续在苏联学习。1927年夏从中山大学毕业后,进入莫斯科工程兵学校,1929年4月进入莫斯科军事工程学院高级班,直到毕业。

　　1984年四川省广安县人民政府曾致函邓小平了解邓绍圣的相关情况。同年2月28日,邓小平口述了关于邓绍圣早年活动的证明材料。邓小平说,邓绍圣与他一起去法国。1925年在法国入党,同年年底一起到莫斯科,就读于中山大学。后来听说回国。回国后的情形不详,多半是病死或牺牲了。应按烈士处理。

② 人生的转折点

一九三四年摄於巴黎

　　这是1924年7月中旬出席旅欧中国共产主义青年团第五次代表大会的代表欢送周恩来回国时在巴黎的合影。

　　照片中有几位后来都成为新中国党和国家的领导人。第一排的左起第一人是聂荣臻，后来曾担任国务院副总理、中央军委副主席，是中国人民解放军十大元帅之一；右起第四人是李富春，后来曾任中共中央政治局常委、国务院副总理。右起第六人是周恩来，新中国成立后，曾任中共中央副主席、国务院总理、中国人民政治协商会议主席。

站在最后一排右起第三人就是在旅欧中国共产主义青年团五大上新当选的旅欧共青团执行委员会书记局成员邓小平。

这是邓小平人生的一个重要转折点。

1921 年 4 月，邓小平离开克鲁梭后来到巴黎，靠打短工维持生活。

邓小平后来回忆说："一到法国，听先到法国的勤工俭学生的介绍，知道那时已在第一次世界大战后的两年，所需劳动力已不似大战期间（即创办勤工俭学期间）那样紧迫，找工作已不大容易，工资也不高，用勤工方法来俭学，已不可能。随着我们自己的切身体验，也证明了确是这样，做工所得，糊口都困难，哪还能读书进学堂呢。于是那些'工业救国''学点本事'等等幻想，变成了泡影。"

1922 年 2 月，他从巴黎来到蒙达尔纪的夏莱特小城，在哈金森橡胶厂找到一份稍微稳定的工作，干了 8 个月，攒下了一点钱。后来，他再次辞去工作，想继续求学。但最终还是因为钱不够，求学之梦彻底破灭。1923 年 2 月，他再次进入哈金森橡胶厂做工。一个多月后，他突然离厂。厂方在他的工卡上注明离开的原因是"拒绝工作"。也许是厂方对他这次突然离厂表示不满，还在他的工卡上特别注明"永不录用"。

其实，这时的邓小平之所以放弃艰难找到的一份对他来说还算不错的工作，不再是为了求学，而是为了追求一个新的人生目标。

就在勤工俭学生们在海外为生存而斗争的时候，中国国内发生了一件开天辟地的大事件。1921 年 7 月 23 日，中国共产党第一次全国代表大会在上海召开，中国共产党正式宣告成立。灾难深重的中国人民从此有了新的可以信赖的政治组织者和领导者，中国的前途有了光明和希望。

中国共产党成立后，在欧洲的建党活动也在旅欧的进步学生中开展起来。

1922 年 6 月，赵世炎、周恩来等 18 名勤工俭学生在巴黎郊区的布洛涅森林举行会议,成立"旅欧中国少年共产党"。赵世炎任书记,周恩来负责宣传,李维汉负责组织。

邓小平在1926年1月写的一份自传中说:"那时共产主义的团体在西欧已经成立了,不过因为我的生活太浪漫,不敢向我宣传,及到一九二三年五月我将离开哈金森时","舒辉暄才向我宣传加入团体,同时又和汪泽楷同志谈了两次话,到巴黎后又和穆清同志接洽,结果六月便加入了。""我加入团体是汪泽楷、穆清、舒辉暄三同志介绍的。"

邓小平就是在哈金森橡胶厂做工期间逐渐接受革命思想的。

邓小平后来回忆说:"最使我受影响的是《新青年》第八、九两卷及社会主义讨论集,我做工的环境使我益信陈独秀们所说的话是对的。因此,每每听到人与人相争辩时,我总是站在社会主义这边的。""从自己的劳动生活中,在先进同学的影响和帮助下,我的思想也开始变化,开始接触一些马克思主义的书籍,参加一些中国人和法国人宣传共产主义的集会。""一方面接受了一点关于社会主义尤其是共产主义的知识,一方面又受了已觉悟的分子的宣传,同时加上切身已受的痛苦,于是遂于一九二三年加入了'中国共产主义青年团旅欧区'。""我从来就未受过其他思想的浸入,一直就是相当共产主义的。"

1923年6月,邓小平来到巴黎,不久正式加入旅欧中国共产主义青年团。

1923年年底,因旅欧中国共产主义青年团执行委员会书记部需要人手,邓小平离开工厂来到书记部,开始在周恩来的直接领导下工作,从此开始了他和周恩来50多年的革命友谊。很多年后,邓小平告诉外国记者:我和周恩来"认识很早,在法国勤工俭学时就住在一起","对我来说他始终是一个兄长。我们差不多同时期走上了革命道路"。

邓小平的主要工作是在《赤光》杂志编辑部负责刻蜡版和油印,因此有着"油印博士"的美誉。邓小平晚年说:"我在《赤光》上写了不少文章,用好几个名字发表,那些文章根本说不上思想,只不过就是要国民革命,同国民党右派斗争,同曾琦、李璜他们斗争。"

1924年,第一次国共合作后,国内革命运动迅速发展,急需大批干部。7月,国内党组织召周恩来回国工作。

周恩来是1921年2月到法国的。1921年在法国经张申府、刘清扬介绍参加了巴黎共产党早期组织。1922年6月发起组织旅欧中国少年共产党,1923年2月,旅欧中国少年共产党召开临时代表大会,会议决定旅欧中国少年共产党加入中国社会主义青年团,成立"中国社会主义青年团旅欧支部",同时将"旅欧中国少年共产党"改名为"旅欧中国共产主义青年团",其领导机构改称旅欧共青团执行委员会。周恩来当选为执行委员会书记。

由于周恩来要回国工作,1924年7月13—15日,旅欧中国共产主义青年团在巴黎召开第五次代表大会,会议改选了执行委员会。周唯真、余增生、邓希贤、李俊杰、徐树屏5人当选为新的执行委员会(支部)委员,聂荣臻、李林、王锡三3人为候补委员。7月16日,在执行委员会第一次会议上,邓小平、周唯真、余增生3人组成书记局,负责旅欧共青团的日常工作。邓小平具体负责抄写、油印及财务管理。另外设立宣传部、训练部,徐树屏任宣传部主任,李富春等人为副主任。训练部由李俊杰任主任,任卓宣等任副主任。会后,周恩来即启程回国。

根据党的规定,当时担任旅欧共产主义青年团执行委员会(支部)的负责人均正式转为中国共产党旅欧支部的党员。

因此,从这时起,邓小平就转为中国共产党党员,这时,他还不满二十岁。

③ 珍藏了 **40** 年的一张照片

在 20 世纪,赠送照片是亲友、同学和战友之间表达情谊的最重要的方式之一。

这张四寸单人全身照片就是 1925 年 5 月 23 日邓小平赠予他在法国的勤工俭学同学柳圃青的。这也是迄今为止人们看到的邓小平最早的一张单人照片。

照片上的邓小平头戴鸭舌帽,身穿一件西式外套,里面套着一件背心,两手插在口袋里,脖子上围着一条厚厚的围巾。这条围巾他后来曾多次谈到,说这是他在法国勤工生活的一个重要标志。

照片上的邓小平目视前方,脸上已经没有几年前的那种稚气,表情十分刚毅。

1924 年 12 月,旅欧中国共产主义青年团召开第六次代表大会。大会组织了主席团、秘书处、监察处 3 个办事机构和 6 个委员会。大会决议监察处由李俊杰、邓希贤、蔡畅等 7 人组成,李俊杰为主任。大会还决定由徐树屏、萧朴生、李大章、任卓宣、李富春、余增生、周唯真、邓希贤、林蔚等熟悉工人运动的 17 人组成工会运动委员会,余增生为主任。会议讨论了团的训练、宣传、组织、出版等工作,通过决议案 22 个。根据会后旅欧共青团执委会的决定,执委会下属宣传部设副主任 6 人,由邓希贤、任卓宣、余增生、费子衡、熊季光、萧朴生担任。任卓宣、余增生司理民党运动事宜,费子衡、邓希贤、熊季光司理工人运动事宜,萧朴生司理《赤光》事宜。

会后不久,邓小平作为中共旅欧支部的特派员,被派到里昂地区工作,任宣传部副主任、青年团里昂支部训练干事,并兼任党的里昂小组书记,在那里作为党团地方组织的领导人。这年的 5 月下旬,当邓小平得知自己可能不久要去苏联学习时,便拍了这张单人全身照片送给在里昂的勤工俭学同学和好友柳圃青。邓小平在照片附贴的硬纸卡上写道:"圃青兄惠存 希贤照 一九二五、五、二十三日里昂。"纸卡右下角的法文是美国照相馆里昂共和国路 48 号。

柳圃青,即柳溥庆。1900 年 12 月生于江苏靖江。1911 年后举家迁往上海谋生。12 岁进入中国图书公司印刷所当童工,后转入商务印书馆工作。1921 年加入中国社会主义青年团。1924 年 3 月赴法国勤工俭学,入里昂国立美术学校学习。曾任旅欧中国共产主义青年团里昂支部宣传委员。同年 7 月,和周恩来、邓小平、李富春、聂荣臻等一起,在巴黎参加中国共产主义青年团旅欧支部第五次代表大会。后和邓小平一起编《赤光》杂志,他负责设计、排版,邓小平负责刻写、油印。两人结下了深厚的革命友情。1925 年,柳圃青兼任国民党驻法总支部执行委员,与当时担任里昂地区党团领导人兼国民党总支部监委书记的邓小平一起经常开会,从事革命活动。1927 年冬,柳圃青受组织派遣前往莫斯科中山大学学习,后受到王明等人的打击,被开除出党。1931 年回国后,长期从事印刷工作。

新中国成立后,柳圃青重新加入中国共产党,成为中国印刷界的著名专家。

柳圃青一直珍藏着邓小平的这张照片。1927 年在从法国赴苏联途经比利时时,为了照片的安全,他将照片用油纸包上几层,放在自己做的画箱的底板夹层中。1931 年他从苏联回国前,特意将装有照片的画箱寄给远在苏北靖江县(今江苏靖江市)的舅父刘茂斋老人,再由舅父转交给自己的妻子,以躲过国民党的严密盘查。

1965 年 6 月,柳圃青听说邓小平没有这张照片,便翻拍放大了一张回赠邓小平。

邓小平重见 40 年前的照片,十分高兴,并表示感谢。

"文化大革命"开始后,邓小平被打成"党内第二号走资本主义道路的当权派",受到了错误的批判和斗争。柳圃青因保存这张照片,同样遭到批斗,并被下放到河南劳动。这张照片也被没收。1971 年春,柳圃青回到北京后,做的第一件事就是寻找并向有关单位索要这张照片。直到 1973 年邓小平复出后,他才将邓小平的这张单人照找回。1974 年柳圃青病逝。这张照片交由他的子女收藏。

2004 年 7 月，在纪念邓小平诞辰 100 周年前夕，柳圃青的子女把这张珍贵的照片捐赠给中国国家博物馆。

❹ 一张工卡上的小照

法国雷诺汽车厂至今仍保存着一张邓小平当年的工卡。工卡上记载，邓小平住在比扬古尔市特拉维西尔街 27 号，系熟练工种工人，被分配在 76 号车间。磨件单位工价 1 法郎 5 生丁。工卡的左下角，有一张邓小平的一寸小照，上面印着"82409A"的编号。照片上的邓小平虽然很年轻，但时年 21 岁的他，已经是一个被法国警方一直监视、跟踪的中共旅欧支部的领导人。

1925 年 5 月 30 日，中国国内爆发了震惊中外的五卅运动。随后，中共旅欧党团组织领导在法国的勤工俭学生、华工和各界华人，开展了声援五卅运动反对帝国主义的斗争。

6 月 21 日下午 1 时，几百名旅欧华人到巴黎社会厅集合，分乘 20 多辆汽车浩浩荡荡前往位于巴比伦街 57 号的中国驻法公使馆示威。他们把事先准备好的旗帜、标语悬挂在大门和围墙上，并向行人和围观者散发法文传单。标语写的是"推翻国际帝国主义""废除不平等条约""中国是中国人民的"，等等。这场斗争引起了法国当局的不安。他们派出大批警察，大肆搜捕中共党员、共青团员和勤工俭学生。几天之内，中共旅欧支部负责人任卓宜、李大章等 20 多人相继被捕入狱。随后，法国当局又将 47 名中国留法勤工俭学生驱逐出境。

就在这个时候，邓小平的工作安排出现了变化，他暂时不去苏联了。他回到巴黎，接替党团组织的领导工作。

邓小平后来回忆说："因在巴黎的负责同志为反帝国主义运动而被驱逐，党的书记萧朴生同志曾来急信通告，并指定我为里昂—克鲁梭一带的特别委员，负责指导里昂—克鲁梭一带的一切工作。当时，我们与巴黎的消息异常隔绝，只知道团体已无中央组织了，进行必甚困难。同时，又因其他同志的催促，我便决然辞工到巴黎为团体努力工作了。到巴黎后，朴生同志尚未被逐，于是商议组织临时执行委员会，不久便又改为非常执行委员会，我均被任为委员。"

6 月 30 日，中国共产主义青年团旅欧区临时执行委员会成立，邓小平为委员,和傅钟、毛遇顺 3 人组成书记局。面对法国当局的迫害,新组建的共青团旅欧区临时执委会书记局没有退缩,积极领导开展了一系列的斗争。

据法国警方密报,1925 年 7 月 1 日,在比扬古尔市特拉维西尔街 14 号召开一次会议,共有 33 人参加。会议主席首先讲话,说旅法中国行动委员会大部分成员均已被逮捕,所以有重新组建的必要。此外,最近将要用法文和中文印刷抗议声明,以便在巴黎散发。会上,反欧洲资本主义的激进分子表示,坚决反对法方驱逐中国同胞的行径,尤其是对本星期六还要驱逐 10 名中国人表示强烈愤慨。当饭店的老板进来说警方来了时,会议就结束了。这个会议就是邓小平参与组织召开的。

7 月 2 日上午,在共青团旅欧区临时执行委员会的组织领导下,"旅法中国行动委员会"成立。下午,"旅法中国行动委员会"在贝勒维拉市布瓦耶街 23 号召开有 70 多人参加的会议,抗议国际帝国主义在中国的暴行。法国一份警方的密报记载:会上"该委员会的主席说,我们成立了行动办公室,其人员组成尚未上报代表大会,待小组选举。会上共有 8 人发言,其中邓希贤的主张为反对帝国主义,应同苏联政府联合"。

这时,随着法国警方对旅欧党团组织成员的迫害加剧,党团组织内部有的人思想上产生了动摇。而邓小平立场更加坚定,活动更加积极。

赴法勤工俭学生杨堃后来回忆道:"邓小平那时年轻、活跃,才华横溢,是职业革命家,而我是官费生,立场不坚定。参加革命后,我改名叫杨赤民,但心里还是想读书,拿学位,靠科学、教育救国。我记得一九二五年时我退出旅欧支部,一心去做学问。邓希贤一次见到我,拍着我的肩膀大声说,杨赤民,你那条科学救国的路在中国是走不通的。当时我没有听他的忠告,这是我一生的惭愧和内疚。"

8 月 16 日,中国国民党驻法总支部执行委员会在巴黎开会,邓小平被推选为监察委员。

这一时期,邓小平还和傅钟、邓绍圣等成为中国国民党驻法总支部在巴黎主办的报纸《国民》的撰稿人。《国民》主要刊登法国和中国的新闻以及反映国民党左派观点的文章。

8月17日,邓小平参加旅欧中国共产主义青年团第七次代表大会第一次执行委员会会议。会议决定邓小平、傅钟、施去病3人组成书记局,傅钟任书记。

邓小平的频繁活动,引起了法国警方的注意。法国巴黎警察局开始秘密跟踪监视邓小平的活动。8月20日,他们查明邓小平住在比扬古尔市卡斯特亚街3号,还侦察到旅欧共青团执委会的一系列活动是邓小平组织领导的,有些活动是邓小平直接主持的,邓小平在不少会议上讲了话。

邓小平后来回忆说:"因为我比较活跃。我们的行动,法国警察都是清清楚楚的!"

为了更广泛地动员旅法华人开展反帝斗争,9月12日,中共旅欧支部召开扩大会议,决定以中国国民党驻法总支部的名义再举行一次规模较大的旅法华人反帝大会。9月15日,邓小平参加组织召开旅法华人反帝大会,有1 000多名旅法华人参加,声势浩大。会上还有法国共产党代表、法国国会议员、越南共产党代表等发言。会议提出,五卅运动是世界无产阶级社会主义革命的一部分,全世界无产阶级和劳动人民要团结一致,同帝国主义作针锋相对的斗争。不获全胜,绝不收兵。

这次反帝大会的召开,使广大旅法华人更加紧密团结在中共旅欧支部周围,壮大了革命声势。同时这次大会,又一次震惊了法国政府。法国政府马上决定:逮捕这次大会的主持者和组织者。

邓小平虽然在这次会议上没有发言,但他作为中共旅欧组织的领导人,参与领导和组织了这次会议。

10月25日,法国情报员报告,10月24日20点至21点30分,在伊希-莫利诺市夏尔洛街一家咖啡餐馆召开了一次中国共产主义者会议,共有 25 人参加,会议由邓希贤主持。吴琪宣读了共产主义教育课,并指出,重建中国共产主义小组和创办刊物的必要性。

为了掩护身份,11 月 6 日,邓小平进入雷诺汽车厂做工,被分配在钳工车间。

邓小平一面做工,一面从事革命斗争。

1925 年 11 月 16 日,法国情报员报告,在巴黎举行了一次国民党的群众大会,由邓希贤主持,以纪念国民党旅欧负责人王京歧,并揭露国际帝国主义和法国帝国主义对进步人士的迫害。该报告称:"国民党于 11 月 15 日 15—17 时在贝勒维拉市布瓦耶街 23 号召开会议,出席会议的共有 47 人,会议由邓希贤主持。此会为纪念被法国驱逐,并死于回国船上的王京歧,会上陈希(音)等 11 名代表发了言,发言者抗议法国警察逮捕中国人。最后,邓希贤总结说:我们希望与会者永远牢记王京歧同志,继续进行反对帝国主义的斗争。"

邓小平在雷诺汽车厂做工的时间不长,但他心灵手巧,学到了一些钳工技术。"文化大革命"中,他被送到江西新建县(今江西省南昌市新建区)拖拉机修配厂监督劳动时,做的就是钳工活。邓小平后来还曾多次在一些场合提起在雷诺汽车厂做钳工的这段经历。

⑤ "这个时候我是秘书"

　　1980年7月15日上午9点半钟,一辆普通面包车在汉口鄱阳街139号八七会议会址纪念馆停下。司机打开右侧车门,邓小平从车上走下。他微笑着和迎上来的人们握手,然后环视一下街景,仰望着面前这座已经分别了53年的小洋房。

　　这天,八七会议会址纪念馆和武汉市文物管理处的同志们,一大清早就接到电话通知,说有位中央首长要来参观。他们早早地就在门前迎接,见是邓小平,个个欢欣鼓舞。

同邓小平一起来参观这个有重大历史意义会址的,还有他的夫人卓琳和女儿、小外孙女。

53年前的今天(1927年7月15日),继蒋介石在上海发动四一二反革命政变后,汪精卫又在武汉召开了国民党中央常务委员会扩大会议,正式同中国共产党决裂,形成了宁汉合流。在蒋介石、汪精卫联手反共的叫嚣声中,成百上千的共产党员和革命群众倒在血泊里,白色恐怖笼罩着全国。

国民党反动派的反革命政变不仅使轰轰烈烈的国民革命戛然沉寂,民主革命严重受挫,更将年幼的中国共产党推到了十分困难的境地。那个血腥的岁月虽已过去半个世纪,但往事仍历历在目。那时,年轻的共产党员邓希贤从苏联回国仅半年,刚到武汉党中央机关工作不久。为了摆脱敌人的魔掌,他随中央机关从汉口搬到武昌,又从武昌搬回汉口,经常转移,顽强地与国民党反动派周旋。此后,他开始改用"邓小平"这个名字。

1927年8月3日夜,邓小平被交通员悄悄地带到汉口俄租界三教街一幢西式公寓的三楼。这里是即将举行的中央紧急会议的秘密会场。作为中央政治秘书,他最早来到这里,负责有关的会务工作。会场为相连的两个房间,还有一间侧房作厨房用。这里原是援华俄籍农民问题顾问洛卓莫夫的家。20多天前,洛卓莫夫被汪精卫驱逐回国。房子空出后还未引起人们注意。在这个陈设简陋的房子里,邓小平待了6天。8月的武汉,酷热异常。但为了保密只得整天关着门窗,没有一点风,室内闷得像蒸笼。邓小平与陆续到来的20多名中央委员和代表都在这静候。困了就在地板上打个盹,饿了便倒杯开水吃干粮。在焦灼中等待着8月7日中央紧急会议的召开。

53年过去了。今天,邓小平重新来到会议旧址。楼梯仍然是直道式的。他进门后径直走到楼梯口,一口气登上 29 级台阶,来到二楼,缓步走进当年的会场。

会场是按原样陈设复原的,但究竟符不符合原貌,纪念馆同志心里并不是很有把握的,大家盼望得到邓小平指点。

"邓副主席,您看当年是不是这样布置的?"纪念馆的同志期待着他的认可。

"我记不清楚了,基本上是的。"他环视了一下后,见会议室摆满整整齐齐的桌椅,补充说,"不过当时没有这么规矩。"

纪念馆的另一位同志插话说:"李维汉同志看后,也说太整齐了。"

看着眼前的一切,当年开会的情景仿佛重新浮现在邓小平的眼前。

原定 7 月 28 日举行的中共中央紧急会议,到 8 月 7 日终于召开了。年轻的中国共产党人,在这里举行了关系中国革命命运、前途的重要会议——八七会议。

那张条桌,就是当时会议的主席台,开会时条桌上还摆着一些手抄的文件。瞿秋白、李维汉等分别坐在条桌两侧。各地代表,不论职务高低,一律自寻板凳坐下来。

共产国际代表罗明纳兹在会上作了长篇发言。他用俄语讲一段,瞿秋白翻译一段,然后代表们争先恐后地发言。他们慷慨陈词,批判把党引向歧途的陈独秀右倾机会主义路线。"政权是由枪杆子中取得的"的著名论点,就是毛泽东在这次会上提出的。在党和革命的紧要关头,会议确定了武装反抗国民党反动派、进行土地革命的路线和方针。

经过这次会议,继南昌起义之后,秋收起义、广州起义、百色起义、东江起义、琼崖起义、赣东北起义、湘南起义、渭华起义、黄麻起义等相继爆发。武装斗争的烈火熊熊燃烧。

1972 年 9 月 22 日,作为参加八七会议的老同志,邓小平写了关于八七会议的回忆录,寄给中央办公厅政治部。他在回忆录中写道:"毛主席是参加了(会议)的。还有瞿秋白、罗亦农(八七会议后为中央政治局委员、中央组织局书记，二八年在上海被捕牺牲）、李维汉等人，邓中夏似乎也参加了……八七会议后参加政治局工作的有瞿秋白、罗亦农、李维汉、周恩来、张太雷等人。"同时，邓小平在给中央办公厅政治部的信中又写道："写的八七会议简单回忆，如有必要，请转有关询问单位。"

邓小平恢复工作后，当得知武汉市有几位同志到北京征集有关八七会议的资料时，他非常高兴，委托邓垦捎去他对八七会议的回忆材料和对恢复八七会议会址的意见。邓小平指出："搞这个纪念馆，就是进行革命传统教育，主要是会议解决了什么问题，完成了什么历史任务，起了什么作用……要体现当时艰苦奋斗的精神。"他还于1980年5月20日亲笔题写了"八七会议会址"六个大字送给纪念馆。

今天，邓小平重访八七会议会址。他向大家介绍说："当时我们二十几个人是分三天进来的，我是第一批进来的，会议开了一天一夜，二十四小时。""您是和谁一起进来的？"纪念馆的同志问道。"我记不得了，我们是陆续地进来的。当时我在这里待了六天，最后走的。"他边看边回忆，想起了许多往事。

"李维汉同志记得会议主席台的桌子靠窗户。桌子靠窗户应该是后面一间房子。"纪念馆的同志问，"会址是这间房子，还是那间房子？"

邓小平转身看了一下后面的房子说："很可能是这间房子开的会。房子很小。"接着又指着后面的房间说："很可能是这间房。"

看完会场复原陈列，他回到一楼图片陈列厅时，湖北省委第一书记陈丕显正从门外进来。

"怎么样，像不像？"陈丕显笑着问。

"基本上像。"邓小平回答。然后一起走进陈列厅。

邓小平首先参观了陈列室的前面部分——会议背景陈列。他一边观看展览，一边解答纪念馆同志提出的问题，还不时地关照女儿和外孙女好好看看。

在八七会议召开的经过和内容这部分，邓小平仔细地看了一些版面内容,边看边谈,停留的时间比较长。当纪念馆的同志介绍说会议代表的名单排列基本上是按会议记录先后顺序时,邓小平说:"那个时候名单排列没有什么哪个在前,哪个在后。"

听到这里,陈丕显也插话说:"那时不讲这些。"邓小平笑着说:"那个时候不兴那些规矩。"

一句话把大家全逗乐了。

邓小平看到版面上会议代表名单第一个是李维汉,说:"不要以为那个时候主要是李维汉,不是那样,不是按照什么资历呀,什么排列。这些人到了就是了,就是那些委员。"

"当时中央委员没有到齐。"纪念馆的同志说。

邓小平说:"就这么选了政治局委员。"

纪念馆的同志指着版面下面"邓小平"三个字说:"我们按照中国革命博物馆党史陈列,在这里写的您的职务是党中央秘书。"

"是政治秘书。"邓小平强调说。

"有人说您当时是党中央秘书长?"

邓小平说:"那时我不是党中央秘书长,1927 年底我才当党中央秘书长。这个时候我是秘书。""那个时候,陈独秀要搞大中央,搞八大秘书,我就算一个,以后没搞齐。"

"还有谁是秘书?"纪念馆的同志问。

"还有刘伯坚,没到任,没选齐。"邓小平一边回答,一边继续往下看。

"邓副主席,八七会议以前,您住在什么地方?"

"八七会议的时候,我们住在武昌。"

"住武昌什么地方?"

"武昌三道街 1 号。1 号呀,我们党中央的地方","会后,武昌紧张,我们搬到汉口。"

"在汉口住哪里呢?"

邓小平说："在汉口住在一个法国商人的酒店楼上，我同李维汉同志住在一块。"

"会议工作人员，除您以外，还有谁？"纪念馆的同志接着问道。

邓小平说："没有什么其他工作人员，就是有个翻译，翻译是谁，记不清了，我估计是瞿秋白。"

"罗明纳兹作的报告是这个翻译作的翻译吗？"

"那当然。"邓小平又想了一下说，"罗明纳兹作报告可能是瞿秋白作的翻译。"

"当时会议通过的文件，是会后形成的，还是会前就已形成？"

邓小平说："那是原先准备好的。""那个手续很简单，通过一下。"

"李维汉同志回忆《八七会议告全党同志书》是罗明纳兹起草的，瞿秋白翻译的。"

邓小平点头说："是罗明纳兹。""报告主要是瞿秋白。"

"这是八七会议的告党员书文件。"纪念馆的同志向邓小平介绍说。

邓小平仔细地浏览了会议通过的各种文件。

到了陈列的最后部分，纪念馆的同志介绍说："根据八七会议精神各地举行武装起义。"

纪念馆的同志指着版面介绍说："这里讲的是毛主席领导的秋收起义，后面讲的是各地其他著名的起义，最后讲的是百色起义。"

邓小平好像没有看到陈列八一起义的版面，他强调说："首先是八一南昌起义。会议是号召举行全国武装起义。"

纪念馆的同志解释道："八一起义已在前面作为会议背景讲了。"

邓小平说："八一起义在八七会议之前，但八一起义也是八七会议的方针。"

"什么时间决定召开八七会议的？"纪念馆的同志想借这个机会多问些问题。

邓小平说："决定，那个时候只能少数人参加的，那谁知道什么时候决定的,反正很快就是了。那时政局变化很大,前几天就决定了,八一以前。一部分人搞南昌起义,一部分人开这个会。"

说完,他高兴地观看了讲解员操作各地武装起义的电动图表。

在介绍会议代表的陈列前,邓小平端详着与会者的照片,满含深情地对大家说:"都是年轻人!"说着哈哈大笑。

卓琳和陈丕显也会意地笑了。

邓小平又指着陆定一的照片说:"陆定一那时 21 岁,他比我小两岁。"

走到出口,纪念馆的同志请邓小平在准备好的笔砚桌上题词留念,邓小平摆摆手。但他欣然同意和纪念馆的全体工作人员一起合影留念。

临走时和工作人员握手告别,连声说道:"劳神!劳神!"

6 "我是一个军人"

邓小平多次说过："我是一个军人，我真正的专业是打仗。"

这是至今发现的邓小平军旅生涯中最早的一张照片。它拍摄于1936年邓小平参加长征到达陕北后不久，也是人们看到的邓小平红军时期的第一张照片。

照片上的邓小平一身戎装，英姿威武，完全是一副军人风范。

邓小平的打仗生涯是从1929年领导广西百色起义、龙州起义开始的。

1929年4月，第一次蒋桂战争以桂系军阀李宗仁、白崇禧的失败而告结束。广西地方实力派俞作柏、李明瑞利用蒋介石的力量掌握了广西的军政大权，分别担任广西省政府主席和广西编遣特派员。由于俞、李在广西的根基比较薄弱，加之他们又深知蒋介石是靠不住的，于是他们听取了俞作柏的弟弟中共党员俞作豫的建议，要求中共派干部去广西工作。

这年的8月底，邓小平受中共中央派遣，以中央代表身份，同中央特科交通员龚饮冰一起，离开上海，经香港，取道越南到达广西南宁。

在此之前，党中央还陆续派出了张云逸、陈豪人、龚鹤村（楚）、徐开先、李谦、冯达飞、叶季壮等几十名军政干部，利用各种渠道和关系，进入俞作柏的省政府和李明瑞的军队工作。邓小平此行的目的，是开展统战工作，争取俞作柏、李明瑞等上层人士，同时领导广西党的全面工作，准备武装起义。

邓小平到广西后，化名邓斌，以广西省政府秘书的公开身份开始工作。9月10日，他指导召开了中共广西第一次代表大会，会议对新形势下广西党组织的斗争任务和策略作了新的部署。

邓小平迅速和俞作柏、李明瑞建立了密切的合作关系。他帮助他们整顿和培训部队，并共筹反蒋、反新桂系军阀的大计；同时又坚持中国共产党独立自主的原则，趁机开展兵运工作和发展革命力量。在他的影响下，俞作柏、李明瑞释放了一批大革命失败后被捕的共产党员和进步人士。紧接着，邓小平又以培训初级军官、加强广西军事力量的名义，通过俞作柏向李明瑞建议，成立了广西教导总队，并派进了 100 多名共产党的干部学员。驻守南宁的广西警备大队实际上也被共产党掌握，共产党员张云逸任警备第四大队大队长，共产党员俞作豫任警备第五大队大队长。

经过邓小平和中共广西党组织卓有成效的工作，短短几个月的时间，一个新的革命高潮在广西迅速发展起来。

广西局势的这种变化引起了国民党军阀等反革命势力的恐慌。失去广西地盘的桂系军阀首领李宗仁惊呼，俞作柏、李明瑞"南归后，为虎附翼、共祸始炽，桂省几成为共产党之西南根据地"。

正当广西革命斗争形势有了新的转机之时，俞作柏、李明瑞不听中共方面的劝告，贸然通电反蒋，出兵广东。

邓小平随即开始实施既定的应变方案，于 10 月 6 日发动南宁兵变，把党所掌握的武装力量拉出南宁，向群众基础较好的百色、龙州地区挺进。

10 月 22 日，邓小平、张云逸率部进驻百色，并立即开始百色起义的准备工作。随后，邓小平又前往龙州，争取李明瑞参加革命，并筹划龙州起义的具体准备工作。

在布置完百色起义、龙州起义的准备工作后，邓小平前往上海向党中央汇报广西的工作。

12 月 11 日，广西警备第四大队、广西教导总队和右江农民自卫军在山城百色举行起义，宣布成立中国工农红军第七军，张云逸任军长，陈豪人任军政治部主任，龚鹤村任参谋长。全军辖 3 个纵队，共 4 000 多人。

同一天，11 个县 5 个镇的农民代表、工人代表和红七军士兵代表共 80 多人参加的代表大会在恩隆县平马镇召开，选举产生了右江苏维埃政府，雷经天任右江苏维埃政府主席。接着，在红七军的帮助下,右江地区有15个县相继成立了苏维埃政府或革命委员会。

为了加强对红七军的领导,12月25日,中共广东省委在给红七军前委的指导信中批准成立红七军前委,提出:"如小平同志已离百色返申,前委书记由昭礼(即陈豪人——编者注)担任,如尚未离开,应仍由小平负责。"由于此时邓小平已去上海,这期间红七军前委书记一职由陈豪人担任,前委委员有张云逸、何世昌、李谦、韦拔群。

两个多月后,1930年2月,邓小平从上海返回广西。中共中央于1930年3月2日在给广东省委转七军前委的指示信中提出:"红军第七军前敌委员会指定小平、昭礼、云逸、龙光、伯群、云甫、世昌七人组织之,小平为书记,昭礼为政治部主任,云逸为第七军军长,小平、昭礼、云逸三人为常委。"中央还决定红七军应设军部政治委员,"指定小平为军部政治委员"。

1930年2月1日,李明瑞、俞作豫等领导广西警备第五大队和左江工农武装举行龙州起义,宣布成立中国工农红军第八军和左江革命委员会,俞作豫任军长,何世昌任政治部主任,宛旦平任参谋长。李明瑞任红七军、红八军总指挥。红八军下辖2个纵队,共2 000多人。

不久,根据中共中央军委命令,邓小平兼任红八军政委。2月9日,邓小平任红八军临时前委书记。

接着,左江地区也有6个县相继成立了革命委员会。有的县虽未成立革命政权,但也属红八军和左江革命委员会的活动范围。

至此,广西红军发展到7 000人,红色区域扩展到20多个县,拥有100多万人口,成为当时较大的革命根据地之一。

就在这时,中共中央的领导发生了"左"倾冒险主义错误。1930年10月,中央代表到广西,指令红七军攻打柳州、桂林、广州。邓小平对"左"的错误指挥提出过不同意见,但未被采纳。部队在战斗中连连受挫。

红七军转战 3 500 公里,1931 年 3 月到江西中央革命根据地同中央红军会合。

邓小平后来回忆说:"(我)二十五岁领导了广西百色起义,建立了红七军。从那时开始干军事这一行。"

⑦ "会议室找对了，我就坐在那个角里"

1958 年 11 月 3 日，邓小平在贵州视察期间，专程参观了阔别 20 多年的遵义会议会址。谈到遵义会议时，邓小平伸出两根指头，感慨地说："20 多年了！"这张照片展示了这一幕。

走进纪念馆，看到眼前纪念馆陈列的一切，邓小平的思绪一下子又回到了从前……

1934 年 10 月 10 日,中共中央和中革军委率领中央红军一、三、五、八、九军团及中央党政机关、军委总部和直属部队共 86 000 人,开始从江西瑞金等地出发,进行战略转移,开始了漫漫长征。

邓小平是最晚接到随军长征的通知的。

1933 年 1 月,中共临时中央从上海迁入中央革命根据地。临时中央全面推行王明"左"倾冒险主义错误,反对以毛泽东为代表的正确主张,排挤和打击执行毛泽东正确主张的同志。2 月,苏区中央局机关报《斗争》上以反对"罗明路线"为题,点了邓小平、毛泽覃、谢唯俊、古柏四人的名,说他们是"江西罗明路线"的"领袖"。

3 月 2 日,中共江西省委又根据中央局的意图,指责邓小平领导的会昌中心县委在敌人大举进攻时,"仓皇失措""退却逃跑",犯了"单纯防御的错误","是与罗明路线同一来源"的"机会主义"。3 月底,在筠门岭召开了会昌、寻乌、安远三县的积极分子会议,会议通过了《会、寻、安三县党积极分子会议决议》,对邓小平实行了围攻。会后,邓小平被调离会昌中心县委,撤销其中心县委书记的职务,调任江西省委宣传部部长。

5 月 5 日,在临时中央和中央局派员主持的江西省委工作总结会议上,江西省委通过了《江西省委对邓小平、毛泽覃、谢唯俊、古柏四同志二次申明书的决议》,对他们做了组织处理,部分或全部地撤销了他们的职务,还当众缴了他们的枪,责令他们去基层改造。

邓小平被撤销了省委宣传部部长的职务,受到党内"最后严重警告"处分,被派往中央苏区边远的乐安县所属南村区委当巡视员。

不久,在总政治部主任王稼祥、副主任贺昌等人的提议下,邓小平被调到红军总政治部担任秘书长。两三个月后,邓小平请求到实际工作中去干些具体工作,随即总政治部把他分配到下属的宣传部当干事,负责主编《红星》报。

中共中央、中革军委决定红军长征后,由于邓小平曾经作为"中央苏区毛派的头子"受到过批判,所以他没有出现在随军长征人员的名单上。直到李富春调任红军总政治部代主任后，在他的关心下，邓小平才被批准参加长征。

邓小平和《红星》报编辑部随总政治部机关被编入军委第二纵队。

《红星》报是长征中跟随党中央和中央红军一起行动的唯一报刊。它对于宣传党的方针政策、鼓舞红军斗志，起了十分重要的作用。途中，邓小平一边行军，一边搜集各方面的情况和材料。一到宿营地，别人休息时，他就把铁皮箱当成办公桌，写稿、编稿、刻写蜡版、油印报纸，忙得不可开交。

1934 年 12 月 18 日，中共中央政治局在长征途中召开黎平会议。会后，中革军委决定压缩机关人员，充实战斗部队，同时对干部进行一些调整。邓小平调任中共中央秘书长。

1935 年 1 月 15—17 日，中央政治局在遵义召开扩大会议（即遵义会议）。

出席会议的有：

政治局委员：毛泽东、张闻天、周恩来、朱德、陈云、博古。

候补委员：王稼祥、刘少奇、邓发、何克全（凯丰）。

红军总部和各军团负责人：刘伯承、李富春、林彪、聂荣臻、彭德怀、杨尚昆、李卓然。

中央秘书长：邓小平。

李德及担任翻译工作的伍修权，也列席了会议。

会议首先由博古作关于反对第五次"围剿"的总结报告。他过分强调客观困难，把第五次反"围剿"的失败归因于帝国主义、国民党反动力量的强大，白区和各苏区的斗争配合不够等，而不承认主要是由于他和李德压制正确意见，在军事指挥上犯了严重错误。

接着，周恩来就军事问题作副报告，他指出第五次反"围剿"失败的主要原因是军事领导的战略战术的错误，并主动承担责任，作了诚恳的自我批评，同时也批评了博古和李德。

张闻天按照会前与毛泽东、王稼祥共同商量的意见,作反对"左"倾军事错误的报告,比较系统地批评了博古、李德在军事指挥上的错误。

毛泽东接着作了长篇发言,对博古、李德在军事指挥上的错误进行了切中要害的分析和批评,并阐述了中国革命战争的战略战术问题和此后在军事上应该采取的方针。

王稼祥在发言中也批评博古、李德的错误,支持毛泽东的正确意见。

周恩来、朱德、刘少奇等多数与会同志相继发言,不同意博古的总结报告,同意毛泽东、张闻天、王稼祥提出的提纲和意见。

只有个别人在发言中为博古、李德的错误辩解。

李德坚决不接受批评。

邓小平在会上担任记录工作,他虽然没有发言,但毫无疑问,他是毛泽东正确主张的坚定拥护者。

会议最后指定张闻天起草决议,委托常委审查,然后发到支部讨论。

会后,张闻天根据与会多数人特别是毛泽东发言的内容,起草了《中央关于反对敌人五次"围剿"的总结的决议》。这个决议,在中共中央离开遵义到达云南省扎西(今威信)县境后召开的会议上正式通过。

遵义会议是党的历史上一个生死攸关的转折点。这次会议在红军第五次反"围剿"失败和长征初期严重受挫的历史关头召开,事实上确立了毛泽东在党中央和红军的领导地位,开始确立了以毛泽东为主要代表的马克思主义正确路线在党中央的领导地位,开始形成以毛泽东为核心的第一代中央领导集体,开启了党独立自主解决中国革命实际问题的新阶段,在最危急关头挽救了党、挽救了红军、挽救了中国革命。遵义会议的鲜明特点是坚持真理、修正错误,确立党中央的正确领导,创造性地制定和实施符合中国革命特点的战略策略。

邓小平是作为《红星》报主编参加长征的。在长征途中,他一边行军，一边办报。《红星》报对于发动群众、鼓舞红军斗志，发挥了重要的作用。1934 年 12 月 18 日黎平会议后，中革军委决定对部队进行整编，军委第一、第二纵队合编为中央纵队。邓小平调任中央纵队秘书长，也就是中共中央秘书长，随后参加了中央政治局召开的遵义会议。

1955 年，遵义会议纪念馆开放时，会址内的辅助陈列室里有一份参加者的名单，其中没有邓小平，反而董必武、林伯渠被误列入参加者名单。后来遵义会议纪念馆致函董必武办公室，才弄清楚董必武没有参加遵义会议，随即又弄清楚林伯渠也没有参加。

后来，邓小平到访过纪念馆。他一走进去就不停地向随行人员陈述当年的情景，诸如遵义会议在哪个房间里开的，他坐在什么位置等。"会议室找对了，我就坐在那个角里。后面是蒋家大院，大家都住在那里，现在没有房子了，原来那个院子结构复杂，几进院子。在走廊上议论走四川的问题，那个时候觉得走廊很宽，现在窄了！"随行的记者和纪念馆的工作人员，把邓小平回忆的这些重要史实很快记了下来。因为在此之前，纪念馆的同志还不知道邓小平参加了遵义会议。随后，纪念馆专门派人到北京查找相关资料，并访问一些当事人。周恩来等一些遵义会议亲历者均证实邓小平参加了遵义会议。据杨尚昆回忆："50 年代末 60 年代初，我到遵义，遵义的同志问都是哪些人参加了遵义会议，我一一作了回答。他们又问邓小平同志是否参加了？我说好像不记得他参加了。回到北京，我问周总理，总理说小平同志参加了。当时担任会议记录，他是党中央秘书长。"但是，在"文化大革命"中，邓小平作为遵义会议的参加者，曾被林彪、"四人帮"否定。他们诬蔑邓小平"篡改历史，硬将自己塞进遵义会议"，"是捞取政治资本"。邓小平的照片，还曾一度被从遵义会议会址陈列室的墙上取下来。面对林彪、"四人帮"的诬蔑，邓小平曾平静地说："我一生的历史已经够光荣了，参加遵义会议也增添不了我一份光荣，没有参加遵义会议也抹杀不了我一份光荣。"这句话无疑体现了一个无产阶级革命家的坦荡胸怀。

亲历这一段历史并亲身参加了遵义会议的邓小平,自然有着特别深的感受。他后来说:"在历史上,遵义会议以前,我们的党没有形成过一个成熟的党中央。从陈独秀、瞿秋白、向忠发、李立三到王明,都没有形成过一个有能力的中央。我们党的领导集体,是从遵义会议开始逐步形成的","作为中央领导,可以说在一九三五年一月遵义会议确立了以毛泽东同志为核心的中央领导时,就成熟了"。

⑧ 东渡黄河出师抗日

这张照片是1937年9月16日早晨部队准备渡河时拍摄的。朱德站立船中,手举着望远镜眺望河东岸。任弼时、邓小平分坐在左、右两侧船帮,凝视远方。左权副参谋长靠在船帆桅杆前。

1937年7月7日,卢沟桥事变爆发,全国抗战开始。7月8日,中共中央在延安向全国发出《中国共产党为日军进攻卢沟桥通电》,呼吁全中国同胞、政府与军队团结起来,筑成民族统一战线的坚固长城,抵抗日军的侵略。

这时的邓小平担任中国工农红军前敌总指挥部政治部副主任、红军总政治部副主任。

7月14日,中革军委主席团发布《关于红军改编为国民革命军及加强抗日教育问题》的命令。7月22日,红军前敌总指挥部在陕西泾阳县云阳镇召开红军高级干部会议,讨论红军改编和开赴抗日前线问题。邓小平在会上发言:"对于卢沟桥事变,南京政府的态度是进步的,但仍是动摇的。""我们的方针是:一面批不抵抗倾向,一面发动第二步抗战。红军改名也是条件之一⋯⋯全国抗战爆发,我军可能迅速开往前线,顺次合编。"

7月28日,中共中央决定:红军8月15日完成改编,20日出动抗日。红军改编后设总指挥部,朱德为正指挥,彭德怀为副指挥,任弼时为政治部主任,邓小平为副主任,"实行在军委领导下之全权指挥"。7月29日,彭德怀、任弼时、邓小平电令各兵团政治部:"我军在十天内改编完毕后,即出动抗战。"

8月6日,前敌总指挥部命令部队全部集中云阳地区待命。

8月间,国民党在南京召开国防会议。共产党应邀派遣周恩来、朱德、叶剑英率团赴南京参加军政部谈话会,并同国民党进行谈判。经过国共两党代表在南京的反复谈判,8月18日,蒋介石同意红军主力改编为国民革命军第八路军,并同意设总指挥部,任命朱德、彭德怀为正、副总指挥,1938年1月编入第二战区。

8月25日,洛川中共中央政治局扩大会议结束的当天,中共中央革命军事委员会发布红军主力改编为国民革命军第八路军的命令并决定:红军前敌总指挥部改为第八路军指挥部,以朱德为总指挥,彭德怀为副总指挥;叶剑英为参谋长,左权为副参谋长;红军总政治部改为第八路军政治部,以任弼时为主任,邓小平为副主任;第八路军下辖一一五师、一二○师和一二九师3个师。命令中还任命了3个师的负责人。

洛川会议还决定，立即出动红军主力到山西抗战前线。

9月5日，八路军总部在云阳举行出师抗日誓师大会。邓小平主持大会。八路军政治部主任任弼时宣布八路军"三大纪律""八项注意"。年逾五十的朱德总指挥庄严地举起右臂，一句一顿地领诵《八路军出师抗日誓词》："日本帝国主义，是中华民族的死敌，它要亡我国家，灭我种族，杀害我们父母兄弟，奸淫我们母妻姊妹，烧我们的庄稼房屋，毁我们的耕具牲口。为了民族，为了国家，为了同胞，为了子孙，我们只有抗战到底……我们是工农出身，不侵犯群众一针一线，替民众谋福利，对友军要亲爱，对革命要忠实。如果违犯民族利益，愿受革命纪律的制裁、同志的指责！谨此宣誓。"

第二天，秋风阵阵，细雨蒙蒙。八路军总部在朱德、任弼时、左权和邓小平等的率领下，从云阳镇出发东进。

9月11日，八路军在东进途中接到国民政府军事委员会电令，将八路军改称第十八集团军，朱德、彭德怀分别任总司令、副总司令。

9月15日，部队抵达陕西省韩城县芝川镇，这里是黄河的一个渡口，对岸就是山西的荣河县（今荣河镇）。先前出发的一一五师和一二〇师都是从这里渡过黄河的。

9月16日早晨，部队开始渡河。这一天，久雨初霁，风和日丽。邓小平同朱德、任弼时、左权等一起登上一艘由两只木船拼在一起的渡船。战地记者拍下了他们的一张照片。

黄河芝川镇渡口一带平时水势平稳，此时由于连日暴雨而汹涌湍急。几十年后，当年负责组织总部机关渡河的王平还清晰地记得渡河那天紧张、壮观的场景。他后来回忆说，一到韩城，"黄河水的呼啸声已经隐隐可闻"，"黄河水由北而南，沉重地咆哮着奔腾而下，河水混浊，水势浩大。由于船工有丰富的经验，一只只小船绕过峰谷浪尖，激流险滩，顺利地到达了对岸"。

9 "我们要当仁不让!"

　　这张照片是1937年11月邓小平和周恩来、彭雪枫等人在汾阳县（今山西省汾阳市）时的合影。

　　1937年9月21日，邓小平和朱德、任弼时、左权等率八路军总部到达太原，与先期抵达太原的周恩来和彭德怀等会合。

就在他们到达的前一天，周恩来、彭德怀即向第二战区司令长官阎锡山提出，在太原成立一个统一战线组织——第二战区民族革命战争战地总动员委员会。这是一个带有战时性质的组织，其动员区域包括绥远、察哈尔、晋西北、雁北和晋东北等地，主任委员为国民党爱国将领续范亭。

邓小平受命担任第二战区民族革命战争战地总动员委员会八路军代表。

战地总动员委员会是发动群众支援和参加抗战的领导机构。邓小平强调，应十分注意区、村两级的组织工作，强调要吸收各界各阶层代表人物参加，又要大力扶助维护群众利益的积极分子参加选举并成为骨干，为逐步改造旧政权、建立抗日民主政府准备条件。

依靠群众，组织群众，动员群众，历来是红军的优良传统。阎锡山原料定，发动群众的工作怎么样也要3个月才能搞起来。结果不想，八路军只用了短短20天，就把群众组织和武装搞起来了。

阎锡山及其手下只好自叹弗如："八路军做事太快了！"

10月12日，受八路军总部派遣，邓小平率傅钟、陆定一、黄镇等五六百人，远离主力，到晋西南开展工作。

据傅钟回忆："我们经太原往南走，队伍走到哪里，宣传到哪里，沿途受到群众的热忱接待，所以队伍虽小，却有声有色地扩大了红军的影响，以〔致〕我们在太原等地一贴出随营学院的招生布告，立即就有青年知识分子报名参加我们的行列，队伍最后由三个队扩大成四个队。到汾阳县三泉镇后，当地牺盟会的负责人和山西省委的同志不断找小平同志汇报情况，听取指示。不几天，从忻口前线退下来的国民党部队，漫山遍野而来。阎锡山也离开了太原，跑进了吕梁山区。11月8日太原失守。从太原地区退下来的各路国民党军队大路跑，小路跑，惶惶不可终日。"

11月9日，周恩来由交城到达汾阳。他是5日和彭雪枫等八路军驻晋办事处最后一批人员一起从太原撤出的。一到汾阳,邓小平立即和周恩来一起,召集先期转移到这里的续范亭、程子华、南汉宸等开会,研究如何处置阎锡山撤走战动总会干部的问题,如何应对从忻口、太原前线败退下来涌入晋西南的数万国民党军队,维持社会安定等问题,并作出相应的部署。

周恩来说:"阎锡山撤走他的干部,要拆台,我们不要上当。战地动委会的组织形式还需要,我们要继续坚持下去,战地动委会顾名思义,就要活动在敌人占领的'战地',开展游击战争。"

邓小平鼓励大家不要气馁,要同山西人民一道抗战到底。他说:"在兵荒马乱时期,要广泛发动抗日势力,大锣大鼓地打起来,造成一个声势浩大的抗日局面。"当会上有人提出汾阳不属战动总会的活动区域时,邓小平果断地说:"我们要当仁不让!他们逃跑不干,我们干。"周恩来11日离开汾阳去临汾。在汾阳期间,他指示邓小平统一指挥战动总会和当地牺盟会的工作。

此后,在邓小平的指挥下,八路军政治部、战动总会和牺盟会三方面的干部通力合作,在晋西南和晋西北有条不紊地展开了动员群众参军参战、建立抗日武装等工作。

11月9日,邓小平经过缜密考虑,提出并报经八路军总部批准,划分和部署了八路军政治部与战动总会在晋西南的活动区域:由程子华负责,以一二○师工作团及战动总会干部为骨干,向晋西北的一二○师主力靠近,在离石、中阳、临县、方山、清徐、文水、交城、汾阳等8个县开展工作,中心在汾离公路线。

邓小平率政治部随营学校暂驻兑九峪、大麦郊之线,以此为中心,进行孝义、平遥、介休、永和、石楼、蒲县、隰县、大宁8个县的工作。

为了尽量避免国民党败军大量入城、骚扰群众,邓小平等组织指挥各方面的干部和没有逃走的国民党政府机关工作人员,组织群众在汾阳城外临大道的村头、路口,设立茶水站、救护站、转运站,安抚败军,帮助运送伤病员和军用物资。

傅钟回忆:小平同志和我们离开三泉镇,到了孝义县(今山西省孝义市)的下堡镇。这里地处吕梁山下,是晋西南的大门。这时日军一股窜到平遥县,阎锡山的平遥县县长如惊弓之鸟,带着文武官员和物资,逃出本县。小平同志得知后,一面对我方人员布置:在民族危急关头,反对逃亡,要理直气壮,要敢于领导群众进行反逃亡斗争;一面把那个县长叫来,晓以大义,劝其返回平遥,开展游击斗争,否则就是不尽"守土抗战"之责。小平同志严厉地说:日军打来,如果丢下老百姓逃跑,老百姓是不会答应的!每支枪,每粒子弹,每文钱,都是老百姓的血汗,不用到抗战上,老百姓有权利说话!那个县长不听劝告,仍要亡命逃跑,但最后在我方的压力下,交出了枪弹物资和人员。此后,小平同志给留下的部队派去了几名八路军干部,整训了部队。这支部队,在平遥的战斗中,迅速扩展成一支五六百人的抗日游击武装力量,取得了反逃亡斗争的胜利。此后,小平同志又在孝义的下堡实施戒严,收缴了想要逃跑的县长、警察的枪支弹药,派去了八路军干部,在孝义也形成了一支抗日的游击武装力量。随后,小平同志动手起草了一份给阎锡山的电报,揭露平遥、孝义等县县长擅离职守、弃地逃跑的行为,并声明:日军入境,我们"有必死之决心,无逃跑之余地"。八路军的抗日决心和果断行动,很快在广大群众中流传开了,人们盛赞:八路军的干部是铁打的钢铸的,阎锡山的官儿是泥捏的木头刻的。

⑩ 策马奔赴太行前线

1938年1月中旬,邓小平带着一小队人马,冒着凛冽的寒风、日夜兼程策马赶往辽县(今左权县)西河头村一二九师师部。

他此行是赴任八路军一二九师政治委员。

一二九师政治委员原是由张浩担任的。张浩原名林育英,1922年加入中国共产党,是中国共产党早期领导人之一,也是党内著名的工人运动活动家。1933年他赴莫斯科任全国总工会驻赤色国际代表和中共中央驻共产国际代表。1935年7月,共产国际决定派他回国传达共产国际七大精神,他化名张浩。全国抗战开始后,他担任八路军一二九师政训处主任,和刘伯承等率领一二九师东渡黄河,进入山西抗战前线。1937年10月,中央决定恢复政治委员及政治机关原有制度,他被委任为一二九师政治委员。因其患严重的脑病,1937年12月,中共中央和中央军委决定安排他回延安疗养。

邓小平接替张浩担任一二九师政治委员一事,是1937年12月13日中共中央政治局会议上定下来的。毛泽东亲自推荐了他。1938年1月5日,中央军委正式下达邓小平任一二九师政治委员的任命。1月16日,八路军总部公布这项任命。这时,邓小平还不到34岁,是当时八路军3个师中最年轻的师政治委员。

一二九师是由原红四方面军的部队和陕北红军的一部分改编的,1937年9月30日从陕西省富平县的庄里镇开赴山西前线。到山西后,一二九师先后配合国民党军进行娘子关争夺战和太原保卫战。太原失守后,进入晋东南,担负起依托太行、太岳山区创建晋冀豫边抗日根据地的战略任务。

担任这样一支主力部队的政治委员,参与主持这样一个战略区的工作,担子很重。邓小平曾担任红七军、红八军的政治委员和红七军前委书记,1936年后先后担任红一军团政治部宣传部部长、副主任、主任,红军总政治部副主任,八路军政治部副主任,积累了丰富的部队政治工作经验。他还具有从事统一战线工作的经历和经验。一二九师深入太行前线,创建敌后抗日根据地,要同地方实力派和国民党友军搞好关系,开展统一战线工作是很重要的。

1月上旬,已受命担任一二九师政治委员的邓小平在马牧村就开始考虑一二九师的工作。1月6日,他参加了中共中央北方局和八路军总部在洪洞县高公村召开的高级干部会议。这次会议主要是传达中央政治局十二月会议精神,讨论坚持华北抗战的方针。在会上,邓小平和师长刘伯承、北方局组织部部长彭真一起研究了一二九师传达这次会议精神和发展太行根据地的问题。会议结束后,刘伯承随朱德到洛阳参加第二战区师长以上的高级将领会议。邓小平在一二九师参谋处秘书主任兼机要科科长刘华清等护送下,从马牧村出发赴一二九师师部驻地辽县西河头村。

刘华清后来回忆说:"当时,和邓小平政委同行的还有彭真同志。""从马牧村出发时,总部给我们搞了台汽车,全部人员都坐车出发。这是一辆从日军手里缴获来的卡车,需要靠烧木炭行驶,质量很差,走着走着就抛锚。幸好司机是个老'把式',总能对付着开动。""我们一路要经曲沃、翼城、阳城、晋城、高平等地,才能到达长治。山西的路窄窄的,坑坑洼洼,走了三天,才好不容易到了长治。这几天吃饭住房都由彭真安排,他是山西人,地方政府人员比较熟,走到哪个县,都有人招待吃住,而且吃得好,住得好,我们警卫人员省事省心。可到了长治,彭真就到了目的地,不跟我们走了,而我们则要继续向前走。""我们到了武乡县时,没人接待,这下抓瞎了,我紧张极了。因为邓政委的行动要保密,不能找县长。我在武乡东村找了一家地主的房子,先请邓政委住下来。""晚上,我们挤在一间房子里。大家路途辛苦,很快睡着了,我却难以成眠,想着明天怎么搞,尤其是汽车千万别出事。天还没亮,我就提前起来,看司机发动汽车。果然汽车发动不着,倒腾好多遍,司机垂头丧气地告诉我,汽车坐不成了。请示邓政委后,我去县政府找马。县政府一个负责人说:'多了不好搞,只能解决四五匹。'我带回四匹马,请邓政委和警卫员骑马,其余的徒步行军。剩下的都是山路,不算太远,只一天时间便可赶到辽县西河头村129师师部。"

⑪ 刘邓不可分

这是邓小平政委和刘伯承师长在八路军一二九师师部拍摄的一张合影。

1938年1月18日，邓小平到达辽县西河头村八路军一二九师师部，就任一二九师政治委员。当天，师长刘伯承在洛阳参加第二战区高级将领会议。1月27日晚刘伯承回到师部。第二天，邓小平在师部见到了刘伯承。由此开始了他们长达 13 年的亲密合作。

刘伯承,1892 年生于四川开县(今重庆开州区),比邓小平大 12 岁。他们两个都属龙,又都是四川人。

刘伯承早年参加辛亥革命、讨袁战争和反对北洋军阀的护国、护法战争,20 世纪 20 年代初期就已成为川中名将。1926 年加入中国共产党,参加并领导发动四川的泸顺起义。1927 年春被武汉国民政府任命为暂编第十五军军长。大革命失败后,与周恩来、贺龙、叶挺、朱德等领导南昌起义。1927 年冬赴苏联留学,毕业于伏龙芝军事学院。1930 年夏回国。

邓小平与刘伯承先后于 1931 年 8 月、1932 年 1 月到达中央苏区。在瑞金,他们两个四川老乡第一次见面。邓小平曾撰文:"我认识伯承,是 1931 年在中央苏区。初次见面,他就给我留下忠厚、诚挚、和蔼的深刻印象。"

1932 年邓小平从中共瑞金县委书记任上调到会昌中心县委书记,刘伯承出任红军总参谋长。他们都曾因积极支持毛泽东关于红军和根据地斗争的正确主张、反对王明推行的"左"倾教条主义和李德军事指挥上的"左"倾冒险主义而遭受错误打击。先是邓小平被撤销会昌中心县委书记的职务,受到党内严重警告处分;后是刘伯承被撤销了红军总参谋长的职务,降职到红五军团担任参谋长。

长征开始后,红军在湘江战役中遭到严重损失。1934 年 12 月 18 日,党中央在黎平召开政治局扩大会议。会后,中央军委第一、第二纵队合编为中央纵队,邓小平调任中央纵队秘书长,实际上就是党中央秘书长,刘伯承被调回中革军委担任总参谋长,并兼任中央纵队司令员。随后,刘伯承指挥部队强渡乌江,智取遵义,抢占皎平渡,勇渡大渡河。红一、四方面军会合后,毛泽东推荐邓小平担任红一军团政治部宣传部部长。刘伯承后被分配到左路军,他同张国焘的分裂主义进行了坚决的斗争。

特别值得一提的是,1935年1月,他们一起参加了遵义会议,会上,他们都坚定地拥护毛泽东的正确主张。

1936年10月,红军三大主力会师,长征胜利结束。12月,邓小平担任红一军团政治部主任,刘伯承被任命为中革军委委员、总参谋长、红军大学副校长。1937年2月,刘伯承又出任援西军司令员。

邓小平后来回忆说:"我们一起工作,是1938年在八路军一二九师,一个师长,一个政治委员,以后在晋冀鲁豫野战军、中原野战军、第二野战军,前后共事13年,两人感情非常融洽,工作非常协调。我比他小十多岁,性格爱好也不尽相同,但合作得很好。人们习惯地把'刘邓'连在一起,在我们两人心里,也觉得彼此难以分开。同伯承一起共事,一起打仗,我的心情是非常愉快的。"

曾任一二九师政治部副主任的宋任穷回忆说:"他们两个人前后共事13年,小平同志同伯承同志是互相尊重的,感情非常融洽,工作非常协调,两个人的工作配合得很好。"

1942年春夏,侵华日军对晋冀鲁豫抗日根据地进行了两次"扫荡",而后一次是空前的大"扫荡"。日军春季"扫荡"给根据地造成很大损失,为了扭转这个局面,以应付将来更大的困难,邓小平去中条山,刘伯承留在太行山。3月中旬,邓小平率一支部队到太岳区。两人分手后,刘伯承一直担心邓小平的安全,老到作战科、机要科查问:"邓政委是否过了白晋线敌占区?"当时,敌军修筑了白晋铁路,插进晋东南,把太行区和太岳区分割开。3月29日晚刘伯承收到电报:"邓今晚通过白晋线去太岳。"当夜,他一直未睡,坐在作战科替参谋值班等电报。天快亮时,他得知邓小平已安全通过白晋线到达太岳区,这才放心回去休息。刘邓分开后,司令部向下发的电报仍是署"刘邓"或"刘邓李"。因为他们对工作如此严肃认真,也因为他们亲密无间地团结一致,以身作则地为人表率,所以用他们二人名义发出的"训令""号令""预先号令"或者"命令",部队无不坚决执行。

1942年,适值刘伯承师长五十大寿。在邓小平的支持下,政治机关的同志决定给刘师长祝寿,借以号召全体指战员向刘师长学习,并提高和活跃一下部队的情绪。这是敌后斗争最困难的一年。刘伯承不赞成,他说自己对革命无功劳,且祝寿要浪费钱。只是在大家的坚持下,他最终才作了让步。

邓小平在《庆祝刘伯承同志五十寿辰》的祝词中说:"我们生活在一块,工作在一块。我们之间感情是很融洽的,工作关系是非常协调的。我们偶然也有争论,但从来没有哪个固执己见。哪个意见比较对,就一致地做去。我们每每听到某些同志对上下、对同级发生意气之争,遇事总以为自己对,人家不对,总想压倒别人,提高自己,一味逞英雄,充'山大王',结果弄出错误,害党误事。假如这些同志一切从国家、人民和党的利益出发,而不是从个人的荣誉地位出发,那又怎么会犯这样的错误呢?伯承同志便是不断地以这样的精神去说服与教育同志的。"

刘伯承也写了篇50岁自铭:"我自己的一生,如果说有一点成就,那就是党和毛主席领导所给我的……因此,我愿为中国人民尽力。"

在解放战争转入战略反攻的时候,刘邓更是配合协调,指挥一致。

1986年10月,刘伯承元帅逝世,邓小平率全家前去参加追悼会。

邓小平和刘伯承,一个是政治主官,一个是军事主官,在太行山区的抗日烽火中,开始了他们长达13年的合作,由此传出"刘邓不可分"的佳话。

⑫ 回延安

　　这是1938年邓小平在延安参加扩大的六届六中全会期间和老战友们的一张合影。照片从左至右是：邓小平、谭政、陈云、林彪、罗荣桓、罗瑞卿、王稼祥、杨尚昆、滕代远、贺龙、李富春。

　　1938年8月15日，邓小平接到了彭德怀的来电，通知他中共中央政治局扩大会议即六届六中全会提前到9月15日召开，并要求他9月

1 日前赶到八路军总部与彭德怀一道启程赴延安。

8 月 18 日，邓小平离开冀南的南宫，8 月 25 日到达八路军总部驻地屯留县故县镇，和彭德怀会合，随即出发，9 月 11 日到达延安。

屈指算来，邓小平到太行前线担任一二九师政委已经 8 个月的时间了。8 个月来，八路军一二九师在刘伯承、邓小平的率领下，以太行山为中心，依托山区，并向平原发动。他们率部进行了一系列的战斗，在太行山站稳脚跟后，分兵发动群众，组织抗日武装，建立抗日民主政权，创建了晋冀豫抗日根据地。接着，他们又率部实施第二次战略，东进冀南平原，开辟冀南抗日根据地。他们还建立了太岳和由鲁西等根据地合并而成的冀鲁豫抗日根据地。

自 1937 年 9 月 6 日从云阳奔赴华北抗日战场到现在，邓小平离开陕北也有整整一年的时间了。

回到陕北，回到延安，宝塔山、延河水使他感到格外亲切。

全国抗战一年多来，中国共产党领导的八路军在华北前线浴血奋战，有力地打击了日本侵略者，使全国人民受到鼓舞。但这一年多来，中国共产党党内围绕着如何领导抗战、如何处理统一战线内部的关系及抗战的前途等问题的争论也一直没有停止过。特别是从 1937 年 12 月会议以来，王明提出的"一切通过统一战线""一切服从统一战线"和轻视敌后抗日游击战争的右倾错误主张，在党内和党的实际工作中产生了一定的消极影响。1938 年 5 月 26 日至 6 月 3 日，毛泽东在延安抗日战争研究会上作《论持久战》的长篇讲演，全面分析中日战争所处的时代和中日双方的基本特点，批驳"亡国论"和"速胜论"，系统地阐述了持久战的战略总方针，并指出了敌后抗日游击战争的重大战略作用，回答了人们最关心的问题，使人们对抗战的前途有了一个清晰的认识。在这样一种背景下，中共中央决定召开扩大的六届六中全会，总结全国抗战以来的经验教训，解决党内一度出现的右倾错误，统一全党在一些重大问题上的认识，确定党在抗战新阶段的基本方针和任务，使党更好地担负起领导抗战的责任。

六中全会召开之前,9月14—27日,中共中央先召开了中央政治局扩大会议。在14日的会上,七八月间从苏联回国的中共驻共产国际代表王稼祥,传达了共产国际的指示和共产国际执行委员会总书记季米特洛夫的意见,共产国际和季米特洛夫肯定中国共产党关于全面抗战的政治路线和抗日民族统一战线的政策策略,要求中共中央领导机关解决统一领导问题。

9月29日至11月6日,在中国共产党历史上具有重大意义的六届六中全会于延安桥儿沟的天主教堂内召开。参加会议的有中共中央委员、中央候补委员和党中央各部门、全国各地区的领导干部共55人,这是党的六大以来到会人数最多的一次中央全会。会议选举毛泽东、朱德、周恩来、王明、张闻天、项英、博古、康生、王稼祥、彭德怀、刘少奇、陈云12人为大会主席团成员。

会上,毛泽东代表中共中央政治局作题为《抗日民族战争与抗日民族统一战线发展的新阶段》的政治报告和会议总结。

毛泽东在政治报告中,深入分析了抗日战争将进入战略相持阶段的特点,提出"坚持抗战,坚持持久战,力求团结进步";号召全党将马克思主义理论应用于中国革命的具体实践,"使马克思主义在中国具体化"。全会通过政治决议案,批评了关于统一战线问题上的右倾错误,进一步确立了党独立自主地领导抗日武装斗争,把主要工作方面放在战区和敌后,实行大力巩固华北、发展华中和华南的战略方针。

10月6日,邓小平在会上第一次发言。他联系一二九师坚持敌后抗战的经验和体会,就抗战新的阶段的形势、华北抗战的任务、开展游击战争以及在统一战线内部与国民党顽固派的斗争等问题,作了阐述。

关于华北抗战的任务,他说:"现在主要任务是巩固。发展由上至下是可以的,但巩固必须由下至上,否则无法巩固。"他用"山西的形式"和"晋冀察的内容",生动地说明了统一战线与中国共产党独立自主领导敌后抗战的关系。他说,形式是山西的,但主要内容是晋冀察的,必须注意山西形式。

关于发展游击战争问题,他指出:"应从坚持华北抗战着眼来开展游击战。应以分支袭扰,结集主力出击。补充主力部队的方式仍应依靠游击队……地方武装、政府武装与正规军要改善双方关系,要真打游击。"

关于反对国民党顽固派和抗日政权的建设,他说,对于国民党利用新叛徒反共,我党应给予制裁。方针是在某种条件下,联合旧派来抵制。抵制方式主要用群众力量,教育群众来反对国民党。一切政权的改革及参议会的建立,应完全把握在党手里,但不应排挤同情分子,应好好安置同情分子。

关于军队建设,他提出:"学习晋冀察整军精神,要注意实质,应放下架子,先充实基干,然后缩制变小……部队补充应依靠军队本身的努力。军队应协助地方党工作,将军队与地方党的关系搞好。"

10月29日,他又在会上作《关于地方工作的报告》,介绍开创晋冀豫尤其是冀南敌后抗日根据地的初步经验,并就根据地以及建党、建政和武装斗争等方面的工作谈了看法。

邓小平的两次发言,没有局限于一二九师的工作,而是着眼于整个华北敌后抗日根据地的工作和抗战全局。他的第二次发言,使中共中央对冀南抗日根据地的情况更加了解,对其发展更为关注。

六中全会结束后不久,11月23日,中央书记处专门向北方局、冀鲁豫区党委和一二九师发出《关于冀南工作的指示》,充分肯定一二九师在冀南工作的成绩。《指示》说:"我们听了冀南来延同志的报告以后,认为党在冀南获得了很大成绩:在平原在磨(摩)擦厉害的冀南区域坚持了游击战争,扩大和锻炼了党及八路军,部分地改造了政权,组织了群众运动。"

⑬ 延安的婚礼

　　1939年8月下旬的一天傍晚，在延安杨家岭毛泽东住的窑洞前，有两对新人在举行结婚仪式。一对是孔原和许明，另一对就是邓小平和卓琳。两对新人在一起拍了一张合照。限于当时艰苦的条件，拍出的相片虽然有些模糊不清，但是有着永久的纪念意义。

孔原,是1924年参加革命的老共产党员,当时在中共中央特别委员会任副主任。中华人民共和国成立后,他历任海关总署署长、对外贸易部副部长、中共中央调查部部长等职,是一位著名的革命活动家。他的新婚妻子许明,是一位有才华、有能力的妇女干部,中华人民共和国成立后曾担任国务院副秘书长。他俩当时都是延安的活跃分子。

邓小平和卓琳的相识颇具戏剧性。

邓小平是1939年7月回到延安的。据张闻天的夫人刘英回忆说:"邓小平从太行山回延安,原来是准备参加七大,不料七大推迟召开,由于前方需要,他不能在延安多待。那时,邓小平没有妻子,大家非常关心这件事,于是,邓发等同志要帮助他找一个。当时延安的女同志倒是不少。抗战时期,很多女同学来到这里追求真理,陕北公学、女子大学都有。卓琳很年轻,也很不错,在陕北公学已经毕业了,所以就介绍给邓小平了。"

卓琳,原名浦琼英。1916年4月生于云南省宣威县的一个工商业家庭。父亲浦在廷经营生产宣威火腿,是当时云南著名的"火腿大王",曾追随孙中山参加北伐军。1926年,浦在廷因为生意,将全家从宣威搬到了昆明。在昆明,浦琼英上了小学,小学毕业后考入省立昆华女子中学,开始接受进步思想。1931年9月,北平举办一个全国运动会,15岁的浦琼英被选为云南省代表队少年组六十米短跑的代表到北平参加运动会。她随云南代表队到达香港准备赴北平时,九一八事变爆发,全国运动会停办,代表队只好折返。

一直想走出家门、走出云南的浦琼英决定只身前往北平求学。在征得家人同意后,她从香港经上海辗转到达北平,进入一个补习班学习。次年,考入北平第一女子中学。读书期间,她一边学习,一边参加抗日救亡活动。1935年,她参加了北平"一二·九"学生运动。1936年,浦琼英中学毕业,以优异的成绩考入北京大学物理系,成为云南省历史上第一个考入北京大学的女学生。在北京大学,她积极参加抗日活动,成为学校抗日民族解放先锋队外围组织的成员。1937 年卢沟桥事变发生后,她和当时许多热血青年一样,选择投奔延安,投奔八路军。在当时已在延安工作的二姐浦代英的帮助下,1937 年 11 月,她和三姐浦石英一起考入陕北公学。三四个月后毕业,她被分配到陕北公学图书馆工作。1938 年年初,她加入中国共产党。在陕北公学图书馆工作几个月后,组织上选送她到陕甘宁边区政府保安处特别训练班学习,准备让她学成后到敌后从事抗日工作。从这时起,她改名为卓琳。

和邓小平认识时,卓琳 23 岁,邓小平 35 岁。

卓琳晚年回忆道:"一九三九年夏天,邓小平回延安参加政治局扩大会议。他那时是一二九师政委,在太行山工作,还没有结婚。和他同住一个窑洞的好友邓发是个热心肠,他看邓小平还没有妻子,就热心地帮忙张罗。一有空闲,他就带邓小平到延安保安处去玩,因为在保安处工作的都是些年轻的女学生,我当时就在保安处工作。有一次我去曾希圣家,曾希圣说有人想和我结婚,问我愿不愿意,因为当时我还年轻,还想再工作几年……所以,我就两次拒绝了邓小平的求婚。我的拒绝,并没有让邓小平灰心。他说,他要亲自和我谈一谈。我说,好啊。第一次见面,他谈了自己的革命经历和两次婚姻的情况。第二次见面时,他说:我有意要和你结婚,在前方战斗很辛苦,我年纪是大了,又不大会说话。年纪大,这是我的缺点,但我希望能从别的方面弥补。我听听他的谈话,觉得这个人还可以。他有点知识,是知识分子。第二呢,我想,反正早晚都得结婚。我那时已经二十三岁了。于是我就同意了,但我提出个条件,就是结婚后马上离开延安,因为我害怕其他人笑话我也嫁了个'土包子'。邓小平也同意了。"

8 月下旬,邓小平和卓琳结婚了。结婚的这天,新娘卓琳特意穿上了一套新做的卡其布制服,邓小平头戴军帽,身着白色衬衣,面带微笑,充满着喜气。

当时在延安的中央高级领导人,能来的都来了。毛泽东和夫人江青,张闻天和夫人刘英,博古、刘少奇,李富春和夫人蔡畅,还有中央秘书长王首道,相继来到婚礼现场。

婚礼在热烈的气氛中进行着。大家纷纷庆贺两对新婚夫妇,开怀畅饮。孔原酒喝得很多,最后醉了,在新婚之夜就挨了夫人许明的数落。邓小平来者不拒,有敬就饮,一杯接着一杯,竟然未醉。

熟悉邓小平的刘英感到非常奇怪:小平过去是不怎么能喝酒的,今天如此"豪饮",怎么能够一点不醉呢?她心里很纳闷。丈夫张闻天悄悄地告诉她:"里面有假。"

原来,邓小平喝的是白开水。婚礼上,李富春和邓发念着朋友的情分,知道邓小平不胜酒力,怕他喝醉了,就悄悄弄了一瓶白水给他充酒,使得他免于一醉。

婚礼后,邓小平和卓琳住在杨家岭战友们特意为他们腾出来的窑洞里。

不久,邓小平就要带着新婚妻子一同上前线了。临行前,他们一同去向卓琳的姐姐浦代英告别。浦代英后来回忆说:"那天邓小平的情绪特别好,一改平时不太爱说话的习惯,和我们说了很多太行山前线的事情。我想,他的心是已经飞到那里去了。"

邓小平和卓琳这对新婚夫妇,从延安出发,渡过黄河,穿越平原,虽然一路上辛苦异常,所幸没遇到什么大的麻烦,9月1日,他们安全到达了太行山八路军总部驻地。卓琳留在八路军总部工作。9月25日,邓小平独自回到一二九师师部驻地辽县的桐峪镇。

卓琳后来回忆说:"太行山上,八路军总部,朱德是总司令,彭德怀是副总司令。当时总部有个妇女部,我就在那里工作。那时邓小平从前线到总部来开会我们才能见一面,开完会他又走了。我说夫妻俩老这样也不行,就让他给我写信,他说:'写什么呢?'我说:'就把你每天干了什么写一写。'他说:'那好,我让秘书打个底稿,印十几份,每个月给你寄一份。'我一听,哎呀,那就算了。后来我和他说:'写信你也不写,我们还是在一块共同生活,共同理解吧。'他想了想说:'行。'所以,我就到了一二九师,和他住在一块了。慢慢地就互相理解了。"

从延安的婚礼开始,邓小平和卓琳相知相伴,患难与共,携手走过了 58 个春秋。

14 在黎城会议上

这是邓小平 1940 年 4 月在中共中央北方局黎城会议上讲话的照片。

为了贯彻中共中央关于"巩固华北"的战略方针和任务,中共中央北方局和八路军总部于 1940 年 4 月 11—26 日在黎城召开冀南、太行、太岳党政军高级干部会议,史称黎城会议。

在第一次大会上,中共北方局根据中共中央的决定,宣布将太北军政委员会改为太行军政委员会,由邓小平任书记,刘伯承、蔡树藩、李雪峰、杨秀峰、薄一波、戎子和等为委员,统一领导太行、太岳、冀南三区的工作。

这时,由于受到日伪军和国民党顽军的夹击,冀南、太行、太岳三区濒于被割裂的境地,各种建设难以进行。要把三区联结成一块合乎战略要求的根据地,必须将三区的政权统一起来。中共中央的这一决定,对于一直处于分散状态的晋冀豫抗日根据地的巩固和发展,具有非常重要的意义。

4 月 22 日,邓小平以太行军政委员会书记的身份在会上讲话,就成立冀南、太行、太岳联合办事处和三区的政权问题、财经问题、建军问题等作了详细阐述。

政权建设是抗日根据地建设的首要问题。全国抗战以来,中国共产党已经在陕甘宁边区和晋察冀、晋西北、山东、晋冀豫、冀鲁豫、皖东北、皖东、皖江、苏北、苏中、苏南、鄂豫边等抗日根据地,相继建立了边区(省)或相当于省一级的政权。这些地区的县、村(乡)政权也普遍建立起来。但抗日民主政权整体上还处于初创阶段,各根据地政权建设发展并不平衡,不少地区都存在政权不统一的问题,有的地区包括陕甘宁边区的一些地方,还存在着两种政权并存的局面。

晋冀豫抗日根据地的建政工作,主要就是要改变政权不统一的局面。

邓小平在讲话中结合晋冀豫根据地的实际情况,分析了统一冀南、太行、太岳三区政权，建立统一的晋冀豫边区抗日民主政权的必要性。他提议：行政机构统一的办法是成立冀南、太行、太岳行政联合办事处，这个"联合办事处是权力机关，用指示信方式实现政策法令之指导，以达实际上内部的统一"。

鉴于当时晋冀豫根据地一些地方群众基础相对薄弱的状况，邓小平指出，政权改造，要"足够认识还没有群众基础的状况。目前阶段是准备工作，要以支部与农会改造为基础，秋收后再进行普遍的村选运动"。会议接受他的提议，决定先成立冀南、太行、太岳行政联合办事处，作为向建立晋冀豫边区政府的过渡。

发展经济是巩固和发展抗日根据地的基础。从 1940 年开始，在日军的残酷"扫荡"和国民党顽固派的封锁下，有的敌后抗日根据地出现了较为严重的经济困难。战胜困难唯一的办法是发展经济，而要发展经济，最根本的是要实行正确的财政经济政策，减轻人民负担，改善人民生活，充分调动广大民众生产的积极性。因此，邓小平的讲话用了三分之二的篇幅讲财政经济问题。

他阐明了发展经济的基本政策，并提出要在新建立的联合办事处内设立财经委员会，领导根据地的经济建设和对敌经济斗争。他说：我们政策的出发点是自给自足，这是完全可能的。要发展国民经济，"对于商人、富农经济，都可让其发展，而且都可奖励"，"合作社由贸易局完全批发，与大商人竞争，勿与小商人争"。财经委员会组织生产"要官民合办，奖励民办，借钱给人民办，也可借钱与富人开办，不征税或轻征税"。

他还详细阐述了包括统一财政、统一收支、开源节流、稳定金融、发挥银行的作用等一系列措施。

当时，建军的主要内容是继续整军。全国抗战以来，八路军得到了很大的发展，但由于成分发生了较大的变化，较之红军时期政治素质和战斗力都受到了影响，加之部队长期分散活动，作战频繁，教育和训练难以跟上，游击主义等一些不良倾向开始滋长。为此，八路军总部于1939年2月和6月两次发出训令，要求各部队分期分批进行整军。一二九师已经于1939年在大部分主力部队进行了整军的工作。1940年2月，八路军总部又发出继续整军的训令。

邓小平在讲话中谈到建军问题时指出，要在5月底以前补充好部队，要"用好干部，大力巩固新的部队"，要"创造规范部队"，具体标准是技术、战术、管理正规化。他要求干部"用党的办法，不是用个人的办法带部队"，要能团结部队，"不只在个人能吃苦"，要"反对流氓习气，反对游击主义"。针对游击主义习气问题，他明确提出，部队战术的"中心目标是对敌，向着敌人，向着铁道线，向着敌人据点"。他强调，整军的"每一计划，必须贯彻，反对官僚主义"。

为了积极贯彻黎城会议精神，1940年5月20日，邓小平和刘伯承在榆社潭村主持召开全师营以上干部会议。5月21日，邓小平在会上传达黎城会议精神。会后，邓小平一面继续协助刘伯承指挥破路作战，一面贯彻黎城会议精神，领导和指导晋冀豫抗日根据地建党、建军、建政的工作。

黎城会议后，华北敌后各抗日根据地进入巩固和发展的新阶段。邓小平后来说："一九四〇年讨逆战争后的冀南，一九三九年十二月政变前后的晋东南，都产生了政策上'左'的错误，既损害了根据地的建设和巩固，又帮助了敌人扩大其社会基础。一九四〇年四月黎城会议，克服了混乱，强调了巩固根据地的建党、建军、建政三大方针，有其明显的成绩，基本上是成功的正确的。"

15 "文化战士大聚会"

这张照片是 1942 年 1 月 16 日邓小平在晋冀鲁豫边区文化工作者座谈会开幕式上讲话。

1 月 16—19 日，八路军一二九师政治部和晋冀鲁豫区委在涉县七原村联合召开晋冀鲁豫边区文化工作者座谈会。会议的目的是要"解决文化工作如何联系实际，如何为群众服务，如何对农民进行教育等问题"。

参加座谈会的有晋冀鲁豫边区 22 个文化团体的代表，一二九师师部、三八六旅、太行军区、冀南军区、边区政府、太行区 6 个专署 28 个县，新华日报社、华北新华社、太行抗战学院、鲁迅艺术学校等各部队、机关、团体代表，以及晋冀鲁豫边区文化界人士，还有来自附近敌占区的 20 多名文化人士及开明士绅等，共 450 余人。

与会者中，有徐懋庸、张秀中、赵树理、王春、何云、陈默君、蒋弼、高沐鸿、高咏、吕班、阮章竞、冈夫、朱光、彦涵、张柏园、张晓非、刘流、杨角、常苏民、秦春风、张夫、孟丁、徐平、苏九昌、李棣华等文化界知名人士。当时《新华日报》(华北版)称这次座谈会是"文化战士大聚会"。

这次座谈会一共开了 3 天，邓小平除了在开幕会上讲话，还参加了 3 天的座谈讨论。

1 月 16 日，邓小平在开幕式上讲话。他指出：文化工作者要认真总结"离卦道暴乱事件"的教训，树立为广大群众服务的观点，用健康的文艺作品教育群众，让群众了解共产党和八路军是代表人民利益的政党和军队，积极投身抗战中。

他针对文化界存在的一些突出问题，对文化工作者提出了四点要求："(一) 文化工作者应该服从每一个具体的政治任务，应该是今后文化运动的指针。过去本区的文化工作，缺乏和政治任务取得密切联系，常常赶不上政治任务的需要，有时甚至发生脱节现象。(二) 广泛发挥文化工作的批判性。过去某些作品，往往颂扬多于批判，没有成为有力的战斗武器。(三) 认真动员根据地和敌占区一切新旧老少文化人、知识分子到抗日的文化战线上来。过去这种工作，注意很差，一方面固然因为各有成见，但有很多是被关门主义的错误所挡住了。（四）要为广大群众服务，必须了解群众，了解群众的生活和要求。要接近群众，才能够提高群众。过去有很多脱离群众的现象，作品还不能够普遍的为群众欢迎。"

邓小平非常重视根据地的文化建设，他提出展开全面的对敌斗争，包括"展开强烈的文化斗争"。晋冀鲁豫根据地是各个敌后抗日根据地中文化人比较集中的地区。这里驻有八路军总部及直属单位、北方局机关及直属单位、一二九师师部及直属单位、边区政府及直属单位，以及区党委机关和直属单位。在众多的领导机关及其直属单位中，有较高文化程度的人占的比重较大。正因为如此，晋冀鲁豫根据地的各种文化组织发展很快，先后建立起了中华全国戏剧界抗敌协会太行山区分会、中国青年新闻记者学会太行山区分会、中华美术界抗敌协会太行分会、中华全国歌咏协会晋冀豫分会、中华全国文艺界抗敌协会晋东南分会、晋冀鲁豫文联等。为抗战服务的各种革命文化活动全面开展，涌现了大量反映抗战和反顽斗争的戏剧、文学、音乐、美术作品。一些久唱不衰的优秀歌曲，如《我们在太行山上》《游击队歌》《绣荷包》《歌唱朱总司令》等，六集电影纪录片《华北是我们的》、音乐短片《太行山上》和故事片《风雪太行山》《老百姓万岁》等，就是这一时期在晋冀鲁豫根据地创作并流传开的。

但是，根据地的文化建设也存在着一些与对敌斗争不相适应的现象。由于大多数文艺工作者是来自城市的知识阶层或者青年学生，参加革命队伍时间不长，对敌后抗日根据地及根据地的工农兵群众缺乏了解，"脱离实际、脱离群众的倾向逐渐严重起来"。1941年5月15日，邓小平出席一二九师全师模范宣传队初赛会，并在会上作了关于《本师文化工作的方针任务及其努力方向》的报告。邓小平在报告中阐明了文化工作与政治任务的关系。在当时民族矛盾和阶级矛盾十分尖锐的历史条件下，他指出："文化工作服从于政治任务。""今天的中国，不管在政治上、军事上和经济上，都存在着三种不同的势力，即抗战民主派，日寇、汉奸、亲日派，和大地主大资产阶级的反共顽固派。这三种势力的斗争，也尖锐地表现在文化领域。各种势力的文化工作都是与其政治任务密切联系着的，所谓超政治的文化是不存在的。"他对日本侵略者"奴化"文化政策和国民党反共顽固派的反动文化主张作了深刻的批判。他指出：日本帝国主义为了把中国变成其殖民地，"施行'奴化'政策，以'奴化'活动和'奴化'教育来腐蚀我们的民族意识，消灭民族爱国思想，摧残民族气节"。反共顽固派则"对外奴颜婢膝，投降妥协，对内搞封建主义。他们提倡旧思想、旧制度、旧道德，主张尊孔、复古，保存'国粹'，读经救国。压制新文化运动，摧残新文化事业"。他进而指出，对日本帝国主义的"奴化"文化政策的"危险性和毒辣性"应足够估计，要与敌"展开激烈的思想战"；对顽固派的对民族前途危害至大的反动文化主张要"坚决反对"。邓小平在报告中根据建设民族的科学的大众的新民主主义文化的原则，结合一二九师文化工作的具体情况，提出了根据地文化工作的方针、任务和努力方向。他指出："我们政治工作的方针和任务同时也是文化工作的方针和任务，这就是：提高军队的战斗力，求得官兵一致，军民一致，团结友军，瓦解敌军，以争取抗日战争的最后胜利。"他提出文化工作的具体任务是七点。一、加强对敌的文化斗争，展开激烈的思想战。二、加强民族的爱国的宣传教育。提高其民族自信心与自尊心，随时给敌人的奴化政策以有效的打击。三、积极会同地方党组织、政权机关、群众团体及地方文化机关，宣传共产党的政策和主张，解释抗战法令，推行民主政治：向敌占区人民宣传根据地的一切善政和进步设施。四、提倡科学，宣扬真理，反对愚昧无知、迷信落后，加强马列主义的宣传。五、与人民打成一片，同人民建立血肉不可分离的关系。六、用一切办法和尽一切可能供给友军以文化食粮即书报和宣传品。七、大大加强对外宣传工作。要通过文艺作品，把根据地真实的战斗生活反映到国际上去，流传到华侨中去，传播到大后方去。

座谈会期间,邓小平还参观了"抗战以来晋冀豫区出版物展览""鲁艺木刻展览""鲁艺美术展览""日本宣传品展览"等。这次晋冀鲁豫边区文化工作者座谈会是推动晋冀鲁豫根据地文化发展的一次重要会议。

作为会议的主持者之一的李雪峰后来回忆说:"这次座谈会对太行根据地和冀南、太岳根据地内的文化工作者都发生了较大的影响,最主要的影响是明确指出了文化工作中脱离群众、脱离实际的倾向,给广大文化工作者敲响了警钟;提出了文化工作必须为广大抗日群众服务,必须从抗日群众的实际需要出发的问题。"

会后,一二九师政治部和中共晋冀鲁豫区委组织起武装宣传慰问团,包括剧团、讲演队、小型演出队、木刻漫画队等,深入根据地城乡进行文艺宣传和创作活动。根据地的文艺创作和群众性的文化活动蓬勃开展起来。

16 一次极其危险的"飞行"

这张照片是 1945 年邓小平、刘伯承以及各战略区的负责人在延安机场的合影。

1943 年秋,中共中央决定在年底召开第七次全国代表大会。8 月 1 日,中共中央政治局致电北方局、太行分局等,决定在彭德怀到延安参加七大期间,由邓小平任北方局代理书记。

9 月,彭德怀、刘伯承、蔡树藩等先后离开太行前线,赴延安参加七大。邓小平和卓琳把家从涉县赤岸村一二九师师部搬到在左权县麻田镇的北方局机关和八路军总部驻地。

10月6日,中共中央决定:太行分局与北方局合并,撤销太行分局,由北方局直接领导太行、太岳、冀南、冀鲁豫四个区党委的工作。同一天,根据中央军委的决定,一二九师与八路军总部合并,保留一二九师番号,另建太行军区。八路军总部机关和一二九师师部机关合并办公,八路军总部、一二九师师部、太行军区的后勤工作全部合并。八路军总部直接领导太行、太岳、冀南、冀鲁豫四个军区的工作。

当天,以邓小平为代理书记、八路军总部参谋长滕代远、八路军野战政治部副主任张际春和北方局组织部部长刘锡五、宣传部部长李大章为委员的新的北方局开始办公。

这时的麻田开始成为华北地区军事、政治、经济、文化的中心。

39岁的邓小平开始全面主持中共中央北方局、八路军总部和晋冀鲁豫战略区的工作,成为全国抗战后期华北敌后党、政、军的最高领导人之一。

1945年4月,中国共产党在延安召开了第七次全国代表大会。在太行山主持工作的邓小平没有参加这次大会,但是,会议选举他为中央委员会委员。随后,毛泽东给邓小平专门发来一封电报,要他赶赴延安参加七届一中全会。

6月29日,邓小平离开太行赴延安出席中共七届一中全会。

8月15日,日本投降。

当天,邓小平列席中央书记处会议。会议决定成立晋冀鲁豫中央局和晋冀鲁豫军区,邓小平任中央局书记和军区政治委员,刘伯承任军区司令员。会议还研究决定了太岳、太行、冀南、冀鲁豫区党委及军区负责人和野战军各纵队负责人的任职名单。8月20日,中共中央发出通知,撤销中共中央北方局,正式成立晋冀鲁豫中央局,并通报了上述任职决定。

　　至此,邓小平和刘伯承率部开创的太行、太岳、冀南、冀鲁豫四块根据地已基本上连成片,成为拥有 2 400 万人口、30 万军队的全国最大的解放区。

　　抗战胜利了,和平并没有到来。蒋介石一面电邀中共中央领导人毛泽东赴重庆谈判,一面则调兵遣将,向解放区进犯,企图以强大的军事压力,逼迫中共在谈判中屈服。

　　晋冀鲁豫解放区,横亘中原,正堵住国民党军队向华北、东北解放区进攻的通道,是军事上的战略要地,国民党军队的进攻矛头首先就指向这个地区。邓小平说:"我们就处在一个大门的地位","抗战胜利后,他们进攻解放区首先攻的就是这个大门。"

　　8 月 16 日,国民党第二战区司令长官阎锡山指挥所部对晋冀鲁豫解放区发动进攻,重点以第十九军军长史泽波率部抢占上党地区。8 月下旬,史部占领八路军从日伪军手中收复的襄垣、潞城及被八路军地方武装包围的长治、长子、壶关、屯留等地。

　　一时间,国民党军队从四面八方向共产党领导的解放区开进。

　　面对国民党的军事进攻,中国共产党采取了针锋相对、寸土必争的方针。

　　中共中央决定让在延安的邓小平和刘伯承以及各战略区的负责人尽快回到前线,以应对当前复杂多变的形势。临行前,毛泽东对他们说:"我们的口号是和平、民主、团结,首先立足于争取和平,避免内战。我们提出的条件中,承认解放区和军队为最中心的一条。中间可能经过打打谈谈的情况,逼他承认这些条件。今后我们要向日本占领地进军,扩大解放区,取得我们在谈判中的有利地位。你们回到前方,放手打就是了,不要担心我在重庆的安全问题。你们打得越好,我越安全,谈得越好。别的法子是没有的。"

　　8 月 25 日,一架美军驻延安观察组的飞机从延安机场起飞。

　　起飞前,下面送行的人看到,准备乘坐这架飞机上的每一个人身上都背着一个降落伞,飞机的门也不知道为什么没有了。飞行员是美国人,一句中文也不会;而乘坐飞机的则全是中国人,没有一个会讲英文!于是乎,杨尚昆临时拉夫,让会讲英文的黄华也上了飞机,负责与美军飞行员的联系。

这架美军 DC-9 军用运输机,轰隆隆地发动起来,摇摇晃晃地起飞了。

现在想起来,这也实在是一件"够悬"的事情。如非情况紧急,是不会冒这样大的风险的。

要知道,这一架飞机上乘坐的,全是中国共产党各战略区的前线最高指挥官,计有刘伯承、陈毅、林彪、邓小平、薄一波、陈赓、陈锡联、陈再道、张际春、滕代远、杨得志、萧劲光、邓华、邓克明、宋时轮、李天佑等,共 20 余人!

飞机起飞前,这批高级将领们在延安机场还和送行的同志照了一张合影。在形势如此紧急的关头,照片上的每一个人的表情都十分自然放松,不少人还面带微笑,充分表现出中国共产党人的一种自信。

当日,飞机在太行山腹地黎城县的长宁机场着陆。晋冀鲁豫军区参谋长李达派了一个骑兵排到机场迎接。

邓小平和刘伯承于当日风尘仆仆地赶到晋冀鲁豫军区司令部驻地——涉县赤岸村,没有顾得上休息,立即打通了正率领太行军区部队在山西襄垣前线指挥作战的晋冀鲁豫军区参谋长李达的电话,了解战况和敌情。他们命令李达:"坚决把襄垣拿下来,作为太行军区部队屯兵之地,准备会合太岳、冀南部队打上党战役。"并说:"根本问题是抗战胜利果实落谁手里的问题,蒋介石阎锡山伸手来抢,决不能让他抢走。"

9 月 10 日,刘伯承和邓小平发起上党战役。

当时,许多人担心正在重庆谈判的毛泽东的安全。邓小平说:"我们上党战役打得越好,歼灭敌人越彻底,毛主席就越安全,毛主席在谈判桌上就越有力量。"

上党战役是抗日战争胜利后,晋冀鲁豫军区部队对国民党军队进行的第一个大战役,也是军区部队由分散的游击战向集中的运动战转变的第一个大战役。至 10 月 12 日上党战役胜利结束时,我军歼敌 11 个师、1 个挺进纵队,共 3.5 万人。

上党战役的胜利,给进犯解放区的国民党军以迎头痛击,不仅巩固了晋冀鲁豫解放区的后方,还加强了中国共产党在重庆谈判中的地位。蒋介石不得不在谈判桌上与中国共产党签订了"双十协定"。

上党战役后,毛泽东说:"这一回我们'对'了'争'了,而且'对'得很好,'争'得很好。"

⑰ "政治仗打得好"

这是 1946 年 2 月下旬,邓小平与刘伯承、薄一波、杨秀峰、高树勋等送在平汉战役中被俘的国民党第十一战区副司令长官马法五,返回他的部队驻地新乡时的一张合影。

1945 年 10 月中旬,蒋介石嫡系胡宗南部之先头部队第三军、第十六军,沿同蒲路经榆次转正太路开抵石家庄,侵入华北解放区腹地;孙连仲的第三十军、第四十军、新八军等部 4 万余人,在其第十一战区副司令长官马法五(兼第四十军军长)、高树勋(兼新八军军长)率领下,由新乡沿平汉路北犯,后续 4 个军亦在向新乡开进;伪军孙殿英部随孙连仲部一同北犯,乘机侵占已解放的汤阴县城。

平汉战役也叫邯郸战役。

邯郸,是华北的战略要地,它处于全国解放区的中央,扼华北解放区的大门,西崎太行、太岳,东展冀鲁大平原,南临黄河,北界正太,四周被同蒲、正太、津浦、陇海铁路所环绕,平汉线贯穿其中。

10 月 16 日,刘伯承、邓小平签署了平汉战役的作战命令,决心集中太行、冀南、冀鲁豫主力于漳河北岸至临洛关铁路两侧,以优势兵力歼灭沿平汉路北进的敌军。另以基干部队一部结合广大地方武装民兵,自新乡至安阳段两侧不断袭扰、截击、饿困北上顽军,切断其后方的补给线,迫使其残留大量兵力于沿途各要点,以迟滞其行动,保障我主力顺利完成任务。

刘伯承、邓小平命令王宏坤、陈再道、宋任穷统一指挥杜义德、陈锡联、秦基伟所部组成路西军;由杨得志、杨勇、苏振华指挥第一纵队及冀鲁豫军区主力兵团一部组成路东军;由张廷发指挥所属 3 个团为独立支队,各按部署集结到各自的目的地带,待机作战。这一部署,后来被国民党方面称为"口袋战术"。

10 月 17 日,刘伯承、邓小平又发出了《平汉战役某些战术问题的指示》,具体地分析了敌军的特点,规定了我军战术上的基本原则,以及关于野战、村落战斗、夜间战斗、特种兵战斗的具体战术,还规定了大兵团作战的指挥与协同动作时的纪律和注意事项。

10 月 22 日,战斗开始,且异常激烈。

几十年后邓小平回忆说:"马法五的第四十军、三十军都是强的。高树勋的新八军也有战斗力呀!锡联在马头镇拼了一次,一拼就是几百人伤亡。我们打平汉战役比打上党战役还困难。打了上党战役,虽然弹药有点补充,装备有点改善,但还是一个游击队的集合体。在疲惫不堪的情况下,又打平汉战役。队伍没有到齐,敌人进攻。我跟苏振华通电话,叫他坚持五天,等后续部队到达指定地点。那次他们那个一纵队的阻击战是打得不错的,完成了阻击任务。这样,后面的部队才赶上。"

由于敌人装备精良,训练有素,加之兵力足、火力强,刘邓当即决定待机总攻,采用猫捉老鼠、盘软了再吃的战法。一方面以各种形式来消耗敌人,等待后续部队集结完毕。另一方面分化瓦解敌军,积极策动争取高树勋新八军起义。

邓小平说:"平汉战役应该说主要是政治仗打得好,争取了高树勋起义。如果硬斗硬,我们的伤亡会很大。"

邓小平非常重视争取高树勋起义的工作。他后来说:"高树勋在受汤恩伯指挥的时候,就同我们有联系。由于关系比较久,所以我们是派参谋长李达亲自到马头镇他的司令部去做工作的。这件事你们好多人可能不知道。同李达一起去的还有王定南,当时是我们的联络,我见过多次。我们确实知道高树勋倾向起义,但在犹豫当中。那时国民党要吃掉西北军,有这个矛盾。"

国民党第十一战区副司令长官兼新八军军长高树勋及其所部原属冯玉祥的西北军,多年来一直受蒋介石集团的排挤、歧视,与蒋介石矛盾尖锐。蒋介石为削弱杂牌军的军事实力,派高树勋部沿平汉线向北进攻,使其作为内战先锋。高树勋深知蒋介石的用意,对蒋极为不满,从新乡北进之前,就派人与我方联系,表示不愿意内战。

在这之前,共产党人王定南就被派往高树勋部做统战工作。在上党战役紧张的战斗中,刘伯承、邓小平就多次听取了王定南的汇报,并派申伯纯、靖任秋等协助王定南一道做争取高树勋的工作。邓小平还派人到新乡附近建立联络站,同高树勋联系。

平汉战役开始后,邓小平又多次布置这项工作。邓小平认为,要抓住有利时机,成功地策动高树勋部起义,这对平汉战役的胜利将会起到极其重要的作用。

10 月 28 日,王定南从高部回来向刘伯承、邓小平汇报说:"高很愿意同我军谈判,但还有些顾虑,主要是高夫人现在还在徐州,高为夫人的安全担忧。"

邓小平听了王定南的报告说:"高现在起义,不仅对当前作用很大,对今后的政治影响也是很大的。你转告他,时机很重要啊!"

刘伯承接着补充道:"机不可失,时不再来,当断不断,反受其害。关于高夫人的安全问题,我们可以电请中央解决。"

王定南要回高树勋部,临行时,邓小平再次强调说:"转告高树勋将军,要从大局着眼,配合我军行动,对革命做出重大贡献。"

10 月 29 日,王定南又赶回来向刘伯承、邓小平汇报。他说:"我今天见到了高树勋,把刘司令员、邓政委的话,原原本本地转告了他。特别是把刘邓首长十分关心高夫人的安全已电请中共中央转新四军陈毅军长派人到徐州车站去接她的消息告诉了他,当时高树勋激动地说:'我立即起义,走革命道路。'"

刘伯承、邓小平听到这一消息,非常高兴。刘伯承说:"很好。我们对高完全以兄弟相待。"

为了表示诚意,邓小平对参谋长李达说:"我看你马上去一趟,代表刘司令员和我去看望高树勋,一方面鼓励他坚定已下的决心,一方面看他还有什么问题,好作最后的商榷。"

李达原是老西北军的军官,是宁都起义过来的。他代表刘伯承、邓小平去看望高树勋,更加坚定了高马上起义的决心。

李达鼓励高树勋说:"高先生如果在当前中国面临着内战与和平、光明与黑暗两种前途大搏斗的紧要关头,能高举义旗,和革命人民站在一起,反对蒋介石的内战独裁政策,为建立和平、民主、自由的新中国而奋斗,这将比宁都起义、五原誓师的意义更为深远。"

高树勋听了李达的一席话,非常高兴和激动,当即表示:"10 月 30

日宣布起义！"

毛泽东和中共中央对高树勋的起义极为重视，给予了高度评价，认为不仅有现实意义，还有深远的战略意义，称之为"高树勋运动"。后来毛泽东在 12 月 15 日为中共中央起草的党内指示中指出："从国民党军队内部去准备和组织起义，开展高树勋运动，使大量的国民党军队在战争紧急关头，仿照高树勋的榜样，站到人民方面来，反对内战，主张和平。"毛泽东要求各地"必须按照中央指示，设置专门部门，调配大批干部，专心致志从事此项工作"。

后来，邓小平回忆高树勋说："功劳很大。没有他起义，敌人虽然不会胜利，但是也不会失败得那么干脆，退走的能力还是有的，至少可以跑出主力。他一起义，马法五的两个军就被我们消灭了，只跑掉 3 000 人。"

平汉战役毙伤敌 3 000 余人，俘虏国民党第十一战区副司令长官马法五及其手下 1.7 万人，缴获大批武器物资。

1946 年 2 月 9 日，邓小平和刘伯承、薄一波致电中共中央说："马法五被俘以来一般对我方态度还好，并欲保存部队要回去"，"我方拟送他走。"2 月 23 日，中共中央来电指出：马法五可释放，其他所俘将校暂不释放。2 月 25 日，邓小平、刘伯承、薄一波再次致电中央：为使马法五等回去后能影响第四十军与我建立友谊关系，故在马等坚请下，可允许同时被俘的 4 名高级军官同行，其他军官暂不释放。

马法五临走时，邓小平、刘伯承等还专门和他照了一张合影。

18 马头镇誓师

　　这是全面内战爆发后,邓小平在邯郸马头镇晋冀鲁豫野战军誓师大会上讲话的照片。

　　1946 年 6 月 26 日,国民党不顾全国人民的强烈反对,以围攻鄂豫边宣化店为中心的中原解放区为起点,相继在晋南、苏皖边、鲁西南、胶济路及其两侧、冀东、绥东、察南、热河、辽南等地,向解放区展开大规模的进攻。全面内战爆发。国民党用于进攻解放区的兵力总计为 193 个旅(师)160万人,蒋介石声称,只需3个月到6个月,他就可以取得胜利。国民党军参谋总长陈诚也吹嘘:"也许3个月至多5个月便能解决中共军队。"

全面内战爆发的第二天,刘伯承、邓小平在邯郸主持召开晋冀鲁豫中央局和晋冀鲁豫军区会议,决定调整部署全区的军事力量。按照会议提出的方案,全区的军事力量分为三部分:以第三纵队、第六纵队、第七纵队和冀鲁豫军区主力一部共4万余人,组成晋冀鲁豫野战军,由刘伯承、邓小平、张际春、李达等指挥,执行豫东方向的作战任务;第四纵队司令员陈赓、政治委员谢富治率第四纵队和太岳军区主力一部共2万余人,同晋绥军区之吕梁军区部队,归中央军委直接指挥,执行晋南方向的作战任务;晋冀鲁豫军区副司令员滕代远、王宏坤和副政治委员薄一波等负责晋冀鲁豫军区的工作,其任务是组织各军区武装,对付豫北平汉路及道清路一线的国民党军,保证主力侧翼的安全。方案还提出,开展群众性的游击战,配合野战军主力作战。会后,邓小平和刘伯承、薄一波连续致电中央,报告他们的战略部署。

6月28日清晨,邓小平和刘伯承、薄一波等乘车赶到距邯郸市只有十几里路的马头镇,参加第三纵队、第六纵队自卫反击作战誓师动员大会。

在马头镇的马头车站,晋冀鲁豫野战军全副武装,列队肃立。他们用小火车的车皮搭成讲台。

邓小平走上讲台讲话,他说:"蒋介石26日命令几十万部队大举'围剿'中原军区所在地宣化店地区,说明全面内战已经开始了。"抗日战争,"我们取得了胜利,人人都希望结束战争,家人团聚,安居乐业,建设家园。但蒋介石却不顺从民意,不适应历史潮流,把战争强加在我们的头上,我们只有奉陪到底,用枪杆子打出和平来"。"敌人已经气势汹汹地向我们逼过来了,我们只有迎上去,消灭他们,才能保卫解放区,保卫我们的胜利果实。""蒋介石虽有美国援助,但他发动反人民的内战,遭到全国人民的反对;他经济困难,军队士气不振,这是他无法克服的致命弱点;我们虽然无外援,但是人心所向,士气高涨,经济亦有办法。"

"大战之前,我们必须清醒地认识到,蒋介石发动的战争是非正义的,是违背人民意愿的。而我们的自卫战争是正义的,是顺从民意的,必然得到人民的支持。所以,我们的装备和力量虽然暂时还不如蒋介石,但我们一定能够打败他,一定能够取得这场战争的胜利!"

会场不远处就是古丛台。战国时期,这里属于赵国,胡服骑射的典故就发生在这一带。公元前325年,赵武灵王继位时,赵国势力很弱,常受到秦、齐等一些强国以及胡人等外族的欺侮和侵扰。赵武灵王在率兵作战中,发现胡人穿的衣服短小骑马射箭极为方便,而自己的将士则宽袍大袖,坐着笨重的战车,行动极为迟缓。于是,他决心向胡人学习,改革军队的着装,并要将士们弃掉战车,学骑马射箭。他自己也不顾朝野的反对,亲自骑马射箭。后来,赵国的军队果然一天天强大起来,打了很多胜仗。他很高兴,为了观看军事操演和庆祝胜利,命令修筑了这座丛台。

邓小平运用这个典故,指出自卫反击战要实行战略战术的转变。他用手指了指不远处的古丛台说:"今天,全面内战爆发之时,我们把大家集中在这座古丛台附近召开誓师动员大会,目的就是要全体指战员们懂得胡服骑射的道理。2500年前,赵武灵王都知道要胡服骑射,为适应战争的需要进行军事改革,我们是共产党人,是人民的军队,更应懂得实施战略转变的重要意义。全面战争爆发后,形势变了,作战的对象也要变,我们面临的敌人是强大的,是用全新的美式装备武装起来的正规军,如果我们不彻底地摒弃过去的分散游击战术,不从思想上来一个战略转变,就不能对付新的战争。"

7月14日,晋冀鲁豫军区主力部队正式组成晋冀鲁豫野战军。刘伯承任司令员,邓小平任政治委员,张际春任副政治委员兼政治部主任,李达任参谋长。

第二天，邓小平和刘伯承乘车从邯郸赶赴前线。下旬，到达晋冀鲁豫野战军司令部驻地——鲁西南地区的菏泽县（今山东省菏泽市）。

这时，中原军区部队在中原军区司令员李先念、副司令员兼参谋长王震等率领下，全部撤离豫鄂边区，越过平汉铁路向豫陕、鄂西北方向突围。围追堵截中原军区部队的国民党军30多个旅，全部被牵引到豫西、陕南、鄂西北地区。陇海路开封、徐州之间以及陇海铁路以南、新黄河以东以北广大地区，国民党军兵力薄弱。

根据这一情况，中央军委和毛泽东指示刘伯承、邓小平立即指挥部队夺取汴徐线，以吸引国民党军，策应华东和中原军区部队作战。

8月10日，刘伯承、邓小平指挥晋冀鲁豫野战军发起陇海战役。8月22日，陇海战役胜利结束，共歼灭国民党军1.6万余人，有效地打乱了国民党军南线作战计划，减轻了中原军区部队的负担，有力地配合了华东地区兄弟部队的作战。

⑲ "我们一定要站住脚、生下根！"

　　1947 年 8 月 31 日，河南光山县中部的北向店镇一下子热闹了起来，晋冀鲁豫野战军直属部队连以上干部会议正在这里召开。这是刘伯承、邓小平率晋冀鲁豫野战军主力部队进入大别山后召开的第一次干部会。邓小平剃着光头，身穿白色短袖衬衫，站在一张方桌前讲话。他宣布："我们已到了大别山，完成了战略任务的第一步。"这张照片摄于此时。

这是很重要的第一步。数月后,1948 年 4 月 25 日,邓小平在豫陕鄂前委和后委联席会议上说:"我们由黄河到长江跃进了一千里。这个跃进的意义可不要小看了,中国从北到南没有多少个一千里,从长江再跃进一千里就到了广东、福建的边界,下剩不到一千里了,蒋介石的反动政权就要垮台了。这个跃进的事实表明战略形势起了巨大变化,正如毛主席在《目前形势和我们的任务》的报告中所说的,由于我们的反攻,已经扭转了战争的车轮。我们击破了蒋介石的反革命计划,使之由进攻转为防御,由外线转到内线,而我们则由防御转为进攻,由内线转到外线,改变了战略形势。"

千里挺进大别山,确实又只是中央军委和毛泽东赋予刘邓部队战略任务的第一步。

人民解放军的自卫战争打了 8 个月,共歼灭国民党军 71 万多人。蒋介石企图以速决战的方式在短期内消灭人民革命武装力量的阴谋宣告破产,他不得不改变战略,集中兵力重点进攻陕北、山东解放区。

1947 年 3 月,国民党军胡宗南部占领延安,毛泽东率中央机关撤离到陕北的大山之中。

毛泽东决定不等完全粉碎国民党军的重点进攻,就立刻转入战略反攻,以主力打到外线,将战争引向国民党统治区,以缓解陕北、山东之危。

晋冀鲁豫解放区地处山东和陕北的中间。邓小平说:"我们就好像是一条扁担,一头挑着山东,一头挑着陕北。不管这个担子有多重,我们只有打过黄河去,才能把山东和陕北的敌人拖出来。"

1947 年 5 月,中央决定以邓小平、刘伯承、李先念等组成中共中央中原局,以邓小平为书记,领导中原地区的党政军工作。

6 月 30 日夜,刘伯承和邓小平率晋冀鲁豫野战军主力 12 万人马,强渡黄河天险,揭开了人民解放战争战略进攻的序幕。随即发起鲁西南战役,经过 28 天连续作战,歼敌 5.6 万余人,打开了南下的通路。

7 月 23 日,鲁西南战役尚未结束,刘邓收到中央的电报,要他们"下决心不要后方,以半个月行程,直出大别山"。7 月 29 日,邓小平又收到了毛泽东的一封密电,说"陕北情况其为困难",希望刘邓尽快挺进大别山。邓小平后来回忆说:"我们看完后立即烧掉电报。当时我们真是困难啊,实际上不到十天,就开始行动了。主要是要撇开一切困难,坚决地挺进一千里,挑的就是这个重担。"

8 月 1 日,刘伯承、邓小平召集纵队主要首长开会。邓小平谈到了毛泽东对这一战略举措估计的三种前途:一是付出了代价站不住脚,转回来;二是付出了代价站不稳脚,在周围打游击;三是付出了代价站稳了脚。他要求大家从最困难方面着想,坚决勇敢地战胜一切困难,争取最好的前途。

8 月 7 日,刘邓大军兵分三路,义无反顾地向大别山挺进。前有黄泛区、沙河、汝河、淮河的阻隔,后有追兵。要完成党中央的战略部署,按时到达大别山,困难重重。邓小平说:"走到大别山就是胜利。"

8 月 11 日,刘邓主力跨过陇海铁路,向南疾进。

8 月 17 日,刘邓身先士卒,手拄棍子,脚踩齐膝深的污泥,冒着敌机的轰炸扫射,和全体指战员一起涉过黄泛区。

8 月 18 日,胜利渡过沙河。

8 月 23 日,刘邓大军到达汝河时,前面敌人的火力阻击很猛,后面的追兵只离 15 公里。刘伯承说:"狭路相逢勇者胜,杀开一条血路。"邓小平要求部队:"不惜一切代价打过去!"

8 月的淮河正值雨季,水情变化无常。部队缺少渡船,被阻于北岸。刘伯承手持竹竿,亲自探测水深,指挥部队先行涉水渡河,邓小平率部阻击尾追之敌。刘邓大军冒险蹚过淮河,走出不到 3 公里,追兵就赶到淮河北岸,不料河水暴涨,数十万国民党军只好望河兴叹。

8 月 27 日,刘邓大军过了淮河这最后一道天险,进入大别山地区,胜利完成了千里跃进大别山的任务。

大别山位于湖北、河南和安徽交界地区,绵延千里,西至平汉路,东至淮南路,北连淮河,南临长江,有"十万大山"之称,战略地位十分重要。邓小平后来说:"大别山是一个战略上很好的前进基地。它靠近长江,东面一直顶到南京、上海,西南直迫汉口,是打过长江的重要跳板","敌人必争,我也必争。"

刘邓大军进入大别山,直接威胁国民党的统治中心长江以南的广大地区,从而迫使蒋介石调动主力回援,围困大别山地区。

如何在大别山立足,并实施战略展开,困难重重。无后方作战经验,北方战士到南方生活不习惯;连续作战,部队已成疲惫之师;群众尚未发动,政权尚未建立;等等。

中央军委和毛泽东充分估计到晋冀鲁豫野战军在大别山创建巩固的根据地、站住脚生下根的困难,早在晋冀鲁豫野战军进入大别山之前,就致电刘伯承、邓小平,指出:"不要希望短期内就能在大别山、豫西、皖西等地建立巩固根据地,这是不可能的,这些都只能是临时立足点。必须估计到我军要有很长时间(至少半年)在江河之间东西南北地区往来机动,宣传群众,发动群众,并在歼灭敌人几十个旅之后,方能建立巩固根据地。"这对于晋冀鲁豫野战军克服急于求成的情绪,做好长期斗争的思想准备,产生了重要的作用。

到达大别山的当天,邓小平起草了《创建巩固的大别山根据地》的指示,指出,今后的任务,是全心全意地义无反顾地创建巩固的大别山根据地,并与友邻兵团配合,全部控制中原。

在对中原局和野战军直属部队连以上干部通报目前形势与任务时,邓小平号召大家克服一切困难,重建鄂豫皖解放区。

8月31日,邓小平主持召开晋冀鲁豫野战军直属部队连以上干部会议,邓小平在讲话中对创建大别山根据地的困难作了具体分析:主要是敌军趁我军立足未稳时阻击我军;在群众一时发动不起来,政权一时建立不起来的情况下,部队给养难以解决;部队多系北方人,不习惯南方的生活;等等。他指出,只要全体指战员积极想办法,克服困难,就一定能在大别山站住脚。

他提出当前部队的三项具体任务:(一)歼灭一定数量的敌人;(二)在一定时期内完成初步土地改革;(三)熟悉风俗习惯,坚决执行三大纪律八项注意。他充满信心地说:创建大别山根据地的"任务是非常光荣的,是中国近代史上重要的一页。我们的决心是十分坚定的,解放区一定要建立起来,困难一定要克服"。"我们一定要站住脚、生下根!"

20 总前委书记

这张照片是 1948 年刘伯承、陈毅、邓小平、粟裕、谭震林 5 人在萧县蔡洼村的合照。

1948 年秋，中国人民解放军同国民党军的力量对比发生了根本的变化，在解放军的强大攻势下，国民党军不得不放弃分区防御而实行重点防御。它的 5 个战略集团，即胡宗南、白崇禧、刘峙、傅作义、卫立煌集团，已被分割在西北、中原、华东、华北、东北 5 个战场，相互间难以形成配合。

这年9月,中共中央在西柏坡召开政治局扩大会议,提出全党的战略任务:建设500万人民解放军,在5年左右的时间内歼敌正规军500个旅(师)左右,从根本上打倒蒋介石国民党的反动统治。

根据中央政治局9月会议精神和中央军委的指示,人民解放军先后在东北、华东、中原、华北和西北战场上,发起规模空前的秋季攻势,歼灭了国民党军的有生力量,取得了辉煌的胜利。至11月初,随着济南战役、辽沈战役的胜利,蒋介石收缩在徐州地区的南线主力,已处在中原和华东2个野战军的夹击之中。解放战争进入夺取全国胜利的战略决战阶段。

1948年9月24日晨,华东野战军代司令员兼代政治委员粟裕致电中央军委,提出集中华东野战军主力举行淮海战役的建议,9月25日晚,中央军委和毛泽东复电粟裕表示同意这一建议。

这时所说的"淮海战役"是准备夺取两淮(淮阴、淮安)、海州,打通山东与苏北的联系,为下一步在徐州、浦口线上的作战创造有利条件,还不是后来发展成为南线战略决战的淮海战役。

随着战场形势的不断变化,到10月下旬,中央军委和毛泽东已把淮海战役的战略目标,扩大为力争包围并歼灭国民党军徐州"剿匪"总司令部总司令刘峙的整个集团。

鉴于淮海战役规模的扩大,需要加强统一指挥,中央军委接受粟裕的建议,11月1日电告陈毅、邓小平、粟裕并告华东局、中原局:"整个战役统一受陈邓指挥。"

11月6日,淮海战役打响了。

淮海战役是在以徐州为中心,东起海州、西至商丘、北起临城(今山东省枣庄市薛城区)、南达淮河的广大地区进行的。参加这一战役的有华东、中原两大野战军和华东、中原军区及华北军区所属冀鲁豫军区的地方部队共约60万人。

国共双方对这次战略决战都非常关注。国民党投入兵力 80 万人。蒋介石说,徐淮会战实为我国家存亡之最大关键;毛泽东说,此战胜利,不但长江以北局面大定,即全国局面亦可基本解决。

11 月 6 日,淮海战役第一阶段开始,华东野战军发起围攻黄百韬兵团的作战。中原野战军为配合华东野战军歼灭黄百韬兵团,举行汴徐、徐蚌作战。11 月 22 日,华东野战军全歼黄百韬兵团,淮海战役第一阶段胜利结束。

11 月 10 日晚,邓小平在临涣集文昌宫召集杨勇、陈赓、陈锡联、秦基伟等纵队司令开会,在谈到攻占宿县的重要意义进而谈到淮海战役的意义时指出,淮海战役关系到中国革命的进程,必须全力以赴,不惜任何代价,坚决大胆地去夺取战役的胜利。为了这个目的,在淮海战场上,只要歼灭了敌人南线主力,中野就是打光了,全国各路解放军还可以取得全国胜利,这个代价是值得的。

为了保证淮海战役的胜利,需要组建一个统一指挥中原、华东两大野战军统筹解决战役指挥和后勤供应等的前线指挥机构。在淮海战役第一阶段接近结束时,11 月 16 日,中共中央和中央军委决定成立由刘伯承、陈毅、邓小平、粟裕、谭震林五人组成的总前委,"可能时开五人会议讨论重要问题,经常由刘陈邓三人常委临机处置一切,小平同志为总前委书记"。

淮海战役第二阶段即将开始,先打哪一股国民党军成为中央军委和以邓小平为书记的总前委急需考虑决定的问题。11 月 14 日,刘陈邓致电中央军委,提出以"歼击黄维为上策"。11 月 24 日,中央军委和毛泽东复电刘陈邓:"完全同意先打黄维";"望粟(裕)陈(士榘)张(震)遵刘陈邓部署,派必要兵力参加打黄维;情况紧急时,一切由刘陈邓临机处置,不要请示。"

11 月 23 日,淮海战役第二阶段开始。中原野战军发起歼灭黄维兵团的作战,在华东野战军的协同下,至 12 月 15 日,战斗胜利结束,全歼黄维兵团。

在黄维兵团即将被歼灭时,中央军委和毛泽东考虑到歼灭杜聿明集团也已不成问题了。毛泽东 12 月 12 日致电刘伯承、陈毅、邓小平说:"估计黄维数日内可全歼,邱(清泉)李(弥)则尚须较多时间才能全歼。黄维歼灭后,请刘、陈、邓、粟、谭五同志开一次总前委会议,商好在邱李歼灭后的休整计划,下一步作战计划及将来渡江作战计划,以总前委意见带来中央。"他还对今后作战方针提出了大致意见。

邓小平决定主持召开一次总前委会议进行研究。由于粟裕、谭震林正忙于指挥华东野战军围歼杜聿明集团的作战,不能来总前委所在地小李家村开会,他便和刘伯承、陈毅前往华东野战军指挥部驻地萧县蔡洼村,同粟裕、谭震林会面。

12 月 17 日晚,邓小平和刘伯承、陈毅乘车到达蔡洼村,粟裕派人到很远的地方迎接他们。蔡洼村是一个还比较大的村庄。邓小平风趣地说:"你们住这么大的村子,不怕国民党飞机把你们炸了? 还是要'怕死'一点罗!"华东野战军司令部副参谋长张震回答说:"现在蒋介石搬家都搬不赢,顾不上来炸我们了。"

会议开了一整天,主要研究即将到来的渡江作战计划与部队整编方案。

张震后来回忆说:"几位首长在淮海战役即将全胜之时,相会蔡凹(洼),都显得特别高兴。他们着重研究了明年夏季渡江作战方案和对部队整编的问题。休息时,还一起照了相。这张宝贵的五人合影,使人们今天得以重睹淮海战役总前委的战斗风采。"

黄维兵团被全歼后,淮海战役转入以华东野战军主力围歼杜聿明集团的第三阶段。根据总前委指示,中原野战军主力集结宿县、蒙城、涡阳地区,为战役预备队,随时准备协同华东野战军歼灭杜聿明集团。1949 年 1 月 6 日,华东野战军发起总攻,至 10 日,全歼杜聿明集团。至此,淮海战役胜利结束。

经过 66 天的作战,我中原、华东野战军共歼敌 55.5 万人,解放了长江中下游以北广大地区,使蒋介石的精锐部队丧失殆尽,国民党统治的中心南京以及上海、武汉等地,处于人民解放军的直接威胁之下。

淮海战役是战争史上以少胜多的著名战役。战役胜利后,毛泽东对邓小平等人说:"淮海战役打得好,好比一锅夹生饭,还没有煮熟,硬被你们一口一口地吃下去了。"

㉑ 在中共七届二中全会上发言

这张照片展示的是邓小平在中共七届二中全会上发言时的情景。

1949年2月26日，邓小平和陈毅、谭震林等人一起，从徐州动身去西柏坡参加中共七届二中全会。28日，到达西柏坡。

一个多月前，1949年1月6—8日，中共中央在西柏坡召开政治局会议并决定，在北平解放后，必须召集第七届中央委员会第二次全体会议，以便确定组建新中国的有关事项。

经过充分准备，中共七届二中全会于3月5—13日在西柏坡召开，这是在中国革命取得全国胜利的前夜，中国共产党召开的一次十分重要的会议。出席这次中央全会的有中央委员34人（中央委员出缺4人，由候补中央委员递补出席3人），候补中央委员19人，列席会议的11人。全会主席团由毛泽东、刘少奇、周恩来、朱德、任弼时组成。全会听取并讨论了毛泽东的报告，批准1945年6月七届一中全会以来中央政治局的工作，批准由中国共产党发起的关于召开新的政治协商会议及成立民主联合政府的建议，批准毛泽东关于以八项条件作为与南京政府进行和平谈判的基础的声明，并根据毛泽东的报告通过了相应的决议。

3月5日，毛泽东在会上所作的报告中提出了促进革命迅速取得全国胜利和组织这个胜利的各项方针；阐述了在全国胜利的局面下，党的工作重心由乡村转移到城市的必然性；指出了党在全国胜利以后，在政治、经济、外交方面应当采取的基本政策，以及使中国由农业国转变为工业国、由新民主主义社会转变到社会主义社会的总的任务和基本途径。

3月7日，邓小平在中共七届二中全会上发言。

邓小平说：七大以来，中央的领导完全是布尔什维克的领导。政治上，由和谈到战争。军事上，由防御到进攻直到胜利。经济上，华北、东北、华东根本上完成了土改，支援了战争，开始了建设。革命是革对了，胜利基础是打定了，但今后做得不好，还可能失败。毛主席的报告可以保障胜利。毛主席和中央书记处的领导方式也很正确，高度集中，又高度民主。这使得下面很放手，无顾忌。集中使我们少犯错误，民主使我们发挥积极性。中央领导的正确，增加了我们的信心，可以保证今后一连串的胜利。

邓小平对党的工作重心由农村转到城市的问题，谈了自己的看法。

他说:我觉得城乡问题,每一个革命时期都提到过。大革命以前,我们不要农村,城市又要得不好。大革命失败后,我们依靠农村,目的在于拿到城市。现在拿到了城市,我们应城市领导乡村,否则会犯错误。中央提出重点放在城市,我完全同意。拿到城市,才能实现对农民的领导,实现工农联盟,实行新民主主义,转到社会主义。总之,城市领导乡村。有了城市,工作重点应转到城市,这是关系到革命胜败的问题,是一个战略问题。

关于接收和管理城市的问题,他联系中原解放区的实际指出:城市领导乡村,不是这样一句话可以解决的问题。首先要解决依靠谁和在城市主要做什么?接收城市,我们多少有些经验,但还不够。管理城市,尚未解决。在城市,我们要做什么?什么要消灭、保存和发展?中原对城市是没有管好的,我根本是门外汉。二中全会以后,我相信可以慢慢学会的。第一,方针要对;第二,稳一点,争主动,抓主要的,加上学习。老师首先是中央、毛主席,还有敌人和人民群众。最后一条,再加上纪律性。解决得好不好,靠我们的努力。

七届二中全会闭幕的次日,也就是3月14日,中央召集了一个座谈会,议题是对各大区的人事安排提出方案并作出决定。

出席会议的除中央领导外,还有各大区的主要负责人,包括西北的彭德怀、东北的高岗、华北的聂荣臻、华中的邓子恢和林彪、中原的陈毅和邓小平。邓小平在会上第一个发言。

毛泽东让邓小平提出华东管辖范围和人事安排。邓小平显然已经经过充分的准备,他深知毛泽东委以他"点将"之任务的重要性。他拿出一个名单,边念边解释。

中共中央华东局由邓小平、刘伯承、陈毅等17人组成,邓小平为第一书记。华东区管辖范围有:上海、南京、杭州、芜湖、镇江、无锡、苏州、武进、南通、宁波等城市,地跨山东、江苏、浙江、安徽、江西等省份。华东区共有军队200万人。上海市由陈毅任市长。南京市由刘伯承任市长。

邓小平还谈到其他许多有关的人事安排建议,谈了部队过江后新区筹粮办法,谈了城市筹款办法,谈了货币使用办法,还着重谈了接管上海的工作。

对于邓小平的细致而又周全的报告,毛泽东欣然表示赞同。他说:"人事配备,现在就这样定,将来有变动再说。"

当天,中共中央决定:邓小平为中共华东局第一书记,饶漱石为第二书记兼上海市委书记,陈毅为第三书记兼上海市市长。同时又决定刘伯承为华东军区司令员,邓小平为第一政治委员,饶漱石为第二政治委员,谭震林为第三政治委员,陈毅、粟裕为副司令员,李达为参谋长。

3月15日,邓小平和陈毅等离开西柏坡,动身回前线。18日,到达徐州。这时,总前委、华东局、华东军区、第三野战军机关都驻在这里。

㉒ "渡江作战就交给你指挥了"

这是邓小平在研究渡江作战问题的会议上。

淮海战役结束后,国民党南线主力基本被消灭。人民解放军乘胜南下,直指长江北岸。国民党的政治、经济中心南京、上海,以及长江中下游城市武汉,已处在人民解放军的直接威胁之下,国民党政权处于风雨飘摇之中。

还在 1948 年 12 月 30 日，中共中央主席毛泽东就在新年献词中发出"将革命进行到底"的号召。为早日结束战争，减少人民的痛苦，中国共产党仍愿意同国民党南京政府或地方政府、军事集团进行和平谈判。

1949 年元旦，蒋介石迫于局势，发表"求和"声明，并于 20 天后宣告"下野"；国民党代"总统"李宗仁口头上表示愿意以中共所提条件为基础进行和平谈判，实际上是想争取时间，部署长江防线，阻止人民解放军南下，实行"划江而治"。

中共中央主席毛泽东发表了关于时局的声明，指出："在南京国民党反动派接受并实现真正的民主的和平以前，你们丝毫也不应松懈你们的战斗努力，对于任何敢于反抗的反动派，必须坚决、彻底、干净、全部地歼灭之。"

1949 年 2 月 5 日，根据中央军委关于统一全军组织及部队番号的指示，中原野战军改称第二野战军，刘伯承任司令员，邓小平任政治委员，张际春任副政治委员兼政治部主任，李达任参谋长；部队以原有的第一、第二、第三、第四、第六、第九、第十一共 7 个纵队为基础，加以地方兵团，扩编为第三、第四、第五兵团。第三兵团由陈锡联任司令员，谢富治任政治委员；第四兵团由陈赓任司令员兼政治委员；第五兵团由杨勇任司令员，苏振华任政治委员。

2 月 9 日，华东野战军改称第三野战军，陈毅任司令员兼政治委员，粟裕任副司令员兼第二副政治委员，谭震林任第一副政治委员，张震任参谋长，唐亮任政治部主任。

2 月 9 日，邓小平在徐州主持召开总前委扩大会议，具体研究渡江作战的时间、部署等问题。当日，总前委成员刘伯承、陈毅、邓小平、粟裕、谭震林联名致电中央军委并华东局，报告会议研究的意见。电报中除对渡江战役的部署、部队开进、指挥机关地点及后勤供应等方面提出了安排意见外，特别对渡江的时间问题作了详细的分析，提出："关于渡江时间：我们一致认为，以在三月半出动，三月底开始渡江作战为最好。

因为在政治上,以乘敌内部尚未求得一致,对军事部署尚在守沿江南岸和京、沪、杭诸点或将主力撤至浙赣路沿线两策之间徘徊的时候,实行渡江较为有利。在季节上,四月初水小雨少,更便于作战。在准备工作上,确较仓促。只要前后方加紧努力,当可成行。有些准备工作(如雨具、纱布等),即再推迟一个月,亦难办到。如推迟到四月出动,四月底五月初渡江,则敌在政治上和军事上有更多准备。特别在季节上,已届春雨桃汛时间,困难增多,仅在准备方面略较充分。如提早在三月初出动,三月中旬过江,虽在政治、季节诸方面更属有利,但许多切要的准备工作,都来不及。"

中央军委和毛泽东2月11日复电总前委:"同意你们三月半出动、三月底开始渡江作战的计划,望你们按此时间准备一切。"复电中还特别提出:刘伯承、邓小平、张际春、陈赓参加华东局为委员。在淮海战役期间由刘伯承、陈毅、邓小平、粟裕、谭震林5人组成的总前委,在渡江战役期间"照旧行使领导军事及作战的职权,华东局和总前委均直属中央"。

2月20日,中央军委批准以刘伯承、邓小平、张际春、陈赓、李达5人组成第二野战军前委,邓小平为书记。

中共七届二中全会期间,毛泽东经常找邓小平、陈毅、谭震林等商量渡江作战的问题。中央军委决定将淮海战役总前委改为渡江战役总前委,仍由邓小平任总前委书记。中央部署,由总前委率第二、第三野战军于4月进行渡江战役。

毛泽东对邓小平说:"渡江作战就交给你指挥了。"

3月8日,邓小平和陈毅在西柏坡致电刘伯承、张际春、李达、粟裕、张震、唐亮,告之中共中央军委已确定渡江作战必须于4月10日左右发起,提出第三、第二野战军各部务于4月8日进至江边,10日夜开始渡江作战。并指出:为保障渡江作战,我各部的军事准备和部署,力求精细周密,不断告诫干部防止骄傲疏忽。在部队开进期中,集中力量进行有关渡江作战的战术和技术的训练。其他政策教育等项可在渡江后进行，以免减弱部队对作战的注意。但同时必须要求部队加强纪律教育，保障在接收、管理城市交通时不出乱子。

邓小平带着中央军委和毛泽东的嘱托，和陈毅一起回到了前线，落实渡江战役的各项准备工作。

3月26日，邓小平在安徽蚌埠附近的指挥部主持召开第二、第三野战军高级干部会议，讨论渡江作战方案。

3月底，总前委进驻肥东县瑶岗村。

3月31日，邓小平为总前委起草了《京沪杭战役实施纲要》，分析了敌我力量的对比，制定了具体的作战步骤。

《京沪杭战役实施纲要》对百万大军渡江作战作出周密细致的安排部署，对于保证京沪杭战役的胜利，起到了非常重要的作用。其意涵高远，思维开阔，体现了邓小平高超的军事指挥艺术和军事指挥风格，成为一篇具有高度军事史价值和军事学术价值的文献。

《京沪杭战役实施纲要》是邓小平的精心之作，多年后他还记得那样真切。1989年11月，他在谈第二野战军战史时还说道："渡江作战，部队突破江防后，我的指挥部在三野司令部，张震是参谋长。渡江战役也就是京沪杭战役的实施纲要是我起草的。"4月1日，《京沪杭战役实施纲要》上报中共中央军委，毛泽东于当日复电批准了这个纲要。

在总前委的统一指挥下，第二、第三野战军担任渡江作战任务的各部队于3月初至4月初，先后进抵长江北岸，全面紧张地进行战役的各项准备工作。部队上下开展了关于形势、任务和新区城市工作政策纪律的教育，并针对国民党军的防御部署、工事布局的特点和长江水情及两岸地形特点，开展了技战术训练。

在地方党组织和政府的大力协助下，到渡江前，各部队共筹集各型木船9 400多艘，组织船工万余名，培训部队水手数千名，筹集并运送到前线的粮食达数亿斤，动员的支前民工有300多万人，做到了"要粮有粮,要人有人,要船有船"。

4月20日夜,在总前委的统一指挥下,第二、第三野战军发起京沪杭战役,在西起九江、东至江阴的长江防线上全线出击,强渡长江,一举突破国民党号称"固若金汤"的长江防线。

4月23日,人民解放军攻占国民党统治中心南京。随后,相继解放上海以及苏、皖、浙、赣等省的广大地区。

23 两个幸福的家庭

这是陈毅和邓小平两家人的合照。

从 1949 年 4 月 21 日起，第二、第三野战军及地方部队共百万余人，在东起江阴、西至九江东北的湖口间 500 余公里的战线上，分中、东、西三路强渡长江天堑，彻底摧毁国民党军构筑的长江防线。4 月 23 日，人民解放军占领南京。国民党反动统治宣告灭亡。毛泽东随即写下了《七律·人民解放军占领南京》："钟山风雨起苍黄，百万雄师过大江。虎踞龙盘今胜昔,天翻地覆慨而慷。宜将剩勇追穷寇,不可沽名学霸王。天若有情天亦老,人间正道是沧桑。"

5月12日,人民解放军发起上海战役,经过16昼夜战斗胜利结束,此役共歼灭国民党军15.3万人,5月27日,上海全境解放。

随后,人民解放军一路向南,其一部进入福建,解放了闽北地区;一部攻入江西,控制了赣中广大地区。

晚年的邓小平曾给孩子们讲过这样一个故事。他说:"那些仗,打得快呀!原因是敌人跑得快。我们的追击,都是成排、成连、成团地跑路,否则追都追不上。我们的部队,分成了多少路呀!陈赓打得最远,占领了江西的全省。红军时期,蒋介石抓住了陈赓,后来因为念及陈赓在大革命时期曾救过蒋介石一命,就把陈赓放了。蒋介石放陈赓的时候,在南昌,有人说:'欢迎你再来。'陈赓说:'再来,我就带十万部队来!'结果,真的是陈赓带兵去占领了南昌。幸好我们当时没让陈赓打南京,让他直接往南边打去。否则,陈赓就实现不了他的诺言和愿望了!"

上海全境解放的前一天,5月26日,邓小平率总前委、华东局机关进驻上海。

29年前,16岁的邓小平从上海出发前往法国勤工俭学,寻求革命真理;22年前,作为党中央秘书长的邓小平来到上海从事革命斗争;今天,作为中共华东局第一书记、渡江战役总前委书记的他,率领千军万马解放了上海这座城市。

和邓小平并肩指挥作战的陈毅也进入上海,并且担任了上海解放后的第一任市长。

随后,邓小平、陈毅的家属们也来到了上海,两家人一起住在原励志社的那个楼上。

家人总算团聚了。这是十分难得的。邓小平的小女儿毛毛在《我的父亲邓小平》一书中写道:

妈妈告诉我,自从1945年父亲他们从太行山走向平原后,父亲已极少和家人相聚。

妈妈离开太行山后,一直在晋冀鲁豫中央局组织部工作。后来,她带着三个孩子到了邯郸。

对于孩子们来说,邯郸,是他们进的第一个大城市。那里的一切都和乡下不一样,什么都挺新鲜的。住房的厕所里有抽水马桶,我的哥哥也就是三岁多,从来没见过这玩意儿,看着奇怪,就一天跑到厕所里去放水冲马桶玩儿个不停。

随着战线不断向前推进,妈妈和其他二野高级干部的家属们也不断地向前搬家。

那时候,二野的几位首长家里,每一个妈妈都带着几个孩子。刘伯承家三个,李达家二个,蔡树藩家二个,张际春家三个。

这个家属大队,从邯郸又迁到了邢台,几家人住在一个教堂里,五个夫人轮流炒菜做饭。妈妈说,轮到她做饭那一天,大家都不爱吃她炒的菜。哎,没办法,我那个妈妈呀,这一辈子也没学会炒菜的手艺。

妈妈总想用点科学方法教养孩子,她每日在教堂的屋顶上放一个大铁皮盆,里面放上水,先让太阳把水晒一上午,再把孩子们脱光,让太阳再把孩子们晒一会儿,然后就让被太阳晒过的孩子跳进被太阳晒过的水中,一边嬉戏,一边洗澡。妈妈说,这叫日光浴。结果三个孩子都给晒得黑不溜秋的,可倒也真都是健健康康的。

郑州解放后,妈妈他们几家人,准备移住郑州。铁路被破坏了,公路也被损坏得不成样子。他们这一群妈妈们和孩子们,坐在一个大卡车上,还是一个没有篷子的大卡车,赶往郑州。这一路最紧张了,倒不是因为战事,而是因为孩子。每天早上,天不亮,就要把孩子们叫起来,趁他们迷迷糊糊、还没睁开眼的时候给孩子们穿上衣服,一边收东西,一边随便给小孩塞几口饭,黑朦朦(蒙蒙)之中,顶着满天的星光,便开始出发了。中午,打个尖儿,车停一下,马上又出发。车上尽是孩子,还得带个尿罐,以为方便之用。就这样,一路不停,赶了好几天,总算到了郑州。到郑州后,马上又转到洛阳的一个乡下。要知道,共产党的机关和宿营地,总是设在乡下的,也许是为了方便指挥,也许是为了不在城市扰民,也许,共产党的军队,和农民群众,实在是有着一种血肉相连密不可分的亲情。

······

在洛阳的乡下,住得倒是安稳,可孩子们却开始不安分了。有一天,三个孩子围着一个桌子坐着,两岁多的南南拿着一个花炮在玩儿,她玩着玩着,就把花炮在蜡烛上点着了,花炮喷出了火花,南南一急,手往前一伸,火花正好滋在胖胖的脸上。后来大人察看,总算没出什么大事。此一惊刚过,几天后,胖胖又不知从哪儿拿来一把剪刀,挥舞了起来,一下子把剪刀尖儿戳到了南南的脸上。这次,也幸好没有戳成重伤,只划破了一点皮。这一回一报,也算是一场家庭战争吧!气得妈妈,不论三七二十一,三个孩子,每人的屁股上都着实地给了几下。

南京解放后,这一队人马又移到了南京。很快,随着解放大军的步伐,妈妈们和孩子们又到了上海。陈家三个孩子,邓家三个孩子,连同大人,每家五口人。有一天,一时兴至,两家大人带着孩子们,一齐亲亲热热地照了一张相。照片上,陈伯伯大腹便便地坐在那儿一副自然潇洒之态。父亲瘦瘦的,依旧是那样沉稳地微笑。两个妈妈,那样年轻,那样漂亮。几个孩子,又是那么那么的小,实在是可亲可爱。

这是两个幸福的家庭。

24 "大迁回""大包围"

　　1949 年 10 月 21 日,参加完开国大典的邓小平、刘伯承、陈毅、粟裕等乘火车离开北京南下,22 日到达徐州。与离开南京北上的张际春、李达率领的二野机关会合后,邓小平率领二野机关西进郑州。这是邓小平离开徐州火车站西进辞别陈毅、粟裕等时拍摄的一张照片。

早在 5 个月前的 5 月 29 日，上海解放的第三天，邓小平在为华东局、总前委起草的给中央军委的电报中就提出："二野入川势在必行，且宜早行（乘敌破碎，早点解决西南问题，实属必要）。估计两个月后三野部署当已调整妥善，英、美动态亦趋明显，故二野必须积极准备于八月初出动。"6 月 2 日，中央军委复电华东局、总前委，同意二野积极准备入川，并指示："小平须准备去四川。"

中国的大西南，包括云南、贵州、四川、西藏以及当时的西康，总面积有 230 多万平方公里，是国民党离开大陆前最后控制的地区，也是国民党死守的重点地区之一。

7 月 16 日，中央军委正式下达向西南进军的指示，提出："刘邓共五十万人，除陈赓现率之四个军外，其主力决于九月取道湘西、鄂西、黔北入川，十一月可到，十二月可占重庆一带。另由贺龙率十万人左右入成都，由刘邓贺等同志组成西南局，经营川、滇、黔、康四省。"中央军委决定对中南、西南诸敌实行"远距离包围迂回"的作战方针。

两天后，第二野战军前委发出关于进军西南的指示，要求各部队做好进军西南的准备工作。

8 月 1 日，中共中央决定：西南局以邓小平为第一书记，刘伯承为第二书记，贺龙为第三书记，管辖云、贵、川、康四省及第二野战军全部、第一野战军一部共 60 万人。

8 月上旬，邓小平和刘伯承一起根据中共中央和中央军委的指示精神，加紧领导和部署进军西南的各项准备工作。8 月 19 日，他们将拟定的《向川黔进军的基本命令》上报中央军委，提出采用"大迁回"的行动，逐步达到聚歼大部敌军的部署。8 月 20 日，中央军委复电表示完全同意。

9 月 12 日，毛泽东为中央军委起草了关于进军西南问题给邓小平、张际春、李达的电报，指出："我对白崇禧及西南各敌均取大迂回动作，插至敌后，先完成包围，然后再回打之方针。"

至此，解放西南的"大迁回""大包围"的作战方针和部署完整地确立下来。

9 月底，邓小平前往北平向毛泽东和中央军委汇报工作，同时参加新中国的开国大典。

10 月 1 日，中华人民共和国宣告成立。邓小平出席了开国大典，第一次登上天安门城楼。

在中华人民共和国成立的喜庆日子，邓小平更加怀念那些为国捐躯的无数革命先烈，他写下了这样一段话："永远铭记着：在过去长期艰难的岁月里，人民英雄们用了自己的鲜血，才换得了今天的胜利。"

45 岁的邓小平在筹备建立新中国的中国人民政治协商会议第一次全体会议上当选为中央人民政府委员、中国人民政治协商会议第一届全体委员会委员。10 月 10 日，邓小平和刘伯承、贺龙参加由毛泽东主持召开的中共中央会议，进一步研究并确定进军西南的各项重大事宜。会议决定由贺龙率领第一野战军第十八兵团由陕南入川，配合第二野战军解放西南。10 月 13 日，毛泽东致电彭德怀，作出第一野战军一部、第二野战军进军西南的部署。电报中还明确了中共中央西南局的分工：邓小平、刘伯承、贺龙分任第一、第二、第三书记，贺龙为军区司令员，邓小平为政治委员，刘伯承为西南军政委员会主席。

10 月 19 日，邓小平参加中央人民政府委员会第三次会议，在会上当选为中国人民革命军事委员会委员。

10 月 22 日，邓小平和刘伯承乘火车到达徐州。23 日，率第二野战军指挥机关到达郑州。当天，他们和张际春、李达在郑州向各兵团秘密下达向川黔进军的补充命令。

同一天，为了迷惑国民党军，造成人民解放军即将由陕入川的假象，保证"大迂回""大包围"作战方针的顺利实施，邓小平和刘伯承特地在郑州火车站举行的各界民众欢迎大会上公开露面并发表演讲，宣称要经陕甘向四川进军。新华社专门发布邓小平和刘伯承率部经徐州、郑州西进，并在郑州召开民众大会准备进军四川的消息。

根据党中央提出的"大迁回""大包围"的战略方针,刘伯承和邓小平率领第二野战军总部作出佯动,假示大军要由郑州向西,从陕西进入四川,实际已令第二野战军主力第三兵团在陈锡联率领下,由湖北宜昌、湖南常德地区隐蔽集结后出师湘西,经秀山、彭水,强渡乌江,打开川东门户,直逼重庆。同时又令第五兵团在杨勇率领下,由湖南邵阳地区隐蔽集结,尔后直入贵州,切断敌人南逃退路。刘邓大军从东西 500公里的地段突然多路进击,直取湖南、贵州和云南,造成对四川的夹击之势,打乱了蒋介石的整个西南防御部署。

11 月 23 日,邓小平在湖南常德受命组建中共中央西南局,出任中共中央西南局第一书记。

11 月 27 日,刘伯承和邓小平收到中央的电报,要第二野战军缓进重庆,意欲吸引更多的胡宗南敌军据守重庆,而后聚歼之。刘邓根据战场的实际情况,认为应尽快攻取重庆。他们当即给中央回电,提出尽可能提前渡江攻占重庆。在得到毛泽东的同意后,第二天,即 11 月 28 日晚 8 时,刘邓下达攻占重庆的命令。11 月 30 日,重庆解放。

由于解放军以迅雷不及掩耳之势攻取重庆,蒋介石破坏重庆的计划来不及实施,重庆的主要工业设施得以保存,对大军入川后依托重庆、经营全川战略的实施起了重要作用。

夺取重庆后,刘伯承和邓小平指挥第二野战军的第三、第五兵团与贺龙率领的第一野战军协同作战,从东、西、南三面对成都形成袋状包围,一举歼灭了蒋介石最后一支主力——胡宗南集团。1949 年 11 月21 日,刘伯承和邓小平适时地向川、康、滇、黔四省的国民党军政人员提出"四项忠告",号召他们弃暗投明,举行起义。在邓小平和刘伯承的军政兼施文武兼攻下,国民党川、康地方实力派刘文辉、邓锡侯、潘文华,国民党政府云南省主席卢汉先后率部起义。

仅仅 2 个月,西南战役就取得了决定性胜利,消灭了盘踞在云、贵、川、(西)康四省的 90 多万国民党反动武装,解放了除西藏以外的西南全境。

25 "着重于修成渝铁路"

1952年7月1日,是中国共产党建党31周年纪念日。这一天,新中国成立后修建的第一条铁路——成渝铁路举行全线通车典礼。邓小平出席了在重庆举行的通车庆典,他还邀请了熊克武、刘文辉等许多四川名人参加,请他们亲眼见证共产党人为实现四川人民近半个世纪的愿望的办事效率。在通车庆典上,邓小平在通车纪念册上亲笔签名,并欣然挥毫题词:"庆祝成渝铁路全线通车。"

这是中国铁路史上第一条由中国人自己设计施工、用自己生产的钢轨和枕木建成的铁路。这条铁路从决定修建到设计施工,都是在当时西南局第一书记邓小平的亲自主持和领导下进行的。

"蜀道难,难于上青天",出生在四川的邓小平更知道四川人的苦衷。

早在1949年5月,邓小平就在上海请陈毅的堂弟、兵工专家陈修和介绍西南的情况。邓小平当时就下定决心:成渝铁路一定要搞、尽快搞。他请陈修和为西南建设物色一批科技人才,并嘱咐他为修建成渝铁路写一份建议书。

第二野战军进军西南之前,邓小平又专门派第二野战军军械处处长陈志坚带着他的亲笔信,到上海拜访陈修和。陈修和为西南建设介绍了一大批专家,组成了一个技术大队。

说起修建铁路,从20世纪初到1949年西南解放,四川人民为了这条铁路,出过无数的钱,流过不少的血,进行过许多英勇、壮烈的斗争。

远在1906年前后,各帝国主义国家在我国许多地区夺得了修筑铁路的特权。四川人民以自修川汉铁路的刚毅行动,回答了清王朝出卖筑路权的丑恶罪行。那时候,农民们拿出粮款,公教人员拿出薪金,商人们集资入股,共计拼凑了200多万两白银,用"商办"名义,组成了"川汉铁路公司",计划在成都到汉口的漫长山地上,修筑一条铁路,以沟通西南和中原的交通。但在一切准备就绪之后,腐朽的清王朝,突于1911年宣布川汉铁路收归"国有"。四川人民知道,所谓收归"国有"就是要把私人的股票全部没收,把筑路权出卖给帝国主义国家的前奏。四川人民群起反抗,立即掀起声势浩大的保路运动。重庆、成都等地的学生罢课,商人罢市,成都市民并"列队向督署请愿"。但清王朝不顾广大人民群众的反对,竟令"警卫鸣枪弹压,毙伤数十人"。然而反抗的烈火并未平息,"风潮更形扩大。四乡人民纠集数千人围攻成都,省垣为之大震,全省陷入混乱"。在成都到宜昌 850 多公里的路线上,到处都有群众游行示威。保路运动进而发展成为广大农民群众的"拒纳租税"的斗争。直到地方当局答应退还全部股款,人们才掩埋了烈士的遗体。为纪念在保路运动中英勇牺牲的人们的烈士碑,至今还矗立在成都市的人民公园里。这次运动,虽然四川人民没有得到退还的股金,但粉碎了清王朝出卖路权的卑鄙阴谋。中国共产党内一些四川籍的老革命家,如吴玉章、朱德、刘伯承等都曾受到过保路斗争的影响。1911 年 6 月 17 日,四川"保路同志会"(会长是广安蒲殿俊)在成都成立的时候,邓小平还不满 7 岁。当时他在距家 1.5 公里的广安协兴场小学堂读书。协兴场这一偏僻的乡村镇同样也卷入了"保路"的风潮。邓小平和他的小伙伴当时会唱一首宣传"保路"的歌——《来日大难歌》。

1911 年后,四川的统治者几次利用四川人民渴望发展交通、兴修铁路的迫切心情,搜刮人民的财富。到了国民党统治时期,1936 年,以宋子文为首的川黔铁路公司,以 5 600 万银圆的贷款,把成渝铁路的筑路权出卖给法帝国主义。国民党政府完全没有放弃借口修筑成渝铁路向人民搜刮榨取的机会。他们一次又一次地向人民要捐要税。什么"铁路捐""修路税",名目之多,不下几十种。1945 年,蒋介石还向四川人民发出"保票",说"两年内保证成渝铁路通车"。然而 1949 年,成渝路上还是一条虚线,始终没有铺过一条钢轨。

1950 年 1 月 2 日,在重庆解放后不久,时任中共中央西南局第一书记、西南军政委员会副主席、西南军区政治委员的邓小平在向中共中央报告重庆解放后西南的情况和汇报建设新西南的计划时,就特别提出

"着重于修成渝铁路"。

随后,邓小平在他主持的西南局委员会会议上,传达了中共中央和毛泽东主席十分关心西南人民渴望了 47 年的成渝铁路,作出了"以修建成渝铁路为先行,带动百业发展,帮助四川恢复经济"的重要决策,并主持制定了修建成渝铁路的周密计划。这是西南军政委员会成立后作出的第一个重大决策。

1950 年 3 月,西南铁路局在重庆嘉陵新村成立。4 月,第一批工程人员分赴工地沿线,按铁道部的部颁标准重新对成渝铁路进行勘测。随后,邓小平、刘伯承、贺龙等西南局和西南军政委员会、西南军区的领导又决定,从西南军区首批调集 4 000 多名解放军指战员开赴筑路工地。后来,西南军区又从川东军区、川南军区、川北军区、川西军区和西康军区各部队抽调了 3 万多人,组成 5 个军工筑路队。加上四川各区招收的 1.8 万余名失业工人,组成了浩浩荡荡的筑路大军。

6 月 15 日,成渝铁路就开工了。

邓小平在开工典礼上致辞。他满怀激情地说:我们进军西南时,就下决心要把西南建设好,并从建设人民的交通事业开始做起。我们今天建设成渝铁路,是在经济与设备困难的条件下开始的。因此,人民对建设的希望是花钱少,事情办得好。我们调出一部分部队参加建筑,也是为着替人民少花一些钱,把铁路建设起来。

8 月,成渝铁路开始铺轨。据当时参加筑路的第二野战军老战士孙振华回忆:铺成渝铁路,从大渡口开始铺轨,一直铺到九龙坡。铺到九龙坡时,邓小平同志带着他的老师(汪云松),到大渡口参观,坐的平板车,那时根本没有票车什么车的,只有坐个平板车参观这个成渝铁路。他坐的藤椅呀,我们都还看到给摆得好好的,他的警卫就站在平板车上头。火车冒的那烟子,邓小平根本也不在乎,他照样坐在那里。

在成渝铁路修建中,邓小平明确指示:要学会掌握修路技术,尊重技术人员的指导。

这条铁路从 1950 年 6 月 15 日开工，到 1952 年 6 月中旬完工，7 月 1 日全线修成并通车。四川人民盼望了几十年的成渝铁路终于在共产党执政的时代修成了。

1952 年 7 月 1 日，成都和重庆两市几十万人同时举行"庆祝成渝铁路全线通车典礼大会"。贺龙司令员和铁道部部长滕代远分别在成都和重庆主持盛大的通车剪彩仪式。上午 10 时，两列装饰一新、满载筑路工人、各界代表和少先队员的客车分别从成都和重庆两站同时开出。成都和重庆市郊，人山人海，人们扶老携幼，争看铁路。

26 "政治重于军事"

1951 年 4 月 16 日，西藏和谈代表阿沛·阿旺晋美一行到达重庆，受到邓小平以及各方面代表和群众的热烈欢迎。这张照片记录了这一历史时刻。

1949 年年底，当云、贵、川相继解放后，中共中央和毛泽东开始考虑解放西藏的问题。

1950 年 1 月 2 日，第一次走出国门的毛泽东从莫斯科给中央和彭德怀、邓小平、刘伯承、贺龙发出了一份带有四个"A"的急电。电报中说:"西藏人口虽然不多,但国际地位极其重要,我们必须解放之,并改造为人民民主的西藏。由青海及新疆向西藏进军,既有很大困难,则向西藏进军和经营西藏的任务应确定由西南局担负。"毛泽东在电报中还说:"进军及经营西藏是我党光荣而艰苦的任务。西南刚才解放,西南局诸同志工作极忙,现又给此入藏任务。但因任务重要,且有时间性,故作如上建议。这些建议是否可行,请西南局筹划电复为盼。"

仅仅过了6天,邓小平就回电毛泽东,进军西藏的计划已经安排妥当。邓小平和刘伯承即作出决定,由第二野战军第十八军执行进军西藏的任务。

根据毛泽东提出的"进军西藏,不吃地方"的重要方针,善于从政治上考虑问题的邓小平,在进军西藏问题上也提出进军西藏要"政治重于军事,补给重于战斗"。

为鼓励部队克服各种困难,迎接新的挑战,邓小平专门为第十八军题词:"接受与完成党所给予的最艰苦的任务,是每个共产党员每个革命军人无上的光荣。"

1950年2月,中共中央提出了争取和平解放西藏的方针。5月,邓小平向中央报告了西南局拟定的解放西藏的四条方针:驱逐英、美帝国主义势力出西藏;西藏回到中华人民共和国的大家庭中来;西藏改革问题将来根据西藏人民的意志协商解决;实行宗教自由,保护喇嘛寺庙,尊重西藏人民的宗教信仰和风俗习惯。

毛泽东和中共中央对此给予充分肯定,并委托西南局起草"一个可以作为和平谈判基础的若干条件"。这样,在邓小平的亲自主持下,起草了和平解放西藏的十大政策,明确提出:(一)西藏人民团结起来,驱逐英美帝国主义势力出西藏,西藏人民回到中华人民共和国的大家庭中来。(二)实行西藏民族区域自治。(三)西藏现行各种政治制度维持原状概不变更。达赖活佛之地位及职权不予变更。各级官员照常供职。(四)实行宗教自由,保护喇嘛寺庙,尊重西藏人民的宗教信仰和风俗习惯。（五）维持西藏现行军事制度不予变更，西藏现有军队成为中华人民共和国国防武装之一部分。（六）发展西藏民族的语言文字和学校教育。（七）发展西藏的农牧工商业，改善人民生活。（八）有关西藏的各项改革事宜，完全根据西藏人民的意志，由西藏人民及西藏领导人员采取协商方式解决。（九）对于过去亲英美和亲国民党的官员，只要他们脱离与英美帝国主义和国民党的关系，不进行破坏和反抗，一律继续任职，不咎既往。（十）中国人民解放军进入西藏，巩固国防。人民解放军遵守上列各项政策。人民解放军的经费完全由中央人民政府供给。人民解放军买卖公平。

这十项政策，充分考虑到了西藏社会的现实，照顾到了各阶层的利益，非常符合西藏的实际情况，甚至有的藏族代表人士还觉得这十条太宽了些。邓小平说：我们对西藏的十条，"就是要宽一点，这是真的，不是假的，不是骗他们的。所以这个政策的影响很大，其力量不可低估。因为这个政策符合他们的要求，符合民族团结的要求"。"我们确定，在少数民族里面，正是由于过去与汉族的隔阂很深，情况复杂，所以不能由外面的力量去发动少数民族内部的所谓阶级斗争，不应由外部的力量去制造阶级斗争，不能由外力去搞什么改革。"改革是需要的，"但是这个改革必须等到少数民族内部的条件具备了以后才能进行"。现在我们民族工作的中心任务是搞好团结，消除隔阂。

这十项政策，凝聚着邓小平的智慧和创造，充分展示出了他作为一个政治家的胆略和气魄。它既充分照顾到了西藏各族各阶层人民的利益，又维护了祖国的统一和民族的大团结。

邓小平起草的这份历史性文件，由西南局报到中央后，立即受到党中央、毛泽东的充分肯定和高度赞扬。后来中央人民政府同西藏地方政府签订的和平解放西藏的《十七条协议》，就是以这十条为基础，在这个大的框架上发展起来的。

然而，尽管党中央和西南局为西藏的和平解放倾注了大量的心血，但在帝国主义和外国反动势力的支持下,西藏当局仍然紧紧地关闭着和平的大门。以达赖为首的西藏当局非但不接受和平谈判的条件,还调集了大批的藏军封锁了昌都,把进藏部队挡在了金沙江以东。根据中央的决定,邓小平和刘伯承、贺龙下达了发动昌都战役的基本命令。1950 年 10 月 6 日,进藏部队分多路渡过金沙江、怒江、澜沧江,打响了昌都战役。经过近 20 天的战斗,消灭了藏军主力,解放了昌都,打开了和平解放西藏的第一道大门。昌都一役,为最终实现和平解放西藏创造了条件,奠定了和平谈判的基础。在我党政策的感召和各方面的努力下,达赖喇嘛终于面对现实,抛弃了幻想,派出了以阿沛·阿旺晋美为首的西藏地方政府和谈代表团。

1951 年 4 月 16 日,西藏和谈代表阿沛·阿旺晋美一行到达重庆,受到各方面代表和群众的热烈欢迎。邓小平等西南党政军领导人于 19 日接见并宴请了他们。邓小平耐心地向他们讲述了共产党争取和平解放西藏的十大政策,并一再坦诚而又坚定地表示共产党一定会认真执行这些政策,希望他们消除隔阂和猜疑,使谈判成功。

邓小平对阿沛·阿旺晋美在关键时刻深明大义,对从西藏广大人民的利益出发而主张和谈的历史性选择,作了高度评价,并勉励他永远保持爱国本色,为西藏人民的建设事业作出更大的贡献。

5 月 23 日,中央人民政府和西藏地方政府签订了和平解放西藏的《十七条协议》。西藏终于实现了和平解放。

5 月 25 日,中共中央军委按照协议,下令中国人民解放军进藏部队分路进驻西藏。8 月,邓小平口头下达了进藏工作的指示。根据邓小平的指示,进藏部队严格遵守和平解放西藏的《十七条协议》,边修路,边进军。在进军过程中,广大官兵纪律严明,秋毫无犯,被藏族人民誉为"毛主席派来的菩萨兵"。

1951 年 10 月 26 日,第十八军机关和主力部队进入西藏首府——拉萨,西藏和平解放。五星红旗插上了世界屋脊。中国的大西南全部回到了祖国的怀抱。

27 财政部部长

这是 1954 年 6 月,财政部部长邓小平在中央人民政府委员会第 31 次会议上作关于 1954 年国家财政预算草案的报告。

1952 年下半年,按照"三年准备、十年计划经济建设"的构想,中共中央决定 1953 年开始实施发展国民经济的第一个五年计划。为了适应大规模经济建设的需要,加强中央的统一集中领导,中共中央决定抽调各中央局主要负责人到中央工作。

7 月 10 日,周恩来在给毛泽东的信中说:"如能于七月下旬与邓小平同志商好,先发表他为政务院副总理,并于八月份起来京主持一个时期,这是最理想办法。"当天,毛泽东批示同意。3 天后,刘少奇代表中央致电邓小平说:"望小平同志将西南工作布置后于七月下旬即来中央一商,并在中央先行工作两三个月,何日动身盼告。"

邓小平是7月下旬到北京的。在邓小平带着全家离开重庆坐飞机飞北京时,他的二女儿邓楠想到在重庆别人都叫爸爸"首长",便好奇地问爸爸到北京后是什么"长"? 邓小平回答是"脚掌"。首长变成"脚掌",这虽是跟孩子们讲的玩笑话,却道出了邓小平一贯务实的工作作风。

8月7日,朱德主持召开中央人民政府委员会第17次会议,任命邓小平为政务院副总理。

在邓小平调任政务院副总理的同时或稍后,主持西北局、西北军政委员会工作的习仲勋调任中共中央宣传部部长、政务院文化教育委员会副主任,主持中南局、中南军政委员会工作的邓子恢调任中共中央农村工作部部长,华东局第一书记、华东军政委员会主席饶漱石调任中共中央组织部部长,东北局第一书记、东北人民政府主席高岗调任中央人民政府国家计划委员会主席。一时有"五马进京"之说。

8月15日至9月24日,周恩来率中国政府代表团访问苏联。为了便于邓小平在政务院和中央人民政府开展工作,行前的8月10日,周恩来以政务院党组干事会书记名义向毛泽东并中共中央书记处书面报告,提出改组、扩大原政务院党组,并更名为中央人民政府党组干事会,以周恩来任政府党组书记,陈云、邓小平分任第一、第二副书记。8月13日,毛泽东批示同意。同日,邓小平正式上任,主持召开政务院第148次会议。会上,周恩来宣布:在我奉毛泽东主席之命赴苏联访问期间,由邓小平代理总理职务。

到中央工作后,邓小平作为政务院副总理,从这时起开始成为得力助手。他负责分管监察、民族、人事等方面的工作。后又兼任政务院交通办公室主任,分管铁路、交通、邮电等方面的工作。

　　一段时间内,邓小平经常性的工作是代中共中央起草、修改给各地、各部门的文电、指示,处理政务院日常事务。这些文电、指示大部分由毛泽东、刘少奇,或毛泽东、周恩来,或毛泽东、周恩来、陈云,或刘少奇,或周恩来审阅签发。

　　1953 年 3 月,毛泽东指定:"凡政府方面要经中央批准的事件,请小平多管一些。"

　　1953 年 6 月,毛泽东在经过近一年的酝酿和思考后正式提出党在过渡时期的总路线和总任务,即要在 10 年到 15 年或者更多一些时间内,基本完成国家工业化和对农业、手工业、资本主义工商业的社会主义改造。这年的 6 月 14 日至 8 月 13 日,中共中央召开全国财经工作会议,目的是统一党内在过渡时期总路线问题上的认识,纠正财经工作中存在的错误,促进财经工作健康发展。但是,在这次会议上,薄一波因修正税制问题上的错误受到批评,并被免去财政部部长职务。

　　8 月 17 日,中共中央政治局决定邓小平兼任政务院财政经济委员会第一副主任和财政部部长。

　　1954 年 1 月,全国财政厅局长会议召开。邓小平两次在会上讲话。他提出,财政部门是集中体现国家政策的一个综合部门,财政工作要服从于党在过渡时期的总路线,为总路线的贯彻落实提供保障。他说:"党在过渡时期的总路线就是要建立一个伟大的社会主义国家,财政要保证这一点。如果财政不稳固,是不能保证的。""所谓总路线,其主体是国家工业化,两翼是两个改造,即对农业、手工业和对私人资本主义工商业的社会主义改造。财政工作就要保证国家工业化和两翼改造所需的资金。如何保证呢? 一是增加收入,二是节约支出。收入方面凡应收者都应收足,支出方面凡能节约者都应节约。""集中力量保证国家工业化和两个改造的实现。所以,我们要尽量地把财力用到工业化和社会主义改造方面去,要经过两三个五年计划,使我们的国家成为一个伟大的社会主义国家。"

邓小平提出财政工作的六条具体方针。第一，预算归口管理。他说："预算不采取归口的办法，控制不住，干预过多，因而财政部成了被斗争的焦点。归口以后，就易于控制，预算就容易确定。所以预算要归口，不能有不归口的预算项目。"第二，支出包干使用。他说："包干的目的主要是控制预算。""包干分两种：一是中央各口的包干，主要是归大口。""二是地方的包干，主要是大区包干。包干之后，由地方去调剂。"第三，自留预备费，结余不上缴。自留预备费就是各口在国家分配的预算指标范围内酌留必要的预备费，以应付意想不到的开支。他说："没有这一条，大家不可能有积极性，就不可能有归口和包干；有了这一条，大家才能有勇气和胆量实行归口、包干，地方才有力量应付意外开支。"第四，严格控制人员编制。这主要是为了控制工资基金。第五，动用总预备费须经中央批准。即各地区、各部门预算执行中新增加的开支，要首先动用自己的机动财力和在原预算中调剂解决，实在解决不了的才向中央提出追加预算。第六，加强财政监察。做到严格执行财政纪律，保证国家资金合理节约地使用。他说："这是以后财政工作的关键。财政上的浪费是很大的。""如国家预算节省百分之十，就是二十多万亿元。因此，要加强财政监察。"

实行六条方针要达到什么样的目标呢？邓小平概括地指出："就是要把国家财政放在经常的、稳固的、可靠的基础上。""放在有力量应付外侮和应付万一。""把后备力量放在各方面，要在各方面打底子。""有了后备力量，国家财政才能集中力量保证社会主义工业化和社会主义改造的需要。"

这六条方针，既符合贯彻落实党在过渡时期的总路线开展大规模经济建设的需要，又符合财政工作自身的客观规律，不仅是当时解决存在的问题、做好财政工作的正确方针，还成为后来一个相当长的时期内财政工作的基本方针。

　　1953 年 9 月,在邓小平的主持下,国家开始财政预算的编制工作。1954 年 6 月初财政部提出了 1954 年国家财政预算草案。6 月 16—17 日,中央人民政府委员会举行第 31 次会议,听取和批准邓小平所作的关于 1954 年国家财政预算草案的报告。会议一致通过了这个预算。

28 毛泽东推荐他任总书记

1955年3月，毛泽东在中国共产党全国代表会议上宣布，1956年下半年召开党的第八次全国代表大会。作为党中央秘书长的邓小平开始了党的八大的筹备工作。从起草大会的政治报告到安排大会的具体日程，从审阅大会的发言稿到安排大会的发言，从讨论八大代表选举问题到起草大会通知，关于八大的大事小事，他几乎全参与了。

1955年4月，他草拟了八大政治报告起草委员会、修改党章和修改党章报告起草委员会名单报送毛泽东,在中央政治局会议上获得通过。他同时参加了这两个起草委员会的工作。

作为八大的主要筹备人之一,邓小平还担负着大会及会议文件的解释工作。1955年10月,在中共七届六中全会扩大会议上,他代表中央政治局作了《关于召开第八次党的全国代表大会的决议草案的说明》,对党的第八次全国代表大会推迟召开的原因、八大的主要议程、代表选举、召开的时间等问题作了解释。

1956年8月,在七届七中全会第一次会议上,邓小平就八大的六个文件作了说明。他强调,八大议题和安排发言,应该突出八大讨论国家经济建设的主题。像工业方面,除一些较有系统性的发言外,还要组织二十几篇稿子,体现会议是讨论建设这个重点。对此,毛泽东深表赞同,认为小平同志说得对,这一次重点是建设。

9月13日,七届七中全会第三次会议在中南海怀仁堂举行,主要议程是讨论通过八大主席团名单、秘书处名单和确定八大大会发言。毛泽东主持会议,邓小平对大会主席团名单、秘书处名单、大会发言安排等作了说明。

在邓小平说明大会秘书处名单时,毛泽东提议说:"秘书长我看是邓小平吧!"邓小平说:"不要秘书长。"毛泽东边说不要秘书长怎么行呀,边问大家要不要秘书长,会场上的人齐声说要。毛泽东风趣地说:"干了这么多年的秘书长,现在又不想当了!那末,还是邓小平。"全场一片笑声。

在讲到大会发言安排时,邓小平指出,提交的发言稿,有的内容相互重复,有的篇幅过长。他说同样内容的稿子,讲一遍很生动,讲两遍听起来味道就比较少了。他要求发言者"互相访问,通一点消息,体裁多一点,文字短一点"。

毛泽东非常赞成邓小平的意见,在讲话中说:"所有同志都要注意这个问题。发言要精彩,生动,多样性,还要短。"

在讨论大会主席团名单（草案）和秘书处名单（草案）时，毛泽东顺势将话题转到中央领导机构成员人选上。他说："我在这里还要谈一下关于设立副主席和总书记的问题。上一次也谈过，中央准备设四位副主席，就是少奇同志，恩来同志，朱德同志，陈云同志。另外，还准备设一个书记处，书记处的名单还没有定，但总书记准备推举邓小平同志。四位副主席和总书记这样的人选是不是恰当？""请你们去征求征求意见，好不好？"

会上，陈云表示自己当副主席不适当，周恩来说他觉得还是设一位副主席比较顺。邓小平对毛泽东推举他担任总书记表态说："对总书记这个问题，中央讲了很久，我也多次提出，只有六个字：一不行，二不顺。当然，革命工作，决定了也没有办法，但我自己是诚惶诚恐，请同志们好好地考虑一下。"

毛泽东提出，这样构成中央领导机构，中心的目的是国家安全。他说："首先倡议设四位副主席的是少奇同志。一个主席、一个副主席，少奇同志感到孤单，我也感到孤单。一个主席，又有四个副主席，还有一个总书记，我这个'防风林'就有几道。"他强调："设总书记完全有必要。我说我们这些人，包括我一个，总司令一个，少奇同志半个（不包括恩来同志、陈云同志跟邓小平同志，他们是少壮派），就是做跑龙套工作的。我们不能登台演主角，没有那个资格了，只能维持维持，帮助帮助，起这么一个作用。"

邓小平自1954年4月以来担任中央秘书长，责任相当于总书记。毛泽东说："秘书长变总书记，那只是中国话变成外国话。"邓小平说："我还是比较安于担任秘书长这个职务。"毛泽东对大家说："他愿意当中国的秘书长，不愿意当外国的总书记。其实，外国的总书记就相当于中国的秘书长，中国的秘书长就相当于外国的总书记。他说不顺，我可以宣传宣传，大家如果都赞成，就顺了。"

毛泽东顺势对邓小平作了一番评价，他说："我看邓小平这个人比较公道,他跟我一样,不是没有缺点,但是比较公道。他比较有才干,比较能办事。你说他样样事情都办得好呀?不是,他跟我一样,有许多事情办错了,也有的话说错了;但比较起来,他会办事。他比较周到,比较公道,是个厚道人,使人不那么怕。我今天给他宣传几句。他说他不行,我看行。顺不顺要看大家的舆论如何,我观察是比较顺的。不满意他的人也会有的,像有人不满意我一样。有些人是不满意我的,我是得罪过许多人的,今天这些人选我,是为了顾全大局。你说邓小平没有得罪过人?我不相信,但大体说来,这个人比较顾全大局,比较厚道,处理问题比较公正,他犯了错误对自己很严格。他说他有点诚惶诚恐,他是在党内经过斗争的。"

毛泽东对邓小平有过几次比较集中的评价,这是其中的一次。这样的评价出自他的内心,基于他多年来对邓小平的深入了解。

毛泽东设想第八届中央委员会由主席、副主席和总书记组成中央政治局常委。他对这一设想与七大中央领导机构进行比较说:"把过去的书记处变成常委,只是比过去多了一个总书记。还要设一个书记处,书记处的人数可能要多几个,书记、候补书记可以有十几个人。很多事情要在那里处理,在那里提出议案。政治局委员的名额也要扩大,不是十三个,要扩大到二十人左右。"毛泽东这番话,突出了将要设置的书记处和总书记的职能和职责。

至七届七中全会第三次会议,八大的筹备工作基本完成。

㉙ 在党的八大上作修改党章的报告

    1956 年 9 月 15 日，中国共产党第八次全国代表大会在北京召开。9 月 16 日，邓小平代表中共中央向第八次全国代表大会作《关于修改党的章程的报告》。

    1945 年 6 月党的七大通过的党章到 1956 年已经整整 11 年了。中国共产党的情况发生了很大的变化，特别是党的地位、主要任务和工作重心都发生了根本的转变。显然七大党章在战争条件下的许多规定在今天已经很不适应了。党章的修改工作势在必行。

党章的修改工作自始至终都是在邓小平的主持下进行的。早在1955年10月,党的七届六中全会闭幕几天后,党章修改小组即拿出了党章修改初稿。根据邓小平的指示,分送中央政治局委员征求意见。随后又数易其稿。

1956年5月中下旬,中央政治局连续开会讨论党章修改稿。5月28日,邓小平为中央起草了《关于印发党章修改稿交各地方、各单位讨论的通知》(以下简称《通知》)。根据《通知》的要求,全国各省、市、自治区党委,中央和国家机关党委,解放军系统党的组织,对党章修改稿进行了认真讨论,7月中旬陆续将讨论意见报到中央。邓小平主持起草委员会会议和起草小组会议,吸收各地的讨论意见,对稿子作了修改。8月27日,邓小平主持召开修改党章及修改党章报告起草委员会会议,最后一次集体讨论修改后,将修改党章报告稿报毛泽东审阅。毛泽东连夜对报告稿作了一些修改,并批示邓小平:"此件看了一遍,觉得大体可用。作了一些小的修改,请你酌定。"至此,关于修改党章的报告基本定稿。

9月16日,邓小平在《关于修改党的章程的报告》中,阐述了修改党章所依据的条件,包括党的历史任务和地位的深刻变化,党所面临的新的形势,以及党员干部队伍思想作风上出现的新的情况和问题等。他说:国家的状况与七大时相比完全不同,已经取得全国范围内的新民主主义革命的胜利,基本实现了社会主义改造的任务,建设方面也取得巨大的成绩。党的状况也有了很大的变化。中国共产党已经是执政的党,已经在全部国家工作中居于领导地位。"执政党的地位,使我们党面临着新的考验","很容易使我们同志沾染上官僚主义的习气","还很容易在共产党员身上滋长着一种骄傲自满的情绪"。"针对这种情况,党必须经常注意进行反对主观主义、官僚主义和宗派主义的斗争","需要实行党的内部的监督,也需要来自人民群众和党外人士对于我们党的组织和党员的监督"，"需要发展党和国家的民主生活"。

他在报告中着重阐述了坚持党的群众路线问题和坚持民主集中制问题。关于坚持群众路线问题。他结合党的历史上的经验教训，对脱离群众和实际的主观主义的倾向及危害作了透彻的分析，同时指出了坚持群众路线的正确态度、途径和方法。他说："在我们党的历史上，这种主观主义者给我们党的损失，给中国革命和中国人民的损失，是不可胜数的。主观主义者不懂得，只有首先善于做群众的学生的人，才有可能做群众的先生，并且只有继续做学生，才能继续做先生。一个党和它的党员，只有认真地总结群众的经验，集中群众的智慧，才能指出正确的方向，领导群众前进。我们不是尾巴主义者，当然懂得，群众的意见一定不会都是正确的和成熟的。我们所谓总结和集中，并不是群众意见的简单堆积，这里必须要有整理、分析、批判和概括；但是，离开群众经验和群众意见的调查研究，那末，任何天才的领导者也不可能进行正确的领导。整理、分析、批判和概括也是会犯错误的，但是不断地同群众商量，不断地研究群众的实践，这就使党有可能少犯错误，并且及时地发现和纠正错误，而不致使得错误发展到严重的地步。"

关于坚持民主集中制问题。他联系苏联共产党和斯大林犯错误的教训，强调要坚持集体领导原则，反对个人崇拜。他说："关于坚持集体领导原则和反对个人崇拜的重要意义，苏联共产党第二十次代表大会作了有力的阐明，这些阐明不仅对于苏联共产党，而且对于全世界其他各国共产党，都产生了巨大的影响。很明显，个人决定重大问题，是同共产主义政党的建党原则相违背的，是必然要犯错误的，只有联系群众的集体领导，才符合于党的民主集中制原则，才便于尽量减少犯错误的机会。"

他还说："个人崇拜是一种有长远历史的社会现象，这种现象，也不会不在我们党的生活和社会生活中，有它的某些反映。我们的任务是，继续坚决地执行中央反对把个人突出、反对对个人歌功颂德的方针，真正巩固领导者同群众的联系,使党的民主原则和群众路线,在一切方面都得到贯彻执行。"

同时他又指出,不能只有民主而没有集中,不能只有集体领导而没有个人分工负责。他说:"必须着重地指出,党是一个战斗的组织,没有集中统一的指挥,是不可能取得任何战斗胜利的,一切发展党内民主的措施都不是为了削弱党的必需的集中,而是为了给它以强大的生气勃勃的基础,这是我们大家都充分明了的。""我们主张巩固集体领导,这并不是为了降低个人的作用,相反,个人的作用,只有通过集体,才能得到正确的发挥,而集体领导,也必须同个人负责相结合。没有个人分工负责,我们就不可能进行任何复杂的工作,就将陷入无人负责的灾难中。在任何一个组织中,不仅需要分工负责,而且需要有人负总责。"

邓小平这个报告,是对中国共产党自身建设的历史经验的总结,也是对国际共产主义运动经验教训的总结。他所提出的一系列重要的思想、观点,不仅在当时具有重要的现实指导意义,还对于党在长期执政的条件下加强自身建设具有长远的指导意义。

㉚ "出去主要是鼓劲"

这张照片是 1958 年 9 月 19 日,邓小平视察长春第一汽车制造厂,参观工人们制造的简易机床。

1958 年 5 月,中共八大二次会议召开,正式提出"鼓足干劲,力争上游,多快好省地建设社会主义"的总路线。同年 8 月,中共中央政治局在北戴河召开扩大会议,讨论和通过了《中共中央政治局扩大会议号召全党全国为生产一千零七十万吨钢而奋斗》《中共中央关于在农村建立人民公社问题的决议》和《关于一九五九年计划和第二个五年计划问题的决定》等 40 项决议。

北戴河会议结束后邓小平回到北京,9 月 2 日,他在主持召开的中央书记处会议上表示,自己要出去走走,"出去是研究工业问题,先从满洲里往南走。'十一'回来,住几天,再由天津向南走。出去主要是鼓劲"。

9 月 10 日,邓小平和国务院副总理李富春,中央书记处书记李雪峰,候补书记杨尚昆、刘澜涛,全国妇联主席蔡畅等人一起,便去了东北。

他们此行的目的是宣传中央的方针政策,号召各地为完成党中央提出的战略任务而努力奋斗,特别是作为全国重工业基地的东北,不仅要完成党中央交给的任务,还要完成支援全国的任务。

从黑龙江、吉林到辽宁,邓小平先后视察了富拉尔基重型机器厂、长春第一汽车制造厂、鞍山钢铁厂等重要企业,听取了各省主要负责同志的汇报。他告诫东北各省主要负责同志,东北要完成支援全国的任务,就要解决好局部与全国、小厂与大厂、工业与农业三种关系。在工业领导工作上,要局部服从全局,大力支持重点,保证国家计划的完成。

9 月 19 日,邓小平来到了长春第一汽车制造厂。

长春第一汽车制造厂,是中国民族汽车工业的一面旗帜。1958 年一汽人"乘东风,展红旗",不仅造出了国产第一辆"东风"牌小轿车,结束了我国不能生产轿车的历史,还开发、研制出了我国第一辆红旗牌高级轿车,并被中央批准参加国庆 9 周年庆典。就在一汽人"抢时间、争速度,造出轿车向国庆献礼"之时,中共中央总书记邓小平来到了这里。

邓小平对中国的民族汽车工业情有独钟。早年他在法国勤工俭学时,就曾在法国雷诺汽车厂工作过,和汽车有着不解之缘。他希望中国有自己民族的轿车工业，更希望有一天中国的民族轿车工业会走向世界。

秋天的东北，阳光灿烂。19日这天一早，一排崭新的车队由省宾馆徐徐驶向汽车城。车队穿过1号门，绕过中央大道，停在生产大楼下。9时10分，中共中央总书记邓小平，中央政治局委员、国务院副总理李富春，中央书记处候补书记杨尚昆，全国妇联主席蔡畅等在一汽车厂厂长饶斌、副书记史坚的陪同下来到会客厅。邓小平没等落座，一眼就看到墙壁上悬挂的产品图。他左看右看，高兴得不得了。当他得知是一汽自己新近开发的新产品时，赞不绝口，用浓重的四川口音连声说："好，好，好！"

一汽车厂厂长饶斌汇报了一汽自1956年出车后近两年来的生产、新产品开发、质量水平状况以及干部队伍建设情况。邓小平听得非常认真，他对一汽当时正在进行的干部参加劳动，工人参加管理，干部、技术人员、工人三结合大搞技术革新、技术改造非常感兴趣，一边听，一边记，一边询问，并把一汽的经验概括为"两参一改三结合"，提议要在全国推广。后来由毛泽东圈阅，定为"鞍钢宪法"的一部分。

邓小平对一汽的未来发展及产量情况给予了明确的指示，他说："现在我们国家正处在经济发展时期，国家要进行大规模生产建设，载重车今后用量会很大，你们要挖掘潜力多搞一些。听说你们将来的产量要向10万、20万、30万辆水平发展，这很好。发展汽车工业，这得要大批量，只有生产批量上去了，价格才会降下来。"

谈到燃油问题，邓小平说："现在石油很紧张，能否用其他的什么东西来代替，烧酒精怎么样？你们可以大胆地研究。我们国家现在红薯产量很高，它可以做酒精，但就是不能用茅台。"风趣的话语，引得在场的人都笑了起来。

在详尽地询问了红旗牌高级轿车的生产开发情况后，邓小平来到了轿车装配车间，看到热气腾腾的工作场面，他不停地问饶斌，红旗车比伏尔加、吉姆怎么样？并指示，好就多生产些。邓小平还对每道生产工序都看得非常认真，就连"东风"轿车前标"龙"安上没有、水箱面罩两边缝隙过宽、模具怎样开发节省资金等细微问题都提出了明确的意见。看到车间门口的两台简易机床，邓小平走了过去。这是一汽依靠工人、干部技术人员在革新活动中搞出来的。邓小平细心地观看了工人表演，连声称赞："这个办法好。"他指着机床说，机械加工是个很复杂的过程，许多东西都是由简单到复杂，由复杂到简单的。德国现在许多机床就很简单，但能解决大问题。

看过红旗车间后，邓小平又来到了铸工车间。当砂芯工部车间主任介绍彩新工艺烘干芯子可缩短一半工作时间时，邓小平连连称赞："这办法好得很嘛，既节省能源，又可减少工人在烘干炉里的上下装卸的次数，这就叫多快好省。"在锻工车间，邓小平观看了车间的"三化展览台"，对工人们的创造发明频频点头。在看过了发动机车间、热处理车间工人们的革新成果后，他对技术人员的大胆创新给予了很高评价。底盘车间改进前后的转向器引起了邓小平的浓厚兴趣。在生产现场，邓小平指着改进后的转向器对李富春说，改进后 2 个零件代替了原来的 13 个，成绩可观啊。李富春也会意地笑了起来。

在总装配车间，邓小平看到从总装配线上开出的一辆辆崭新的解放牌汽车，脸上充满了满意的笑容。面对着锃光瓦亮的车身，他看了又看，摸了又摸。

视察结束时，邓小平鼓励全厂干部职工再接再厉，为支援全国建设作出新的贡献。

31 "现在不能肯定徐水是成功的"

这是 1958 年 10 月邓小平等人在参观河北徐水人民公社百货商店。

1958 年 9 月下旬,邓小平一行结束了在东北的 20 多天考察。但是,东北之行,并没有使邓小平减少对不能完成钢铁生产指标的担心。对大办人民公社特别是对城市人民公社实行供给制和办公共食堂,他也产生了一些疑问。10 月 6 日,他在中央书记处会议上说:"各家的灶能否取消,还是要研究。现在公社食堂有啥吃啥,社员穿衣也简单,将来生活好了怎么办?统统清一色好不好?南方人的生活是多样性的,吃菜的品种总要多样,三样四样。我们到哈尔滨看了一个公社,刚开始搞,到食堂吃饭的人只占人口的百分之十几。另一个城市公社,也很少人吃食堂,其他人是来看。"

10 月上中旬,邓小平和薄一波、刘澜涛、李雪峰、杨尚昆等离开北京,到天津市和河北省考察。他们主要考察农业生产、生猪饲养、社办厂矿、收入分配、群众生活和人民公社管理方面的情况。

10 月 14 日上午,他们考察徐水县。当晚,邓小平在徐水召集县委书记座谈会,参加会议的有保定市委负责人和徐水、安国、正定、定县的县委书记。

邓小平在考察东北时,曾把徐水县和安国县作为农村人民公社好的典型来宣传,原以为这里的生产力水平高,粮食过关了,有实行供给制和半供给制的雄厚的物质基础。实地考察后,他发现情况并非如此。会上,他就这一问题同市、县委负责人坦诚地交换了意见。关于宣布实行全民所有制,他说:"你们除了全民所有,允不允许小集体,比方养点猪、鸡、鸭?在任务以外他们自己搞一些,会有积极性。但也可能影响到公社里的劳动,只在小集体劳动,少到公社劳动。是允许好,还是不允许好?不允许小集体,评比就只依靠政治。"关于实行全面的供给制,他指出:"到共产主义时,劳动变成第一需要,不劳动就难过。现在还不是。""你们工资分两级,一元、二元,工资拉平是好还是不好?过去是以劳动好、政治好来评定工资等级,现在拉平,这是个值得研究的问题。"
"现在讲各取所需问题还早,一个月才五块钱,各取所需早哩!"

在这次考察中,邓小平也发现,用"小土群"大炼钢铁的方法需要改变。各地建的小高炉和土高炉,大的只有十几米高,小的容积只有 1 立方米。9 月底,全国小高炉、土高炉激增到 60 多万座,不仅是工厂,公社、部队、学校、机关也建起了土高炉和炼铁厂。10 月底,全国参加炼铁、炼钢的人数由几百万人增至 6 000 多万人。回到北京后,10 月 21日上午,邓小平主持召开中央书记处会议,专门讨论钢铁生产问题。他说:"明年要搞大、中、小洋群,土钢各省搞自炼自用。从采矿到成品完全自己核算。""由小土群变成小洋群,升个级。""要在条件好的地方搞,不能每个县都搞,没条件就搞别的。"

10 月中旬,邓小平一行从河北回到北京。按照去东北前考虑的由天津往南走的安排,10 月下旬,邓小平决定再去大西南的几个省区考察。

10 月 24 日,邓小平在结束了对广西的考察后来到云南,先后视察了云南昆明钢铁厂、昆明机床厂等。

在昆明钢铁厂,邓小平提出让昆钢多生产一些钢材,轧成钢轨用以修铁路发展云南的交通建设。

在昆明机床厂,邓小平对陪同的省委、省政府的领导同志和该厂的负责人说,云南要努力发展机械工业,更多地制造出一些机器。在机床厂装配车间,邓小平仔细地观看了该厂生产的 5 米直径的齿轮滚床、7米直径的立式车床和 20 米长 5 米宽的龙门刨床。当了解到这 3 台大型机床的性能后,他连连称赞:"好! 好!"同时,他还鼓励该厂技术人员和工人:"你们厂技术设备、技术力量较强,目前国家很需要机床,为加速国家经济发展,你们要发动群众生产更多的机床,为国家作贡献。"

10 月 25 日,邓小平在听取省委的汇报后,就云南的工作发表了一些重要的意见。

在谈话中,尽管邓小平仍然强调要完成钢铁生产指标,但更明确地要求抓质量。云南同全国各地一样,组织大量的人力、物力大炼钢铁,造成许多浪费。他提出:有些地方可以停一些,如没有利润的,运不出去的,本地又不能用的。他还说:"小土群"是今年在北戴河会议后突击出来的,明年钢的任务确定为 3 000 万吨,明年的界限是"小土群"生产不算,钢铁一律要升级。明年抓质量,土炉炼的钢,质量达不到,明年不算数。他说:云南从长期看,是搞有色金属,搞一批铝县、铜县、铅县、钢铁县,要搞成有色金属省。你们这里有这么多宝,要努力奋斗,搞一套经验出来,这些东西值钱,搞出来。云南即富了,人民收入就多了。农业,云南条件好,一定要搞多种经营,搞多样性。

邓小平还就人民公社的有关问题发表了意见。他说:人民公社,现在还在积累经验,走在前面一点的是河南、河北,河南也不是普遍走在前头,河北主要是徐水。邓小平对在全国有很大影响的徐水县刮"共产风"的现象提出疑问和批评说:"现在不能肯定徐水是成功的。""把人们搞得那么死板不行。在徐水,劳动力多的感到自己吃亏,不满意。看来他们那个办法行不通。要适当照顾,这里有个人、集体、全民的关系问题,不能由省或县搞一个办法,一律实行。""农村有些问题还要进一步去解决,但问题不大,方向明确了。徐水要消灭家庭,分成小孩队、老年队,分开去住。还是要慢一点,自然一点。徐水造房子,将人分别集中,实行的是行政的办法,要自然一些好。愿意的,可以住在一起,不愿意的,可以不在一起,都可以。""公社究竟包多少? 要很慎重地考虑。徐水是全包。此外,每个人只储备一元或两元,这样好不好? 要从长计议。""总之,要多试验。鞋、袜都穿一样的,做什么就吃什么,行不行? 恐怕有问题,不然为什么叫'各取所需'呢!"

不难看出,这时邓小平的心情已经同一个月前考察东北时有了比较大的变化,对全民大炼钢铁和大办人民公社的忧虑和疑问更多了。

㉜ "不吃食堂也是社会主义!"

这张照片是 1961 年 4 月邓小平在京郊顺义农村调研。

1961 年 1 月,毛泽东在中共八届九中全会上提出,我们对社会主义还不甚了了。搞社会主义不能那么急,不要务虚名而招实祸。他号召全党重新立足国情,调整和恢复经济,要求全党大兴调查研究之风。

1961 年成为实事求是年、调查研究年。

这年的 4 月 7—21 日，邓小平和彭真利用日常工作的间隙，组织 5 个调查组，到京郊顺义、怀柔农村进行调查。他们走访了十几个社队，以蹲点、座谈、访问等形式，详细了解农村实际和干部群众的情况。

4 月 12 日，邓小平召开公社、管理区干部座谈会。邓小平指出：你们的材料上都把劳动力减少当作 1960 年减产的第一个原因，我根据你们的材料算了一下账，认为主要原因不是劳动力问题，而是群众生产积极性问题，是干劲问题，也就是政策问题。实际上，在座的干部都知道群众积极性不高，但没人敢说，怕涉及党的政策本身。邓小平直截了当地指出当时政策上有问题，说出了人们要说而不敢说的话，在座的干部听后心里为之一振，眼前为之一亮。

减产的根源在积极性，积极性调动不起来的根源在党的政策，其中特别是经营规模超过生产力发展水平。顺义县在 1958 年曾按照"一大二公"的要求，把全县分成 8 个大公社，后来还想合并成 1 个"顺义公社"，大大超过了当时生产力的发展水平。片面强调"公"，热衷于所谓"共产主义因素"，以至于把社员的自留地、家禽家畜、家庭副业统统收归社有，收益分配上实行供给制和工分制相结合的分配制度，大搞平均主义，在生产、生活中实行组织军事化、行动战斗化、生活集体化，大办公共食堂、托儿所、敬老院等公共事业，破坏了等价交换和按劳分配原则，这些错误的举措不能不挫伤群众的积极性。广大干部虽然身临其境，心知肚明，但都不敢说，而是在一些具体化问题上争来争去。

谈到公社的体制问题，邓小平说：公社规模问题可以慢点解决，可以考虑得充分些。基本核算单位规模问题就要早点解决，迟了不利。基本核算单位过小了也有缺点。要把一切利害矛盾都摆出来，让群众充分讨论。如果经过讨论还不愿并到一块，也不要勉强，将来再合并也行。总之，要根据群众意见办事，大中小结合。在经过大家充分讨论后，邓小平拍板说：基本核算单位基本上是一村一个，就这样了。

事后，根据邓小平的这个指示精神，全县被划为 24 个公社，基本核算单位进一步划小,且以后长期也没大的变化,这说明当时这样的经营规模是合理的。

针对人民公社的"一大二公"对社员生产积极性的影响,邓小平指出,调动干部和群众生产积极性的关键问题就是要尽快制定"三包一奖惩"(包工、包产、包成本,超产奖励,减产惩罚)和"四固定"(将土地、劳力、耕畜、农具固定到队)责任制。包产单位要小一些,便于互相比较生产条件,让社员在同等条件下搞生产竞赛。定生产指标要留有10%的余地,照顾到有产可超。要克服平均主义,认真执行"按劳分配,多劳多得"的分配原则,承包单位之间、社员之间无论如何不能拉平。多劳多得是天经地义的事,是社会主义分配原则。

在谈到如何确定吃粮指标问题时,邓小平指出,人与人之间劳动有强弱,干部也有好坏,出勤多少也不一样。为了奖勤罚懒,不仅在劳动报酬的工分上要有差别,口粮的差别也要相当明显。这样就能克服平均主义,就能刺激生产者搞好生产和克服各种灾害的积极性。多产多留多吃多购,按劳分配,群众是会赞成的。

邓小平在顺义多次召开座谈会,详细了解了群众对公共食堂的看法。反复询问干部,公共食堂是吃好,还是不吃好? 面对多数人都不敢说真话的情况,邓小平严肃地指出:"公共食堂是个大问题,现在群众议论很多,要注意一下,吃食堂是社会主义,不吃食堂也是社会主义! 以前,不管是中央哪个文件上说的,也不管是哪个领导说的,都以我现在说的为准。要根据群众的意见,决定食堂的去留。"

在调查期间,邓小平还考察了城镇集市和庙会。看到农贸市场萧条,供应紧张,大批手工业和家庭副业消失,严重影响到群众的生产和生活后,他的心情非常沉重。他对随行的县委及公社负责同志说,从集市上看,各处的买卖都不怎么兴旺,品种单调,数量也少,尤其是社员使用的小农具和日用品缺得更厉害,为农民服务的项目几乎快消灭光了。出现这种结果的原因是政策问题,是流通渠道问题,是过去有人关心的事,而现在没人关心了。他要求大家用经济办法,而不是用政治办法,把生产发展起来,把各种手工业和家庭副业恢复起来。他还特别指出,社员的家庭副业不能丢,应该是六畜兴旺,尤其是养猪,很重要,既能满足城乡人民的生活需要,又能增加农民的收入,这是件好事。

经过半个多月的实地调查,邓小平、彭真掌握了大量的第一手材料。5月10日,他们联名向中央和毛泽东写了一份报告,指出,从一个多月调查的情况看,贯彻执行"十二条""六十条"指示的结果是农民群众的生产积极性已有很大提高。但是,要进一步全面调动农民的积极性,对于供给制、粮食征购和余粮分配、"三包一奖惩"、评工记分、食堂、所有制等问题的措施,还要加以改进,有些政策要加以端正。报告明确提出,三七开供给制办法,带有平均主义性质,害处很多,干部和群众普遍主张取消。建议吃食堂、不吃食堂的都给予便利,对包产的方法是不是可以采取包产那部分的余粮购九留一,对超产部分的购四留六,把生产队的分配与社员的生活分开来。

5月,毛泽东批发了邓小平和彭真的调查报告。在全党深入调查研究的基础上,1961年5、6月间召开的中央工作会议重新修订了《农村人民公社工作条例》(即"农业六十条"),取消了公共食堂,取消了供给制,生产队在管理本队的生产上,有了一定的自主权。

(33) “要挤些时间盖房子”

1961年7月23日，邓小平在视察黑龙江省大庆油田时，专门来到干打垒工地，在听取关于建造干打垒情况的汇报时，他说：“要挤些时间盖房子。”这张照片就是邓小平视察干打垒工地时的情景。

7月23日上午8点半，邓小平一行来到大庆油田视察。

邓小平一直关注着大庆油田的勘探工作。这次来大庆前，他在哈尔滨与油田的领导一见面就问：“杜六井的气怎么样？这是一件新闻，以前还没听过。”

当有关同志把情况汇报后,他说:"气,你们要搞快一点,找到气,能解决大问题。"

当说到已在杜六井以西、以北地区及齐齐哈尔、富拉尔基等地打了几口井,看来这个地区的地质情况比预计复杂,附近打的几口井没有见到这个气层时,他说:"气比油更活跃,你们要好好找。"

听到大庆油田的面积和可采储量后,邓小平说:"现成7亿吨是肯定了,你们要搞到10亿吨,有了10亿吨,一年就可以生产3 000万吨。"邓小平在谈话中4次提到要搞到10亿吨。

在来大庆的火车上,邓小平还关心地问:"你们现在注水还没过关?"康世恩回答说:"现在听到的都是好消息,水注得很顺利,效果也明显,比预期的情况好。但这里也潜伏着问题,就是担心水推进得不均匀,会沿着渗透性好的油层跑得较快,形成单层突进,油井过早被水淹。"

"多少时间能淹掉?"邓小平问。

"今年就可能看出来。"

邓小平说:"要出问题就早出,好早点想办法。"

到达大庆后,邓小平先后参观了孙玉庭钻井队、北1-58井喷油、北1排2号转油站、干打垒房子、3排1号注水站及西油库。中午阅览了地质图并听取了油田的情况汇报。

在参观一口油井时,邓小平问:"这口井每天产量多少?"

工人回答说,用12毫米油嘴每天产油120吨。后来解释这口井是排液井,生产并不能用这样大的油嘴,只能用5—7毫米油嘴。

邓小平又问:"用7毫米的油嘴能生产多少?"

"可以产50吨油。"

"恐怕不止这个数字,要有70—80吨。"邓小平说。

邓小平又问:"正常生产时能产多少?"

"按全油田平均,一口井30吨左右。"油田领导说。

邓小平说:"恐怕也不止这个数。"

离开这口井后,邓小平在汽车上按每天产油 70 吨、80 吨分别做了计算。他说:"一天产 70 吨,一年就是 25 000 多吨,一天生产 80 吨,每年就是 28 000 吨,这是高产量的油井,是好油井。"

参观完油田后,邓小平满意地说:"这里的速度是快的。"接着他又问:"炼油厂跟得上吗?"陪同视察的同志回答:"原计划今年就把常减压部分搞起来。现在看今年上不去,争取明年搞成。"

听到这里,邓小平紧锁眉头说:"看来速度比原来预想的慢,要抓紧哟,有啥子困难说嘛!争取明年搞成。"

邓小平十分关心大庆的农业生产。他说:"大庆这个地方靠着铁路,有火车站,草原很平,汽车到处可以跑,土地肥,到处能种地。要好好种地,成立专业队,实行单独核算,开头两年要补贴点,以后就要自给自足。农副业队生产的东西,也要实行等价交换。专业队集体所有制,不要和企业混在一起。你们要争取做到蔬菜、副食品自给。""农田不要再开了。要多搞些畜牧业,多种树,又可以保护草原,又能解决肉食问题。""这里养猪的条件也很好,要好好养猪。我在密云调查,那里养猪,可以不喂粮食,就是喂草,喂草籽也可以长膘。你们要多打点草和草籽,多养点猪。"

他看到牧场的牛后说:"这里的条件太好了。遍地是草,你们也可以办牧场,养点儿乳牛、菜牛,养点儿羊。"

邓小平在视察中还提出:"要好好种树。树吸收水分,每棵树就等于一个小水库。要保证每人一年成活二三十棵。你们油区要种些树,也归你们所有。先还是搞成材的树,多少年之后就可以用。几年就可以长得很粗,盖一排房子,是好木头。井边要多栽些树,最好种核桃树,可以榨油。"

在这次视察中,邓小平对职工的生活关心最多,也说得最多。

他在哈尔滨时就问油田的领导:"职工生活如何?一个月吃多

少钱?"

"按过去一个月十三四元就够了,最近来了一批进口面粉,每斤三角二分,这样花钱就多了,低工资工人就很紧。"

邓小平当即对省委书记李剑白说:"进口面粉也不能抬高物价,按国内价格调拨。"

李剑白表示要马上解决这个问题,多交的款退回。

接着,邓小平又问:"职工的冬季服装解决了没有? 食堂办得如何? 职工在食堂吃饭吗?"

听完汇报,他说:"有些人愿意在家吃饭也可以,食堂要好好培植,不宜过大。"

来到大庆,邓小平看了工人们正在搞干打垒的房子后,很满意。他一一询问,去年盖了多少平方米? 今年能盖多少? 每平方米多少钱? 当他听到每平方米十二三元钱时说,这样就可以多搞。

邓小平说:"这里的粮食解决了,副食也解决了。你们现在是'两挤'。一是家属房子很挤嘛。房子太紧张了,太久了不行。这里有土地,职工是欢迎那种房子的,干打垒嘛。只需一点木料就可以盖了。这个问题家属反应很大。这里很艰苦,已经艰苦了几年了,今年明年就搞,要提高建筑面积。要挤些时间盖房子。今年搞一年,明年再搞一年,不行后年再搞一年,三年要解决这个问题。要搞干打垒。一定要解决这个问题,今年要计划每户再多搞半间房子,一家给一间房子嘛。只要减些学习时间,节约劳动时间,就可以多盖一些房子。学习时间可以集中在冬天,夏天就是读点报,自由看点书,必要时讲一次课。不要怕人家说'大庆不搞政治了''不搞阶级教育了',人人参加劳动,这不是政治吗? 你们一天工作 10 小时,8 小时工作,半小时交接班,一个半小时搞点农业,修理修理设备,这样安排是合理的嘛。"

当时油田物资匮乏,许多生活用品凭票供应。邓小平问:"日用品供应如何?"听说职工没时间去排队,购买日用品很困难,应买的东西也

147

买不上时,他说:"你们最好办几个供销社,送货上门。供销社实行集体所有制,按批零差价办。"

　　下午 2 点,邓小平结束了对大庆的视察。

㉞ 一部"工业宪法"的诞生

1961年8—9月,中共中央在庐山召开工作会议,讨论通过了由邓小平主持起草修改定稿的《国营工业企业工作条例(草案)》。图为邓小平和毛泽东(左二)、刘少奇(右一)、周恩来(左一)在工作会议主席

台上。

在开始转入全面建设社会主义以后，邓小平经常关心和研究的一个重要问题是在社会主义经济建设中，如何办好工业企业，如何改善和加强企业管理。

1957年，邓小平在中共八届三中全会上提出，社会主义工业企业要建立新的管理制度和政治教育制度，党委领导下的职工代表大会，是扩大企业民主、吸引广大职工群众参加企业管理、监督行政、克服官僚主义的良好形式，是正确处理人民内部矛盾的有效方法之一，应该充分运用和推广。

1959年1月26日，在各省、市、自治区党委书记会议上，针对"大跃进"对工业企业造成的影响，邓小平指出，工矿企业，在生产方面，同样还要提出加强经营管理、经济核算、责任制。规章制度，只能废除那些必须废除的，有的废除之后要新建，不能统统否定规章制度。特别是大生产里边一系列的问题，就更要有充分的科学的根据，随便乱动不得。大生产应该着眼于搞技术革命，不是搞人海战术。

1961年1月，中共八届九中全会决定对国民经济实行"调整、巩固、充实、提高"的方针。为了切实执行这个方针，系统解决工业发展中存在的严重问题，邓小平领导和组织中央书记处、国家计委、国家经委派出11个工作组，分别到北京、上海、天津、山西、吉林等地的工矿企业进行调查。

1961年7月，邓小平前往东北进行考察调研。7月14日，邓小平一到沈阳就召集汇报会，听取东北局书记处成员的汇报。这个汇报会一连开了6天，邓小平也不时插话。

邓小平的主要注意力集中在制定工业企业工作条例上。针对当时许多企业管理混乱、生产指挥系统不少处于瘫痪和半瘫痪状态的情况，邓小平提出要把总工程师和总会计师等责任制度恢复起来，解决技术政策和工资政策问题，使企业领导人员专心管理企业，在企业管理制度和领导制度方面积累一些经验。他强调企业要坚持集体领导的原则，企业调整必须选好骨干、选好干部，要从制度、秩序、作风和管理各方面进行整顿。他说：企业管理归根到底一定要集体领导，这是根本原则。集体领导有相互监督、相互制约的作用，党的八大所规定的管理制度就是集体领导。企业的调整必须解决骨干问题，特别是厂和车间这两级，必须有两个德才都比较好的干部做核心。技术干部主要看技术，对政治条件主要看本人和现在表现，过去只从家庭成分上了解是不妥当的。企业的调整必须解决骨干问题。选骨干，不能光看能说会道，会张牙舞爪的，要选踏踏实实、实事求是、老老实实工作的人。前几年的浮夸风，一部分与上面有关，也确有一部分人是个人主义思想问题。有老实态度才能联系群众，整顿企业要把选择干部作为重要内容。总的态度是要从总结经验出发，整顿制度，整顿秩序，整顿作风。着重是管理方面的问题，管理又着重是责任制问题。

邓小平结合考察了解到的情况，对制定工业企业工作条例提出具体意见。他对正在沈阳工业企业做调查的条例起草组成员说：工业企业的几十条，要有个总帽子，把根本制度和根本原则概括起来，如领导制度、经济核算、计划、协作等问题的原则都要写进去，作为序言。后来，起草组根据他的意见，在条例前面加写"总则"，对国营企业的性质、根本任务、管理原则和领导制度作了原则规定。

回到北京后，7 月 25 日，邓小平在中央书记处会议上谈了赴东北考察工业企业的情况，提出企业要整顿，要起草一部工业企业工作条例。工业条例对厂长负责制一定要写清楚，包括副厂长、总工程师等的责任制，要规定一套制度。邓小平让薄一波具体负责起草《国营工业企业工作条例（草案）》。

8 月 11—14 日，在邓小平主持下，中央书记处在北戴河连续举行 4 天会议，对薄一波写出的条例草稿逐条讨论，最后归纳为七十条，简称"工业七十条"。

8月15日，邓小平、彭真、李富春、薄一波联名致信毛泽东和中央政治局常委。信中说，条例针对当前企业管理工作中存在的问题，着重对以下几个方面作了具体规定：（一）确定国家对企业实行"五定"，企业对国家负责实行"五保"；（二）加强责任制度；（三）端正对技术人员、老工人的政策；（四）严格经济核算的纪律；（五）工人工资形式采取计时制或者计件制，应视能否更多地提高劳动生产率而定，不强调以哪种形式为主；（六）强调工会的作用；（七）企业实行党委领导下的厂长负责制，企业党委的主要职责是保证完成国家计划和上级行政主管机关布置的任务；（八）调整和固定企业之间的协作关系，严格实行经济合同制；（九）重要的工业企业由中央和省、直辖市、自治区两级管理；（十）每个企业的生产行政工作只能由一个行政主管机关管理，不能多头领导。8月23日，中共中央在庐山召开工作会议。"工业七十条"提交会议讨论。9月5日，邓小平在大会发言中说，整顿企业要从"五定"入手，按照"工业七十条"，一个一个地抓，一个一个地整理好。他再次强调，工业调整和整顿是为了前进，不能失去前进的方向和信心。要积极地干，要千方百计地干。我们的精神，我们的想法，主要放在这上面，不要失掉这个方向。

最后，中央工作会议讨论通过了这个条例。

9月17日，毛泽东对条例作出批示"很好"。毛泽东和周恩来在审阅时，不约而同地在条例的题目上圈掉了"管理"二字。

《国营工业企业工作条例》总结新中国成立以来特别是1961年前几年企业管理工作的经验教训，提出了企业管理的一系列正确的指导原则和具体规定，成为当时克乱求治、整顿工业企业的一份指导性文件，也成为新中国第一部关于企业管理方面的章程，被人们称为"工业宪法"。

20年后，邓小平在主持起草《关于建国以来党的若干历史问题的决议》时，还回忆说："一九六一年书记处主持搞工业七十条，还搞了一个工业问题的决定。当时毛泽东同志对工业七十条很满意，很赞赏。他说，我们终究搞出一些章法来了。"

③⑤ 对党的各级领导人就该有监督

这是邓小平在"七千人大会"上讲话的照片。

1962年1月11日至2月7日,中共中央在北京举行了扩大工作会议。参加会议的有中央、各中央局、各省市自治区党委及地委、县委、重要厂矿和部队的负责干部7 000多人,所以又称为"七千人大会"。

召开这个会议最早是在1961年11月由中共中央中南局第一书记陶铸在中共中央局第一书记会议上提出来的。当时陶铸建议召开全国地委书记会议。毛泽东对这一建议十分赞同,并在中央政治局常委扩大会议上说,陶铸建议开的会要扩大到县一级,1个县来1个人少了,要来2个人;地委来3个人,第一书记、财贸和农业负责人;省委和直辖市来4个人,省委第一书记和农、工、财贸负责人;中央局也来4个人,第一书记和工、农、商负责人。

为开好"七千人大会",邓小平做了大量的工作。他主持起草了《关于召开扩大的中央工作会议的通知》(以下简称《通知》)。《通知》指出,1958年以来,在中央和地方的工作中发生了一些缺点和错误,并且产生了一些不正确的观点和作风,妨碍着困难的克服。中央希望,经过这次会议,能够总结经验,统一认识,鼓足干劲,加强纪律性,全党团结一致,一心一意,积极地、不失时机地加强各方面的工作,使当前的困难较快地得到克服,使我国的社会主义建设得到顺利发展。

邓小平和刘少奇一起,为起草"七千人大会"的书面报告作准备。1961年11月6日,邓小平在钓鱼台8号楼召开报告起草人员会议,提出起草报告的框架。12月21日,他又主持讨论了报告的第一稿。此后,他和刘少奇几次共同讨论报告稿。

1962年1月11日下午,"七千人大会"正式开始。会议安排先分小组集中讨论报告初稿。

1月27日,毛泽东主持召开"七千人大会"第一次全体会议,由刘少奇代表中央作报告。根据毛泽东的意见,刘少奇没有念报告稿,而是对报告稿涉及的一些重大问题另作发挥和说明,后来被称为刘少奇的口头报告。

1月30日下午,毛泽东在全体会议上作了长篇讲话。中心是针对分散主义讲民主集中制问题,把会议推向了高潮。毛泽东在讲话中主动承担了"大跃进"以来所犯错误的责任,他说:"凡是中央犯的错误,直接的归我负责,间接的我也有份,因为我是中央主席。"

邓小平原来是不准备在会上讲话的,毛泽东提出会期延长后,他决定采纳杨尚昆的建议,在会上讲讲党的问题。其实,在筹备召开"七千人大会"过程中,他曾多次谈到,这几年党的会议没有对党的建设给予一定重视,这次大会要注意这个问题。他的讲话稿起草好后,分送中央书记处各位成员并召开书记处会议进行了讨论。

2月6日下午,邓小平在全体大会上讲话。他的讲话没有重复他在中央工作会议的讲话中关于党的建设的内容,而是着重讲了坚持党的实事求是、群众路线和民主集中制的优良传统的问题。他指出:最近几年党的领导、党的工作有严重的缺点,特别是党的优良传统受到削弱,有些地方有很大的削弱、严重的削弱。这几年党内斗争发生过火偏差,造成党的实事求是传统、群众路线传统和民主集中制传统的忽视和损伤,给党的工作带来很大的危害。他从执政党的地位和特点出发,强调要"更加注意坚持党的优良传统","避免沾染官气","避免脱离群众、脱离实际"。

他指出,这几年党的生活中存在严重缺陷,既有分散主义的问题,又有集中过多的问题,计划指标过高是造成这两种倾向的根源。指标过高,要求过急,还有一些不适当的"大办",这就使得我们的许多好传统受到了冲击。而许多好的传统的削弱,又反过来加重了工作中的缺点和错误。

接着,邓小平从坚持民主集中制、建立经常工作、培养和选拔干部、学习马列理论和毛主席著作等四个方面论述了如何恢复党的优良传统和健全党内民主生活。

他指出:这几年,我们党的民主集中制有了很大的削弱,有许多事情,形式上似乎比过去民主,但在实际上,命令主义、少数人或个人独断专横的现象是十分严重的。他强调:要把我们党的老传统真正地恢复和发扬起来,党的各级领导同志的态度是很重要的。我们各级领导同志,要善于倾听反面意见,倾听不同意见。特别是我们的"班长""副班长",要团结多数,尊重少数,绝不能一个人讲了就算数。他提出:对于我们党的各级领导人(包括党委会的所有成员),应该有监督。这种监督是来自几方面的,来自上面,来自下面(下级),来自群众,也来自党小组生活。对领导人最重要的监督是来自党委本身,或者书记处本身,或者常委会本身。他提议,把领导人的主要的小组生活,放到党委会去,或者放到书记处去,或者放到常委会去。在党委会里,应该有那么一段时间交交心,真正形成一个好的批评和自我批评的氛围。

邓小平的这次讲话,是"大跃进"运动以来,中央领导人讲党的问题特别是执政党建设问题,批评党在思想、工作作风上的错误比较集中、比较透彻的。特别是他提出的对党的各级领导干部加强监督的思想,既有现实针对性,又对党的建设具有长远的指导意义。

亲历会议、时任中共湖北省委第一书记的王任重在日记中写道:"昨天下午听了小平同志关于党的问题的讲话,讲得朴素,切实,公道,使人听了很舒畅。"

"七千人大会"取得了在当时历史条件下所能取得的积极成果。会议对缺点错误的比较实事求是的态度,会议的民主精神和自我批评精神,给全党以鼓舞,使广大党员心情比较舒畅,在动员全党为战胜困难而团结奋斗方面起了积极作用。会后,国民经济和政治关系等方面的调整都有进一步的发展。国民经济形势开始好转。

36 "黄猫、黑猫，只要捉住老鼠就是好猫"

1962 年 7 月 7 日，邓小平、彭真接见出席共青团中央三届七中全会的代表。

"七千人大会"后，怎样恢复农业生产问题成为党中央十分关注的一个重要问题。在农村将基本核算单位放在生产小队，但仍然没有像预期那样解决人与人之间的平均主义和农活质量差、农民出工不出力的问题。而且，由于基本核算单位下放到小队，相应地增加了相当数量的干部，不少人不仅不参加生产劳动而获得工分，还多吃多占，搞特殊化，群众意见很大，生产积极性调动不起来。在这种情况下，一些地方想到将生产单位进一步划小甚至包产到户的办法。张家口地委第一书记胡开明经过调查研究后，向中共中央提出建立农业生产责任制、包产到组的建议。湖南、安徽省则从 1961 年以来就在比较大的范围内搞了包产到户，收到比较好的效果。这些现象引起中央领导人的高度重视。1961 年 3 月，中央在广州召开工作会议，安徽省委第一书记曾希圣写信给毛泽东汇报此事。毛泽东同意进行试验，但不久又表明了否定态度。这年的 12 月，毛泽东表示，农村以生产队为基本核算单位以后，不能再退了，这是最后的政策界限，"责任田"这类办法没有必要再试行下去。此前 11 月 13 日，党中央在《关于在农村进行社会主义教育的指示》中也强调，"目前在个别地方出现的包产到户和一些变相单干的做法，都是不符合社会主义集体经济的原则的，因而也是不正确的要求"，要"逐步地引导农民把这些做法改变过来"。1962 年 3 月，安徽省委不得不做出改正"责任田"办法的决议。由于改正"责任田"的要求与广大农民群众的意愿相违背，因而，包括安徽在内的全国许多地方，农民仍然在悄悄地维持"责任田"，有的甚至还在扩大"责任田"。不仅如此，有的地方干部还大胆地反映意见，积极推荐"责任田"的办法。

到 1962 年上半年，包产到户不仅未被真正制止，反倒愈来愈显示出它的生命力。党中央和中央有关部门的一些领导人在调查研究中，逐渐对包产到户表示出积极支持的态度。邓子恢到福建等地调查后回来向中央报告，提出在农业生产中要实行"生产责任制"。陈云到上海地区调查，提出分田到户的主张。刘少奇、周恩来和邓小平也不同程度地赞成这些意见。中共中央准备在8月召开中央工作会议进行讨论。

1962年3月29日，邓小平主持召开中共中央书记处会议，听取了时任农业机械部部长的陈正人在河南调查的情况汇报。在陈正人汇报到恢复农业生产是依靠集体还是依靠个人的问题时，邓小平说：原则是哪种办法在哪些地方见效快，就用哪种办法。不要拘泥于形式，不要担心个人多了，集体少了。要迅速下决心，抢时间，恢复耕地。省委决定群众愿意怎么干就怎么干，采取灵活政策，非常办法，个人、集体、集体个人三种办法都可以。无非是单干，单干也只有百分之十几，出点富裕农民也不怕。6月下旬，中央书记处在听取华东局农村办公室的汇报时，邓小平说：在农民生活困难的地区，可以采取各种办法，"责任田"是新生事物，可以试试看。

7月2日，邓小平主持召开中央书记处会议，讨论最近工作和8月中央工作会议的准备工作。他在谈到农业如何恢复问题时提出："对恢复农业，相当多的群众提出分田，陈云同志作了调查，讲了些道理，提出意见是好的，需要研究。一九六一年粮食产量比一九五七年减产八百亿斤，其中百分之四十的原因是肥料问题，因为集体生产，个人积肥的积极性没有了，猪少了，鸡少了。现在农业生产所有形式中是单干搞得好。不管是黄猫黑猫，在过渡时期，哪一种方法有利于恢复就用哪一种方法。我赞成认真研究一下分田或者包产到户究竟存在什么问题，因为相当普遍，你说不好总要有个答复。对于分田到户要认真调查研究一下，群众的要求总有道理，不要一口否定，不要在否定的前提下去搞。"他建议：8月中央工作会议总要回答这个问题，或修改"农业六十条"，如内容包括不了，可以搞一个农业问题纪要，其中包括单干问题，要表明态度。

几天后，邓小平在接见出席共青团三届七中全会全体人员时，更明确地提出:"农业本身的问题,现在看来,主要还得从生产关系上解决。这就是要调动农民的积极性。"而生产关系的哪种形式能够比较快地恢复和发展农业生产,就采取哪种形式。他说:"现在出现了一些新的情况,如实行'包产到户''责任到田''五统一'等等。以各种形式包产到户的恐怕不只是百分之二十,这是一个很大的问题。""生产关系究竟以什么形式为最好,恐怕要采取这样一种态度,就是哪种形式在哪个地方能够比较容易比较快地恢复和发展农业生产,就采取哪种形式;群众愿意采取哪种形式,就应该采取哪种形式,不合法的使它合法起来。"

他再次阐述了后来被人们称为"猫论"的观点。他说:"刘伯承同志经常讲一句四川话:'黄猫、黑猫,只要捉住老鼠就是好猫。'这是说的打仗。我们之所以能够打败蒋介石,就是不讲老规矩,不按老路子打,一切看情况,打赢算数。现在要恢复农业生产,也要看情况,就是在生产关系上不能完全采取一种固定不变的形式,看用哪种形式能够调动群众的积极性就采用哪种形式。""现在要冷静地考虑这些问题。过去就是对这些问题考虑得不够,轻易地实行全国统一。有些做法应该充分地照顾不同地区的不同条件和特殊情况。""要承认多种多样的形式,照我个人的想法,可能是多种多样的形式比较好。"

这个时候,党内探讨农业生产关系变革的思想和气氛异常活跃。刘少奇、周恩来、陈云、邓小平等关于变革农业生产关系、促进农村生产力发展的思想主张,虽然在不久后召开的北戴河中央工作会议和八届十中全会上被否定,但是,作为探索中国社会主义建设道路的思想成果和有益尝试,影响是非常深远的。邓小平的上述思想观点,特别是坚持以发展生产力为标准变革生产关系的思想,成为 10 多年后中国改革开放的思想源头之一。

㊲ "一个重量级拳师"

　　这张照片是 1963 年 7 月 21 日毛主席等人到机场迎接邓小平率中共代表团从莫斯科回到北京。

　　1963 年 7 月 5 日早晨,邓小平同彭真、康生等分乘两架飞机赴莫斯科,参加中苏两党会谈。临行前,刘少奇、周恩来、朱德等党和国家领导人到首都机场欢送。为什么一个代表团要分乘两架飞机，据说是出于安全考虑的。由此可见中共中央对这次两党会谈的重视。

从 1962 年 12 月 15 日以来，中共先后发表的由邓小平主持起草的 7 篇文章，在国际共产主义运动内部和世界各国都引起了极大的反响。苏共中央和赫鲁晓夫感到很大的压力，1963 年 2 月 21 日，苏共中央致信中共中央，提出停止两党的公开论战，召开国际会议解决两党之间存在的问题。为了筹备召开国际会议，先举行中苏两党会谈。

随后，毛泽东召见苏联驻华大使契尔沃年科，表示同意苏共中央来信的意见停止公开论战，举行中苏两党会谈，并答应两个星期内正式复信苏共中央。

3 月 9 日，邓小平和彭真一起接见契尔沃年科，将由他主持起草的中共中央给苏共中央的复信交给契尔沃年科。邓小平强调说："我们认为，应该创造良好的气氛，以便举行两党会谈和国际会议来解决问题。""关于会谈的时间和地点，我们愿意考虑苏共中央的意见。"

3 月 30 日，苏共中央致信中共中央，提出国际共产主义运动的总路线问题，阐述了他们的一系列观点，并建议以此作为中苏会谈的基础。

5 月 9 日，中共中央致信苏共中央，告之决定由中共中央总书记邓小平和中央政治局委员、书记处书记彭真率领代表团赴莫斯科进行两党会谈。

6 月 12 日，刘少奇主持召开中央政治局会议，正式通过了由邓小平起草、最后经在外地的毛泽东改定的复信稿。会议根据邓小平的建议，确定中共代表团由邓小平、彭真、康生、杨尚昆、刘宁一、伍修权和中国驻苏大使潘自力组成。

6 月 18 日，苏共中央发表声明，坚决拒绝中共中央复信的建议，并表示不能在他们的报纸上发表中共中央的复信。

6 月 20 日，根据毛泽东的指示，《人民日报》全文刊登苏共中央的声明。6 月 28—29 日，毛泽东连续召开会议，研究中苏两党会议会谈问题。毛泽东在会上说,这次中苏两党会谈,很可能是一场恶战,不但比1957年严重,而且比1960年也要严重得多。我党代表团的方针应该是坚持原则,高屋建瓴,放手反攻,以理取胜,不急于达成协议,以不破裂为限度。

7月5日当地时间下午两点多,邓小平一行乘坐飞机到达莫斯科。

第二天上午10时,中苏两党举行第一次会谈。苏方代表团团长、苏共中央主席团成员、中央书记苏斯洛夫担任会议主席,并作长篇发言。他在发言中指责中共在6月14日复信中的一些观点,说中共背离了1957年和1960年两次莫斯科会议制定的世界共产主义运动的纲领,并给中共扣上"独特路线""派别活动""破坏团结""分裂活动"的一大堆帽子。他的发言(加上翻译)长达5小时。

会谈结束后,邓小平主持召开中共代表团会议,对会谈情况和下一次会谈的对策进行分析讨论,决定下次会谈"要用简单语言把今天苏方发言加给我们的帽子顶回去"。

7月8日上午10时,举行第二次会谈,由邓小平代表中共代表团发言。

邓小平在发言中没有直接批驳苏斯洛夫在第一次会谈中的观点,而是主要阐述中苏分歧从何而来的问题。他指出:目前国际共产主义运动中一系列的原则分歧,追本溯源是苏共二十次代表大会在战争与和平、"和平过渡"等问题上提出违反马列主义的观点而引起的。他特别指出苏共提出所谓"和平过渡"理论,宣扬帝国主义的本性已经改变,鼓吹美苏合作决定人类命运;借口所谓反对个人迷信,全盘否定斯大林,没有全面历史的分析,事先不同兄弟党商量,在国际共产主义运动中造成巨大的不良影响。他列举苏共二十大以来7年多中,由苏方造成中苏分歧日益扩大的一系列事实:1958年4月和7月,苏方向中方提出建立长波电台和共同舰队,企图从军事上控制中国,之后不断攻击中共的国内政策;在中印边境冲突问题上偏袒印度,并在军事和经济上支持印度；1960 年，在北京召开的世界工联理事会和在布加勒斯特召开的罗马尼亚党代表大会上对中共搞突然袭击，更为严重的是把两党意识形态的分歧扩大到国家关系上，撤走全部在华苏联专家，单方面撕毁中苏签订的几百个协定和合同，给中国造成严重损失；制造国际共产主义运动的分歧，最后发展到形成一条系统的国际共产主义运动的错误路线，使国际共产主义运动的分歧发展到空前严重的地步；特别是苏共近一个月来打着停止争论的幌子加剧公开争论，采取武断的、毫不讲理的态度对待中共提出的积极建议。他尖锐地指出，苏共正在把中苏关系引导到破裂的边缘。邓小平的发言，"内容尖锐明确，语调平静"。

7 月 10 日上午举行第三次会谈，苏斯洛夫发言。他针对邓小平 8 日的发言，指责中共是狭隘民族主义、宗派主义、"左"倾冒险主义。

7 月 12 日下午举行第四次会谈。邓小平发言。他这次的发言主要阐述了当代无产阶级世界革命有关的一系列原则问题。他进一步阐述了对苏共提出的国际共产主义运动总路线的不同观点，批评苏共对时代和世界基本矛盾的分析以及对民族解放运动的态度，指出苏共在一系列问题上搞的是分裂主义而不是国际主义。

会谈结束后，根据苏方的态度和会谈的发展形势，中共代表团致电中共中央请示："由我方提出这次会谈告一段落，同时建议在十月或十一月举行第二轮会谈的建议。"中共中央同意了代表团的意见。

7 月 19 日，双方举行第八次会谈。中共代表团康生发言，主要讲斯大林问题和关于"全民国家""全民党"及个人迷信等问题。康生发言结束后，苏斯洛夫抢着发言，对康生的发言提出坚决抗议。邓小平对苏斯洛夫的发言作了反驳，并趁势提出结束这次会谈的建议。

7 月 20 日上午，苏斯洛夫在发言后，表示赞成中共代表团提出结束会谈的建议，随即双方商谈了发表公报的问题。公报说："双方就现代世界发展、国际共产主义运动和中苏关系等一系列重大原则问题，阐述了各自的观点和立场，根据中共代表团的建议，双方达成协议：代表团的工作暂时告一段落,再过一些时候,继续举行会谈。"

7月21日下午,邓小平率中共代表团回到北京。毛泽东和刘少奇、周恩来、朱德、董必武等中央领导人及中央各部门负责人和首都各界群众5 000多人,到机场迎接。

随后,毛泽东把代表团请到颐年堂喝茶谈话。毛泽东总结代表团的工作说:"代表团取得了完全的胜利!""完全胜利是什么呢?你们没有同苏方达成任何有失原则的协议,这就是完全的胜利。"邓小平回答说:"那种情况根本不可能达成协议。"毛泽东又说:"现在目的已经达到,就是两党会谈暂时告一段落,像公报所讲的,以后再继续举行。留这么一个尾巴,这么一个余地,就是说中苏两党的关系还不是完全破裂。但是,离破裂也差不多,已经到边缘了。"他特别称赞邓小平:"赫鲁晓夫曾经说,邓小平人那么矮,但是一个重量级拳师。事实上是这样,赫鲁晓夫都搬不动你、斗不过你,苏斯洛夫更不在话下。这次你们取得了完全胜利,完成了任务,做了一件好事情。"

这是毛泽东唯一一次到机场迎接中共代表团归来。

38 攀枝花是得天独厚的好地方

1965 年 12 月,邓小平到攀枝花市实地考察。

　　1964 年,根据国际形势的变化,中央作出新的重大战略部署:调整一线,建设三线,改善工业布局,加强国防,进行备战。根据这一部署,从 1964 年下半年开始,几百个大中型项目开始在西南、西北三线陆续兴建。

所谓一、二、三线,是指根据战略位置的不同,将我国各地区分为一、二、三线。一线指处在战略前方的一些省区,三线指全国的战略大后方,二线指处于一线和三线之间的省区。三线分为两大片,一是包括云、贵、川三省的全部或大部分地区及湘西、鄂西地区的西南三线,二是包括陕、甘、宁、青四省区的全部或大部分地区及豫西、晋西地区的西北三线。

对三线建设,邓小平非常重视。1965 年 5 月,他在中央书记处会议上提出,要加强对三线地区基础工业的建设,要用 6 年的时间,把西南后方的基础打好。1966 年 2 月,在全国工业交通工作会议、政治工作会议上,他再次指出,要把立足于国防的一、二、三线战略布局搞好,第三个五年计划,要以建设大小三线为纲。

1965 年 11 月,邓小平同李富春、薄一波一起,带领中央有关部委负责人数十人,深入西南三线地区的四川、贵州和云南,考察三线建设的部署,现场解决有关问题。

11 月 1 日中午,邓小平一行抵达成都。2 日,他召开会议,听取第二机械工业部负责人关于后方核工业基地选址情况的汇报。

邓小平是中国发展核工业的决策者之一,也是参与组织实施者。1955 年 1 月 15 日,他参加毛泽东主持召开的中央书记处扩大会议,作出发展原子能事业的战略决策。1958 年 5 月,他代表中央批准了核工业建设的首批项目,包括铀矿山、铀水冶厂、核燃料元件厂、铀浓缩厂、反应堆及后处理化工厂等骨干企业的选址方案。1961 年 7 月 16 日,他签发中共中央《关于加强原子能工业建设若干问题的决定》,要求各有关部门从技术和领导力量调配、专用设备制造能力配置、医疗卫生设施保障和物资运输等方面,支援核工业建设。这一年,第二机械工业部党组提出争取 1964 年至迟 1965 年上半年爆炸中国第一颗原子弹的计划。4 月 2 日,他陪同毛泽东、周恩来接见第二机械工业部在京单位部分科技骨干和专业会议代表时,鼓励核武器研究所的代表:"研制原子弹的计划,党中央和毛主席已经批准了,路线、方针、政策已经确定,现在就是你们去执行。你们大胆去干,干好了是你们的,干错了是我们书记处的。"1964 年 10 月 16 日,中国成功地爆炸了第一颗原子弹。1965年 5 月 14 日,中国又成功地爆炸了第一颗核航弹。

邓小平这次在成都听取第二机械工业部负责人有关后方核工业基地选址情况的汇报,事关核工业在三线地区新的科研、生产基地的建设。当时,对新铀浓缩厂的厂址定点有不同意见,厂方认为原定地址布局分散、水源温度不宜,并新选了一个地址。邓小平在汇报结束后,立即带领李井泉、程子华、吕正操及第二机械工业部选厂组和建设单位负责人,到新址踏勘地形,察看环境情况。他认为新址好,背靠大山,地形隐蔽,面临大河,水源温度适宜,能满足工艺要求,且场地平坦有利于厂房合理布置,便拍板决定改在新址建厂。

在成都,邓小平等还先后视察了 784 厂、德阳重机厂;在自贡,他视察了自贡鸿化厂、大安盐厂和威远石油会战基地;在重庆,他视察了 296厂、256 厂和重庆第三钢铁厂、长安机器厂。

在贵阳,邓小平等听取了第七机械工业部黔北基地建设的汇报;在六盘水,他听取了煤炭部、西南煤矿建设指挥部关于六盘水矿区生产建设情况的汇报。

12 月 1 日上午,邓小平等乘汽车专门到渡口(后更名为攀枝花市)进行实地考察。

渡口,1987 年更名为攀枝花市。攀枝花位于四川、云南交界处,面临金沙江,有丰富的铁矿资源。渡口这地名是毛主席定的。党中央和毛泽东决定在西南进行"大三线"建设后,选定了金沙江畔一个含"钒钛"的磁铁矿区(储量约 56 亿吨)为重点,计划建成一座具有现代规模的新型钢城。在讨论地名时,有的同志说那里只有 9 户人家,一个渡口,从来没有名字。毛泽东说:"那就叫渡口。"还很幽默地加以补充说:

"中国渡口多得很,哪天敌人想找到这座钢城在哪,都找不到。"毛泽东提出在渡口建设基地后,国家计委立即组织80多人的工作组,由程子华、王光伟两位副主任率领,到成都同西南局和四川省委商定建厂事宜。西南局和四川省委的部分同志建议另选厂址,理由是攀枝花交通不便、人烟稀少,农业生产基础差。他们认为,钢厂应建在交通方便、有大城市作依托的地区,并提出了18个地点供选择。工作组用了一个多月的时间普查了这些厂址,绝大多数地点既无铁又无煤炭资源,有的还要占用大量耕地,被否定了,只有乐山的九里、西昌的牛郎坝和攀枝花可供选择。在评议中,程子华和中央有关部委的负责同志及专家,都倾向于攀枝花,因为攀枝花地区不仅有丰富的铁矿资源、较多的煤炭资源和取之不竭的金沙江水资源,并且靠近林区,距离成昆铁路和贵州六盘水(六枝、盘县、水城)大型煤炭基地较近,地点也较隐藏,又不占农田,是建钢厂的理想地区。而西昌的牛郎坝虽距攀枝花较近,但有地震问题(历史上曾发生过巨大地震),还有与农业争水的问题;乐山的九里虽然地势平坦,扩展余地大,又靠近工业城市,但距铁矿和煤矿太远,也有占耕地的问题,都不是建大型钢厂的理想地区。由于西南局和四川省委的部分同志仍有异议,论证工作迟迟不能定案。后来周恩来总理说,既然西南局和四川省委有不同意见,程子华定不下来,就到毛主席那里定吧。周恩来带着李富春、薄一波向毛泽东作了汇报,毛泽东听后说:乐山地址虽宽,但无铁无煤,如何搞钢铁?攀枝花有铁有煤,为什么不在那里建厂?钉子就钉在攀枝花!

1964年10月,李富春、薄一波到西南研究确定三线建设的总体规划。先到昆明召集西南局和云、贵、川三省及中央有关部委的负责同志开会,传达了毛泽东对钢厂定址在攀枝花的意见,统一了思想认识。同时初步议定攀枝花钢铁基地。第一期工程的规模为年产铁矿石1 350万吨、生铁160万吨至170万吨、钢150万吨、钢材110万吨。从1965年开始,陆续调动十几万建设大军进入该地建立渡口特区。特区总指挥由冶金部副部长徐驰担任。下设冶金、矿山、电力、交通、建筑等8个指挥部,开始建设。不久,特区改为市。

这次邓小平到渡口后,视察兰尖铁矿、弄弄坪厂址,认为攀枝花是得天独厚的好地方,在弄弄坪建厂,是非常理想的。煤钢联盟,中心是煤。他当即代表党中央确定了钢铁基地的建设方案。

邓小平认真听取了市委、市政府的工作汇报,并叫徐驰介绍了情况。他把详细情况问清楚后说:"这么多人,没有一个好的安排,好的计划,怎么工作?"随后他特意叫随同他来渡口的余秋里及计委的一班人留在渡口,召集会议研究解决办法。

第二天,余秋里、谷牧等计委的同志便召集市委、市政府及各建设指挥部负责人开会。余秋里在会上说:"这里资源丰富,是一块宝地,党中央毛主席都很关心,特意叫小平同志带我们来看一下,了解一下情况。小平同志离开渡口时,专门交代,要我同这里的同志们一起共同研究一下你们所面临的困难,找出解决的办法。"

㊴ "不要为了参观，摆厂子"

　　1966 年 4 月 3 日，邓小平和李富春、蔡畅等来到了他们阔别已久、曾经生活和战斗过的地方、中国革命圣地——延安。这是他们在延安参观时的情景。

　　1966 年 3 月 9 日，邓小平和李富春、薄一波带领国家建设委员会主任谷牧、国家计委副主任余秋里、冶金部部长吕东等中央 20 多个有关部委的负责人，赴西北三线考察。

3 月 10 日上午，他们在西安听取了西北局负责人刘澜涛、王林等关于工农业生产的汇报。在询问西北机床生产能力后，邓小平提出，要在三线建立机床生产能力。军工厂要向专业化发展，还要做些民用的东西。谈到农业问题，邓小平说，全国农业的关键是解决北方的问题。随后邓小平一行考察了三机部的六院第八、第十、第三十研究所，庆安机械厂，西安飞机制造公司等航空工业和兵器工业重点项目。

3 月 16 日，邓小平一行抵达兰州。他们在甘肃先后考察了西北冶金地质勘探公司、兰州化学工业公司、白银有色金属公司和刘家峡水电站工地等，还召集西北甘、宁、青、新四省区党委书记会议，听取了工作汇报。

3 月 17 日，在听取西北冶金地质勘探公司有关负责人汇报时，他提出要解决群众生活用煤，保护植被。他说：煤矿除大矿技术革命以外，要为开采民用煤设计一套机械。现在小煤矿效率低，煤价贵，老百姓烧不起煤，结果把禾草烧了，把树烧了，搞得草少了，树长不起来，搞多种经营也有困难。

3 月 20 日，在听取中共甘肃省委负责人汇报时，他指出：地方办小工厂，"一开始就要注意产品质量，不要粗制滥造，不然根本站不住。小企业的优势是工资低、专业化、成本低、质量好、勇于技术革命、因陋就简，这是方向"。

邓小平一行还重点考察了酒泉钢铁厂、酒泉原子能联合企业、西北导弹试验基地和青海核武器研制基地。

在青海核武器研制基地考察时，邓小平提出要保护科学技术人才。他说："你们这里集中了不少尖子，首先要注意保护人，发挥科技工作者的作用。"考察结束时，他为基地题词："高举毛泽东思想伟大红旗，遵照毛主席指引的方向，奋勇前进——别人已经做到的事，我们要做到；别人没有做到的事，我们也一定要做到。"

3月31日，邓小平一行在兰州听取了新疆维吾尔自治区党委负责人的工作汇报，邓小平对西北地区的三线建设和经济建设，从战略上提出了一些意见和设想。他说："从整个战备布局来说，整个三线的大东西还是摆到秦岭以南地区，青海西宁以南地区。海晏以西地区，实际上没有山，地形太开阔了。国防的东西，要靠山隐蔽。现在看，过去有的厂一盖就那么一大片，太集中了，不隐蔽，拉开一二十公里也好。"他提出在三线建设的布局和项目选址上，应当给地方以相当的权力。他说：凡是放到西北的中央企业，西北局三线建设委员会在工厂的布局、厂址的选择上，不仅有发言权，而且有很大的决定权。中央部门只是从条条考虑问题，西北局三线建设委员会可以从国防角度、地区角度、厂社结合等等方面，统一考虑。当然最后要回到中央主管部委去解决。关于西北的经济建设，他说：西北的关键是农业，不是工业。这些地方不怕工业上不去，这里是大三线，又有这么多宝，工业怎么能上不去？关键是农业能不能上去。为解决农业问题，第一步要争取达到平均每人占有粮食650斤，第二步达到700斤，以后每增加一个工业人口，就增加650斤到700斤粮食，应该算这个账，这样才不会犯错误。

4月3日，邓小平和李富春、蔡畅等来到了延安。当天，他们参观了延安革命纪念馆陈列室和枣园、杨家岭、王家坪等多处革命旧址。他十分关心延安纪念馆的建设，对解决和扩大馆室场地、设施、内容、照明等都作了许多指示。他还对展室内容中一些有关历史事件、照片、说明、文物作了详细的回忆和订正。

4日上午，邓小平听取了中共延安地委的汇报。

当汇报到全区去年集体储备粮2 700万斤时，邓小平算了一笔账："一年270万斤，5年就是1亿几千万斤，这就很好。"

地委负责人汇报说，去年全区农民除粮食外，每人可分到现金25元左右。邓小平接过话头说："不错了，加上粮食的收入，这样平均起来

173

就 60 元左右,比关中还好啊!"

汇报到工业情况时,邓小平说:"摆工业,主要是看农业情况如何,农业情况好了工业才能上去。工业要根据农业情况的好坏来决定摆多摆少。摆多了,看起来好看,负担大。内蒙古工业摆多了,现在粮食不够了。工业要有些,但主要是为农业服务的,如农副产品加工业。人家来延安参观,不是来看这些,主要是看艰苦奋斗。蚕丝厂是可以的,这也是为农副业服务的。"

李富春插话说:"主要是为农业服务的,小型的。"

邓小平接着说:"大工业也要摆,粮食上来后,每人到 1 000 斤,特别是树长起来后,有了树可以隐蔽。你这儿是三线,延安以南将来还是要摆些的。不愁没东西摆,农业搞上去了摆大的可以。有些大型的不一定放在这儿,可摆在三原一带。目前延安摆小型的,为农副业服务的。请地委、西北局考虑。不要为了参观,摆厂子,参观,人家不看这些。"

说到这里,邓小平喝了一口水,又说:"从电影上看,你们这儿窑洞很漂亮(指枣园窑洞),实际上没有那样漂亮,保持本色很好,就这样,人家来看艰苦朴素。"

最后,邓小平说:"你们这儿很好吗,农业情况很好吗,你们扎扎实实地搞那么几件事,很好。"

听完了汇报,邓小平等还到山上看了看农田。

下午,邓小平等接见了延安地、县党、政、群、工、商、学各级干部和工人士兵、学生等 1 万多人,并和地、县两级党政干部 400 多人合影。

就在这时,邓小平接到电话通知,让他回京准备主持召开中央书记处会议。邓小平随即乘飞机离开延安返回北京。

㊵ 三位老人年龄接近"200"岁

这是邓小平、卓琳、夏伯根在江西省新建县望城岗"将军楼"前的合影。三位老人年龄接近"200"岁。

1966年5月16日,中共中央发出《五一六通知》,"文化大革命"全面开始。

对于毛泽东发动的"文化大革命",邓小平缺乏思想准备。对"文化大革命"初期的一些做法,邓小平是不赞成的。

8月5日，毛泽东发表了《炮打司令部——我的一张大字报》。文中提出，中央有另外一个资产阶级司令部。虽然没有点名，但明眼人一看便知，这指的是刘少奇、邓小平等主持中央日常工作的一些领导同志。

毛泽东的这篇大字报发表后，邓小平就受到了错误的批判和斗争。

1967年1月，中央政治局会议决定取消邓小平出席政治局会议的资格；1967年7月，邓小平在中南海的家中被批斗，此后实际上已处于被软禁状态；1968年10月，在中共八届扩大的十二中全会上，林彪、江青等人要求开除邓小平的党籍，毛泽东没有同意。

1969年10月17日，林彪乘中苏边境局势紧张之机，给黄永胜发出"紧急指示"，指示全军立即进入紧急战备状态。第二天，黄永胜等人即以"林副主席第一个号令"的形式下达这个指示，全军立刻进入紧急战备状态。

10月14日，根据毛泽东的提议，中共中央发出紧急疏散通知，要求10月20日以前，在京的老同志全部战备疏散。10月17日，周恩来和中共中央政治局成员分批会见在京的老同志，向他们传达党中央关于战备疏散的通知。

在这个命令下，当时一大批党和国家领导人，如刘少奇、邓小平、朱德、陈云等分别被遣散到河南、江西、广东、安徽等地，并由当地省军区实行监护。

向邓小平传达疏散通知的是中央办公厅主任汪东兴。汪东兴是奉毛泽东之命专门来通知邓小平的。

据汪东兴回忆：在他通知邓小平前，毛泽东曾把他找去，专门吩咐他去看看邓小平。汪东兴询问："你有什么指示要我去传达？"毛泽东说："没有，就让你去关心他一下。"看到汪东兴来，邓小平敏感地问道："是你自己要来，还是有任务要来？"汪东兴回答是主席关心他，让来看看他。并告诉他，由于战备需要，中央决定将一些老同志疏散到外地，他们夫妇被安排到江西，去了之后还准备安排去工厂劳动锻炼。

听到这样的安排，邓小平马上答应了。并对汪东兴说："我最难受的是'刘邓路线'。你是主席派来看我的，我有两个要求能不能提？第一个，能不能把'刘邓路线'去掉；第二个，我还想做点工作。"他还问汪东兴，继母年迈无人照顾，能否带她一起去，到江西以后，能否继续给汪写信。汪东兴都表示同意，并且答应邓小平从江西回来后还可以住在原处。

随后，汪东兴将邓小平的两个要求向毛泽东作了汇报。毛泽东表示，你可以赶快回去告诉他，"刘邓路线"可以分，去江西先锻炼一下。汪东兴又将毛泽东的意见向邓小平作了通报。

10月18日，周恩来亲自打电话给江西省革命委员会，通知他们，中央决定陈云、王震等到江西"去蹲蹲点，适当参加劳动，向群众学习"，"这些人下去，要多帮助，要多照顾，要有人照护"。

周恩来特意指出：邓小平夫妇二人也要到你们那去。毛主席在九大说过，邓小平的问题和别人不同。他下去是先到农村锻炼下，当然这些人也不能当全劳力了。也是60多岁了，身体也不太好，下去一段再上来。收房费也适当地照顾点。在选择住处上，要尽可能地好一些。一下从北京到南方，气候上和生活上，他也许不习惯，你们要尽可能地给予方便。具体到什么地方去？什么时候去？请黄先同志（时任江西省革命委员会副主任）给汪东兴同志打个电话再定下。

10月19日夜，江西省革委会回复说，打算将邓小平夫妇安置在赣州。得知这一安排后，周恩来认为"赣州远了一点，在照顾，在管理，在其他方面都不方便"，并提出应安排南昌市郊为宜，并住两层楼房，独家独院。

根据周恩来的这一指示，江西省革委会重新调整方案，最后决定请北京来人，看看再定。

最后，江西省革委会把邓小平夫妇安排在南昌市郊的新建县拖拉机修配厂劳动，并让他们住在厂子附近的望城岗原福州军区南昌步兵学校校长曾经住过的一栋两层小楼里,人称"将军楼"。

10 月 25 日清晨,邓小平夫妇和继母夏伯根离开了北京。

在江西的日子里,邓小平一家也经受了生活上的磨难。初到江西时,家中只有 3 位老人。60 多岁的邓小平显然是家中的"壮劳力",那些清扫拖地、劈柴、砸煤之类的家务重活自然也就落在了他的身上。遇到天热自来水上不了楼的时候,他还负责把水从楼下往楼上提。卓琳身体不好,血压的高压常在 200 左右,但她也不顾头晕疼痛,负责扫地、擦桌、洗衣等活。她还时常犯病,卧床不起。每当这时,邓小平总会耐心地尽着做丈夫的义务,为她端饭送水,细心照顾,还要承担家里衣服、被子、床单的浆洗工作等。邓小平的继母夏伯根比邓小平大 5 岁。她也依然尽力为这个家分担生活的艰辛,她每天主要负责做饭。

据邓小平的二女儿邓楠回忆:"那时候,冬天多冷啊!水都要自己提。夏天又那么热,四十摄氏度啊!三位老人,所有的事都得自己干。煤块很大,要一块一块地砸成小块才能塞进炉子里。柴禾都是一根根大的、粗的木头,都得劈,都是体力活啊!在家里都是小伙子干的,当时都是老爷子干。"

㊶ "我想带王瑞林回南昌去住两天"

这是邓小平、卓琳夫妇与王瑞林在将军楼前的合影。

在邓小平谪居江西的日子里，中国政坛发生了两件大事：先是 1970 年在九届二中全会上，陈伯达的阴谋败露；接着是 1971 年"九一三"林彪叛逃事件。

1971 年 11 月的一天，邓小平和新建县拖拉机修配厂的工人们一同得知了林彪反革命集团阴谋叛乱失败的消息。

听完文件传达后，邓小平回到将军楼，说出了久久憋在心里的一句话："林彪不死，天理难容！"然后，他提笔给毛泽东写了一封长信，揭露、批判了林彪的反革命罪行，表达了愿为党和人民重新做些工作的愿望。

1972年1月10日，毛泽东参加了陈毅的追悼会。在同陈毅的家属谈话时，毛泽东提到了邓小平，说，邓小平虽然在"文化大革命"初期犯了错误，但属于人民内部矛盾。毛泽东还把邓小平和当时任中央政治局委员的刘伯承并列在一起。周恩来马上示意陈毅的子女，把毛泽东对邓小平的评价传出去，为邓小平的早日复出广造舆论。

8月3日，邓小平再次致信毛泽东。

8月14日，毛泽东在邓小平的信上批示：（一）他在中央苏区是挨整的，即邓、毛、谢、古四个罪人之一，是所谓毛派的头子。整他的材料见《两条路线》《六大以来》两书。（二）他没有历史问题，即没有投降过敌人。（三）他协助刘伯承同志打仗是得力的，有战功的。除此以外，进城以后，也不是一件好事都没有做过。例如率领代表团到莫斯科谈判，他没有屈服于苏修。这些事我过去讲过多次，现在再说一遍。

毛泽东的这一批示，实际上是对邓小平的重新肯定，可以说是准备起用邓小平的一个信号。周恩来接到批示后，立即将毛泽东的指示连同邓小平的原信交中办印刷厂印出，分送政治局委员传阅，另外，他果断决定，立刻以中共中央的名义通知江西省委，宣布邓小平即日起解除劳动，恢复党组织生活，搞一些参观访问调查研究形式的活动。

1972年秋冬，经中央批准，邓小平到井冈山、赣南等地进行了社会调查。这是他到江西3年来第一次外出，也是"文化大革命"爆发6年后第一次外出。

11月，邓小平一行经樟树、吉安、永新、宁冈抵达井冈山，参观了黄洋界、八面山、双马石、砂冲、桐木岭五大哨所，以及大小井、黄坳、茨坪、井冈山博物馆、工艺美术厂。

12月5日，邓小平再下赣南。此次南行，是他所熟悉的中央苏区的故地，也是他曾经工作和战斗过的地方。他先后到了赣州、兴国、于都、会昌、瑞金、宁都、广昌、抚州。

12月18日,周恩来致信纪登奎、汪东兴二人:"邓小平同志一家曾要求做点工作,请你们也考虑一下,主席也曾提过多次。"12月27日,纪登奎、汪东兴就安排邓小平重新工作一事复信周恩来,提出:"邓仍任副总理,分配适当工作。"周恩来阅后表示:"邓事待请示主席后定。"

1973年1月的一天,江西省委第一书记白栋材委托省委书记黄知真到将军楼看望邓小平,告诉他中央通知他于近期内回北京。邓小平听后表示:"不忙,过完春节再走。"

过了春节,邓小平向江西省委提出到景德镇参观。2月8日,邓小平、卓琳北上赣北。

汽车离开南昌不久,进入进贤县境界。中央办公厅"五七干校"就在这里。邓小平想到自己的老秘书王瑞林。王瑞林1952年20岁时就给邓小平当秘书,直到"文革"爆发才离开,现在在进贤县中办"五七干校"劳动。邓小平想要见一见他。邓小平对陪同他的警卫人员说:"在进贤我没有别的事,就是想见见我的秘书王瑞林。"陪同他的人说,这一事需要请示中办。

过了进贤,当日到达景德镇,在市委招待所下榻。邓小平对市领导说:"景德镇很有名气,我小学念书时就知道,这回要好好看看。"

在景德镇,邓小平一行参观了几个比较大的瓷器厂和陶瓷馆。在参观为民瓷厂时,一个工人认出了来人,脱口喊了一声:"邓小平!"这在车间里的工人们中引起了一阵小小的骚动。

10日下午到光明瓷厂,邓小平在这里参观了整个生产过程,详细地询问生产情况,询问工人的收入和生活情况。临走时,他们刚刚上车,没料想,各车间的工人,像约好似的,不断涌现,呼啦一下子把汽车围在了中间。不知是谁带的头,工人们都热烈地鼓起掌来。看见工人们热情热烈的欢迎,邓小平立即下了汽车,向大家招手,心中充满了感激和感动。

11日离开景德镇时,邓小平充满感情地对市领导们说:"景德镇不仅是瓷都,而且世界有名。景德镇的工人是有创造性的,劳动能创造世界。"

从景德镇回来的路上,因得到通知,中央同意他见王瑞林,邓小平一行便直奔进贤。中午时分,当他们到达进贤中办"五七干校"时,看见当时在"干校"任副校长的李树槐在门口迎接。李树槐原来任中央警卫局副局长,"文革"前和邓小平相当熟悉,到此时也是多年未见了。他深情地对邓小平说:"老首长,你来了我们很高兴。没想到在这儿见到你。"邓小平看见李树槐也很高兴,他说:"我来这里是想见见王瑞林。"李树槐立即说:"可以。我们马上派人叫他去。"

此时王瑞林还在田头劳动。有人到田间通知他说"你的老首长看你来了",王瑞林先是一愣,随即上了来接他的吉普车匆匆赶到招待所。见到几年未见的老首长,真是百感交集。看着王瑞林消瘦而晒得黑黑的面颊,看着他一腿一脚的泥巴,邓小平、卓琳夫妇都很激动。他们专程来进贤,就是为了要看王瑞林。

大家一起吃完午饭,邓小平对李树槐说:"我想带王瑞林回南昌去住两天。"李树槐爽快地答应了。

王瑞林随邓小平一行回到南昌。在步校的小楼中,王瑞林见到了邓小平的继母夏柏根和家中的一大群人。几年没见,大家相互询问着对方的遭遇,其中的沧桑辛酸令人难过,也令人感叹。王瑞林像家人一样在步校住了两天后要返回进贤"干校"去了。于是,在将军楼前,邓小平、卓琳和王瑞林照了一张合影。

42 "打不倒的小个子"

1973 年 4 月 12 日,邓小平随同周恩来等一起欢迎柬埔寨国家元首诺罗敦·西哈努克亲王及夫人,重返政治舞台。

1973 年 2 月 22 日,邓小平一家从江西回到阔别 3 年多的北京。一家人被安置在北京西郊花园村的一个新建的大院内。这座大院有六栋灰色的二层楼房,原本是给新上来的中央领导人盖的。邓小平一家搬入后,一些被"解放"的老干部也相继搬到这里。

邓小平的女儿毛毛回忆说："当晚，中办主任汪东兴来了，看望了父亲。父亲向他表示，感谢他几年以来的关照。汪东兴说'我是按毛主席的意思办的'。"

安顿下来后，邓小平首先让卓琳去看望了罗荣桓元帅的夫人林月琴。随后，他和卓琳又去看望了李富春和蔡畅夫妇。他们还专门到解放军三〇一医院看望了生病住院的陈毅元帅的夫人张茜。都是几十年的老战友、老朋友了，劫后重生，相见甚欢。邓小平即将恢复工作，而且身体健康，着实让大家感到很高兴。

为邓小平回京后的工作安排，周恩来做了大量耐心细致的工作。3月上旬，他抱病连续几次主持召开中央政治局会议，讨论并通过《关于恢复邓小平党的组织生活和国务院副总理职务的决定》（以下简称《决定》）。《决定》经毛泽东批准同意后，于3月10日发出。

《决定》说："一九七二年八月十四日，在邓小平同志写给主席的一封信上，毛主席作了重要批示，中央政治局认真讨论了毛主席的批示和邓小平同志的问题。中央决定：恢复邓小平同志的党的组织生活，恢复他的国务院副总理职务，由国务院分配他担任适当的工作。"

《决定》在发出之前，周恩来曾批示汪东兴将《决定》及其附件（即邓小平写的《我的自述》）送邓小平本人阅提意见。邓小平于3月13日致信汪东兴说："详细看了《我的自述》的摘要，觉得不用再有什么增加或减少的段落。在几段的文字上，改了一些语句，大体上是和我原来写的东西符合的。这些改动如不妥当，即照摘要的原文，我也觉得是可以的，不会有什么不同意见。"

邓小平复职的事定了之后，周恩来于14日去北京西郊玉泉山全面检查身体。几天之后，邓颖超受周恩来的委托到花园村看望邓小平和卓琳，并告知周恩来已确诊患了癌症。邓小平听后心情非常沉重。

3月28日，周恩来约邓小平到玉泉山谈话，参加的还有李先念、江青。第二天，周恩来就邓小平的情况写信给毛泽东说："他的精神、身体都好。二十九、三十两日下午和晚上,等候主席通知到主席处开政治局会,到时当约小平同志同来见主席。"

3月29日晚,邓小平到中南海见毛泽东。毛泽东握着他的手说:"努力工作,保护身体。"当毛泽东问他这些年是怎么过来的,邓小平平静地回答了两个字:"等待。"

"文化大革命"开始后,毛泽东对邓小平的表现很不满,发动批判邓小平,但他并不想把邓小平彻底打倒。他多次在一些场合说过,邓小平的问题与刘少奇的问题不同,我总是要替邓小平说几句好话的。

邓小平后来说:"林彪、'四人帮'总是想把我整死,应该说,毛主席保护了我。""我长期在毛主席领导下工作,就我个人内心来说,对毛主席抱有希望。我相信毛主席了解我。事实证明,一九七三年他又把我接回来了并很快委托我非常重要的任务。"

当晚,根据毛泽东的意见,周恩来主持召开中央政治局会议,议定:邓小平"正式参加国务院业务组工作,并以国务院副总理身份参加对外活动";"有关重要政策问题,小平同志列席政治局会议参加讨论"。第二天,周恩来致信毛泽东报告政治局会议所议,毛泽东批示同意。

4月1日下午,周恩来在中央国家机关各部委负责人会议上说,如果不是把林彪、陈伯达的问题揭发出来,不是粉碎林彪反党集团斗争的胜利,邓小平同志的问题是解决不了的。他在会上宣布了上述中央政治局的决定。他告诉大家,今天这个会是毛主席催促要开的。他还说,墨西哥总统来访,邓小平同志参加接待。这实际上是对邓小平的公开露面作出具体的安排。

4月2日,周恩来住进玉泉山。9日下午,邓小平和卓琳到玉泉山看望做手术后的周恩来。周恩来同他们作了长谈。他郑重地交代邓小平夫妇:"小平的保健,你们要从吴家选一人。"他说的吴家,是指医学专家吴阶平、吴蔚然兄弟。周恩来还同邓小平夫妇一起吃了晚饭。

原定邓小平公开露面是在4月19日墨西哥总统埃切维里亚来华

访问的时候，后来提前了。

1973 年 4 月 12 日，在人民大会堂的宴会厅里，周恩来总理抱病举行盛大宴会，欢迎刚刚从柬埔寨解放区返回北京的柬埔寨国家元首诺罗敦·西哈努克亲王和夫人。

参加宴会的人们发现，随同领导人和贵宾一道出来的，有一位个子不高但极其眼熟的人。他是邓小平！就是那个被打倒了的"党内第二号走资派"。一些参加此次宴会的外国记者特别敏感，宴席未散就纷纷抢先走出宴会厅。记者们直奔近处的电报大楼，竞相向全世界发布这一重大新闻：邓小平复出了！

第二天，港台及世界上的许多新闻媒介，对于邓小平重返中国政治舞台大加报道和渲染。一时之间，邓小平复出，成为海外人士评论中国问题的一个热点话题。有一家外国媒体，形象地将邓小平称为"打不倒的小个子"。

43 "你们陈列的是历史,只要符合历史就行!"

这是邓小平等人在湖南韶山毛泽东同志的旧居参观。

1973 年 8 月,中国共产党第十次全国代表大会在北京举行。大会选举产生了第十届中央委员会,邓小平在会上当选为中央委员会委员。

10 月中旬,邓小平在陪同加拿大政府总理特鲁多和夫人游览桂林后,专程到湖南韶山参观。

10 月 19 日,邓小平冒着绵绵秋雨,在省委书记毛致用的陪同下,乘坐灰色"吉姆"车来到韶山宾馆松山 1 号楼。

轿车徐徐停下,邓小平走下车来。见多识广的韶山人不由得感到纳闷:这位邓副总理为什么不坐"红旗"呢?

那个年代的人们都知道,"吉姆"车是 50 年代的名牌,但在 70 年代已由国产"红旗"替代。但邓小平为什么不坐"红旗"呢?其中的奥妙韶山人自然不知道,原来,邓小平这次是从省会专程来韶山的。他陪同加拿大总理特鲁多到桂林。返京时路过长沙,突然决定来韶山看看。湖南省委马上召开会议,安排邓小平到韶山的事宜。会议开得很长,意见分歧很大。围绕以什么规格接待这位副总理也发生了争议。但是,争论双方有一个共识:无论用什么规模接待邓小平,都会承担一种风险。于是,他们最后制定了一个"不冷不热"的接待方针,让邓小平坐过时的"吉姆"轿车到韶山,他们对邓小平说,其他车辆都派出去了。但刚刚恢复工作不久的邓小平,对接待工作的"不冷不热"并没有什么感觉,反而兴冲冲地说,1959 年毛主席到韶山也是乘坐这种车。

到了休息室,还没落座,他就对接待人员说:"这个地方我很早就想来,1965 年想来,因工作忙没来成,后来就来不成了。"

休息片刻,邓小平就要去毛泽东旧居瞻仰。这时,天仍下着雨,从宾馆过去还有一段路。接待人员建议坐车去,邓小平拒绝了,他说:"还是走路吧!可以边走边谈。"于是,接待人员匆匆为他找来一双雨靴,邓小平和大家一道穿上雨靴、打着雨伞走过去了。

到了毛泽东旧居,韶山毛泽东纪念馆的馆长来向邓小平介绍情况。开始,他显得有些紧张。邓小平发觉了,就和他话家常,问道:"你是哪里人?"馆长说自己是湖南人。

邓小平马上又问:"你是湖南人,我说几句湖南话,你懂不懂?"

随即邓小平说了几句颇为地道的方言,引得大家哈哈大笑。馆长的紧张情绪顿时消释,十分敬佩地问道:"您怎么会讲这些湖南方言呢?"

邓小平说:"是主席告诉我的。"

在毛泽东旧居,邓小平看得很认真、很仔细。当他走到毛泽东父母卧室时,陪同人员告诉他,那张床是原物,是毛泽东诞生的地方。听完,他端详着那张木床,看了好一会儿,并亲手摸了摸这张木床。

在毛泽东的卧室,邓小平边看说明词边询问毛泽东少年时的学习、生活情况以及中共韶山党支部的建立、活动情况。他对陈列的一件件原物更是饶有兴趣,他亲手提了提毛泽东少年时挑过水的水桶,仰望着韶山党支部开成立会的阁楼,深有感触地说:"这虽不是中国农村最早的党支部,却是较健全、较早作出贡献的农村党支部。"

绕过天井,邓小平步入毛泽覃的卧室。卧室墙上悬挂着毛泽覃的照片。他凝视着这张照片,陷入了沉思。

当年,在中央苏区,邓小平和毛泽覃是患难与共的战友。他十分熟悉这位身材魁梧、嗓门洪亮的青年。1933 年,邓小平与毛泽覃、古柏、谢唯俊四人被王明"左"倾路线的执行者诬陷为"江西罗明路线"的代表,邓小平是"毛派的头子"。

邓小平清楚地记得,红军长征时,许多王明路线的反对者被排挤,不得参加长征,毛泽覃就是其中的一个。毛泽覃就是留在江西,在国民党大兵压境寡不敌众的情况下壮烈牺牲的。

此时此地,抚今追昔,邓小平感慨万分,他动情地说:"毛泽覃是个好同志。如果参加长征,也许不会牺牲。"

在参观毛泽覃的卧室时,工作人员介绍,红军长征后,毛泽覃留在中央苏区任赣南独立团团长,邓小平当即纠正说:"不是团长,是师长。"

毛泽东大弟弟毛泽民的卧室在旧居的尽头。这里,窗户靠山,房间里光线很暗。邓小平透过昏暗的光线,仔细打量着照片上的毛泽民。这是一张毛泽民在新疆工作时的照片,他就是在那儿被盛世才杀害的。这位方脸盘、厚嘴唇的汉子憨厚老实,又精明能干,邓小平对他有很深的印象。在江西的时候,毛泽民担任苏维埃共和国国家银行行长,为苏区经济的发展、红军的壮大，为粉碎蒋介石的"经济封锁"和"军事围剿"作出了巨大的贡献。邓小平说，我认识毛泽民，还认识他的妻子钱希均。

参观完毛泽东的旧居，旧居纪念馆的工作人员很想与邓小平在毛泽东旧居前合影留念，急切地问道："邓副总理，您是第一次到韶山，这里的工作人员都想和您一起照个相，行吗？"

邓小平听后爽朗地说："照！怎么不照，大家都来吧！"

工作人员应声高高兴兴地跑到邓小平身旁，一个一个地自觉排列好，照了相，实现了心愿。

从旧居出来，邓小平又参观了晒谷坪，看了当年毛泽东家的稻田、菜地。

离开毛泽东旧居，邓小平又和大家一道冒雨步行，前往纪念馆。

邓小平走路很快，常常走在前面，将陪同人员甩下一大截。

参观纪念馆时，邓小平在第一展室对毛泽东的一家 6 位烈士的事迹陈列看得很仔细，特别在毛泽覃烈士的遗像前伫立良久，沉思不语。

当年的韶山纪念馆，同全国各地一样，受"左"的影响，不能进行实事求是的宣传。陈列"三大战役"的版面，未能如实反映邓小平的功绩。看完陈列，工作人员请邓小平作指示，邓小平笑着说："没有什么指示。你们陈列的是历史，只要符合历史就行！"

当日，邓小平和工作人员在松山 1 号楼就餐。邓小平向大家敬酒，他高兴地说："来，让我们为我们党，为毛主席干杯！"

44 "邓小平同志出国是我的意见"

1974年4月6日，周恩来抱病在首都机场为邓小平及中国代表团赴纽约送行。

1974年1月，联合国总部决定接受阿尔及利亚革命委员会主席、第四届不结盟国家和政府首脑会议执行主席布迈丁的提议，于4月召开联合国大会第六届特别会议，讨论原料与发展问题。

世界各国都很重视这次会议，许多国家都表示由国家元首或政府首脑率团出席。中国政府也很重视这次会议，决定派代表团参加。毛泽东提出，可以利用联大特别会议召开这一机会，阐述中国政府对当前国际问题的主张。

由谁担任中国政府代表团团长呢？周恩来先征求毛泽东的意见。3月20日，毛泽东通过外交部部长助理王海容转告周恩来：由邓小平担任出席联合国大会第六届特别会议中国代表团团长，但暂不要讲是我的意见，先由外交部写请示报告。

3月22日，外交部向周恩来送上《关于参加特别联大的请示报告》，建议由邓小平任团长，乔冠华、黄华任副团长。周恩来随即召集中共中央政治局会议讨论外交部的报告，江青在会上以"安全问题"和"国内工作忙"为由，反对邓小平任代表团团长。24日，周恩来仍在外交部的报告上批示："同意外交部的方案并送毛主席及在京的政治局成员传阅。"毛泽东即圈阅同意。24日晚上，江青把王海容找到她的住处，对外交部的报告无端指责，强令外交部收回报告，重新考虑代表团团长人选。25日夜，江青再次给王海容打电话，逼外交部撤回报告，在遭到拒绝后，竟破口大骂。毛泽东知道这一情况后托人转告周恩来："邓小平出席联大，是我的意见，如政治局同志都不同意，那就算了。"周恩来得知后当即表示完全同意毛主席关于邓小平出席联大的意见，并将毛泽东的这一意见转告政治局其他成员，还特别要在场的王洪文负责向江青、张春桥、姚文元转达。26日晚，周恩来主持召开中央政治局会议，除江青外，与会其他成员一致同意由邓小平率团出席联大特别会议。江青在会上继续纠缠,并声称她本人对邓小平出国一事持"保留意见"。为此,周恩来嘱咐王海容和外交部美大司副司长唐闻生将会议情况报告毛泽东。

3月27日,毛泽东致信江青:"邓小平同志出国是我的意见,你不要反对为好。小心谨慎,不要反对我的意见。"

当天晚上,在周恩来召集的部分中央政治局委员参加的会议上,江青被迫表态同意邓小平率团出国参加特别联大。

会后,周恩来写信给毛泽东说:"大家一致拥护主席关于小平同志出国参加特别联大的决定。小平同志已于二十七日起减少国内工作,开始准备出国工作。""小平等同志出国安全,已从各方面加强布置。四月六日代表团离京时,准备举行盛大欢送,以壮行色。"

邓小平将作为中国代表团团长出席联大特别会议,引起了世界的广泛关注。法新社在4月2日的报道中说:"选择邓小平先生为中国代表团团长一事表明了中国对即将在联合国举行的这次会议的特别重视。在北京的外交人士认为这位副总理是周恩来总理的亲密同事。他在去年初恢复名誉以来在中国的权力范围的增大是惊人的。在近几个月来一些外国首脑访问期间,当总理因有公务而不能离开北京时,就派邓小平去陪同这些首脑到中国各省访问。"

邓小平参加这次联大特别会议,是新中国成立后中国最高级别领导人首次登上联合国讲台,关系到新中国在国际舞台上的形象。邓小平立即全力投入各项准备工作。他对代表团成员说:"重要的是要有一篇好的发言稿。"随后,他集中精力组织起草发言稿。

4月2—3日晚,周恩来主持召开中央政治局会议讨论修改发言稿,并研究中国代表团在出席会议期间的具体工作方针。江青、张春桥、姚文元都称病未参加。

4日上午10点多钟,毛泽东约中央政治局委员和乔冠华、黄镇等外交部的负责人谈话。毛泽东笑着对邓小平说:"你准备开跑啊?"邓小平说:"这次去是聋子办外交。"毛泽东接着说:"聋子放炮仗啊,自己听不见,只看到炮仗散了。"毛泽东还问他:"你来回都经过法国是故地重游啊!你那个时候在法国什么地方啊?"邓小平回答说:"主要在巴黎,还有别处,一共七八个地方。"谈话中邓小平向毛泽东汇报了去美国将同基辛格见面的安排等,毛泽东听后表示同意。

最后,周恩来向毛泽东请示说:"小平同志的发言,是根据主席的思想写的。有几个地方,主要是前面一段和后面一段,主席是不是看一下?"毛泽东说:"行了。你们去搞就是了,登上报我再看吧。"

当天,邓小平与周恩来又联名致信毛泽东,汇报发言稿讨论修改情况,并将发言稿第六稿报送毛泽东审阅。毛泽东当日即批示:"好,赞同。"

5日上午,周恩来致信邓小平和乔冠华说:"为保存主席这次在小平同志发言稿上亲批的手迹,请外交部影印(六稿)第一页若干份。印后退我,以便今晚在政治局传阅后归档。"周恩来这样做,是为了防止江青等人日后在这个问题上制造事端。

4月6日清晨,邓小平率领中国代表团启程。周恩来抱病率中央政治局委员和在京的党、政、军各部门负责人,同首都各界群众4 000余人一起,在首都机场举行了一个盛大的欢送仪式。

4月7日,邓小平在巴黎短暂停留后,于下午到达纽约。

4月10日下午,邓小平在联合国大会第六届特别会议上发言,精辟地阐述了毛泽东提出的关于"三个世界"的论断和中国的对外政策。他指出:"从国际关系的变化看,现在的世界实际上存在互相联系又互相矛盾着的三个方面、三个世界。美国、苏联是第一世界。亚非拉发展中国家和其他地区的发展中国家,是第三世界。处于这两者之间的发达国家是第二世界。"他申明了中国作为第三世界国家的立场:中国是一个社会主义国家,也是一个发展中国家,中国属于第三世界。中国同大多数第三世界国家具有相似的苦难经历,面临共同的问题和任务。中国把坚决同第三世界其他国家一起为反对帝国主义、霸权主义、殖民主义而斗争,看作自己神圣的国际义务。中国坚决站在第三世界国家一边,中国永远不称霸。

45 "你开了一个钢铁公司!"

1974年11月12日下午,邓小平陪同来访的也门民主共和国总统鲁巴伊在长沙见毛泽东。

从1974年10月开始,围绕着四届人大的"组阁"问题,周恩来、邓小平等人同以江青为首的"四人帮"的斗争进入白热化。

9月4日,邓小平在武昌陪同毛泽东会见外宾后,毛泽东曾问邓小平："四届人大今年能开吗?"邓小平回答说："主要是人事问题。"毛泽东说："开个名单。"

10月4日,在京主持中央日常工作的王洪文给在外地休养的毛泽东送上报告,请示四届人大召开的时间及人事安排问题。当天下午,毛泽东在武汉让秘书打电话给王洪文,提议在四届人大上由邓小平出任国务院第一副总理,并要王洪文向中央政治局传达这个意见。

王洪文接到电话后,并没有立刻向周恩来、叶剑英以及其他在京的中央政治局成员传达,而是在当晚先向江青、张春桥、姚文元三人通报。两天之后,王洪文不得已才将毛泽东的这一指示告诉了周恩来和政治局其他成员。

"第一副总理"这个职务江青等人觊觎已久了。毛泽东的这个提议使江青等人又气又恨,但无可奈何。明摆着这是毛泽东要让邓小平接周恩来的班,他们落了空。现在,他们只能把目标盯住军队中的要职总参谋长。

10月6日晚,江青迫不及待地赶到三〇五医院同周恩来谈话,提出她对四届人大人事安排及解放军总参谋长人选的意见。江青纠缠了两个小时,周恩来始终没有表态支持。事后,江青把她去医院见周恩来的情况告诉了王洪文,并且气哼哼地说："我保留我提名观点。"同时,她还指出,总理在医院经常找人谈话,常去的有叶剑英、邓小平、李先念。

随后,江青等借"风庆"轮事件大闹政治局,矛头直指周恩来和邓小平。

"风庆"轮是中国自行设计制造、完全用国产设备装备起来的一艘万吨远洋货轮。1974年初组装试航,5月远航欧洲,9月30日远航归来。20世纪70年代初,石油能源危机影响到世界各国,带来了运输业的萧条,使轮船价格猛跌。周恩来曾提出,适当从国外购买一些船只,力争1975年基本结束远洋海运以租用外轮为主的局面,以加强我国自己的运输力量。这是合乎当时中国造船业整体发展的实际情况的。但江青、张春桥等不顾事实,借"风庆"轮远航成功发难,指使《文汇报》《解放军报》发表长篇通讯,把自力更生造船同向外国租船、买船的主张完全对立起来,上"纲"上"线",含沙射影地攻击周恩来在对外经贸交流中"推行了一条卖国主义路线","崇洋媚外"。

10 月 13 日,江青从《国内动态清样》上看到一篇有关"风庆"轮的报道中,有批判"造船不如买船,买船不如租船"的所谓"洋奴哲学"的内容,如获至宝,写了一大段批语,并连同这篇报道批送在京的中央政治局委员。她在批语中质问"交通部是不是毛主席、党中央领导的中华人民共和国的一个部",并指责"交通部确有少数崇洋迷(媚)外、买办资产阶级思想的人专了我们的政",提出"政治局对这个问题应该有个表态,而且应该采取必要的措施"。王洪文、张春桥、姚文元、康生等表示完全同意江青的批示,提出这是"路线问题",要求国务院、交通部抓住此事进行所谓"路线教育","彻底检查整顿"。

邓小平对江青一伙的无理取闹不予理会,只在江青批送的传阅件上画了个圈。周恩来后来也只在江青派人专门送给他的传阅件上批了"已阅"两个字。江青等人大为不满。

10 月 17 日晚,在中央政治局会议上,江青等人向邓小平发起突然袭击,在发言中借"风庆"轮,批评租船、买船的主张是"崇洋迷(媚)外"和"洋奴哲学"的一个典型,把攻击的矛头直指周恩来、邓小平,并逼着与会的中央政治局成员当场对此表态。

江青问邓小平:"对这件事,你是支持,还是反对? 或者想站在中间立场上? 你要表明态度。"

邓小平回答说:"我已经圈阅了,这个材料还要调查一下。"

江青又进一步逼问邓小平对批判"洋奴哲学"是什么态度。邓小平再也不能忍让,厉声对江青说:"政治局开会讨论问题,要平等,不能用这样的态度对人。这样,政治局还能合作? 强加于人,一定要说出赞成你的意见吗?"

邓小平当众反击,江青有点意外。她大叫大闹,谩骂邓小平。邓小平严正地说:"问题还没有了解清楚,就戴了这么大的帽子,这会怎么开!"然后他愤然起身走出了会场。

邓小平走后,张春桥说了一句:"邓小平又跳出来了。"

当天晚上,江青在钓鱼台17号楼召集张春桥、姚文元、王洪文商量,决定派王洪文去长沙向毛泽东告状。王洪文后来供认:"江青召集我和张春桥、姚文元一起,主要是密谋告邓小平的状。议论邓小平对'文化大革命'不满意,不支持新生事物,说邓小平对四届人大提名人选上可能有不同意见。还议论了姚文元提出的'北京大有庐山会议的味道'。""去长沙,实际上是一次阴谋活动,是背着周恩来总理和政治局去的。江青提出要赶在毛泽东主席接见外宾之前去,是怕邓小平陪同外宾先到毛主席那里把事实真相说明。"

10月18日,王洪文背着周恩来、邓小平等在京中央政治局委员,飞往长沙,向正在那里养病的毛泽东告周恩来和邓小平的状。王洪文向毛泽东汇报说,在政治局会议上,为了"风庆"轮这件事,江青与邓小平发生争吵,吵得很厉害。看来邓还是搞过去"造船不如买船,买船不如租船"那一套。邓有那样大的情绪,是与最近在酝酿总参谋长人选一事有关。北京现在大有庐山会议的味道。他还说,总理现在虽然有病,住在医院,但是活动频繁,昼夜忙着找人谈话,一直到深夜。几乎每天都有人到医院去他那里,经常去看总理的有邓小平、叶剑英、李先念等。他们这些人在这时候来往这样频繁,这是同四届人大的人事安排有关的。

听完王洪文的汇报,毛泽东严厉批评王洪文:"有意见当面谈,这么搞不好,要跟小平同志搞好团结。小平同志政治上强,会打仗呢!"

毛泽东还对王洪文说:"你回去,要多找总理和剑英同志谈,不要跟江青搞在一起,你要注意她。"

王洪文回到北京后,立即把毛泽东的谈话内容向江青、张春桥、姚文元作了传达。在传达的过程中，江青又通知王海容、唐闻生来参加。她知道王海容、唐闻生不久将随邓小平陪丹麦首相保罗·哈特林去长沙见毛泽东。江青对王、唐二人说，政治局会上邓小平和她发生争吵，事后扬长而去，使得政治局会开不下去。江青还说，国务院的领导同志经常借谈工作搞串连，总理在医院也很忙，并不是在养病。邓小平和总理、叶帅都是站在一起的，总理是后台。张春桥也对王、唐二人说，"批林批孔"后，国家财政收支和对外贸易出现逆差，是国务院领导"崇洋媚外"造成的，邓小平在"风庆"轮问题上跳出来不是偶然的，"文化大革命"前他就主张造船不如买船、买船不如租船。张春桥甚至把 17 日晚的政治局会议比作"二月逆流"。江青等人要王海容和唐闻生将这些情况"报告"毛泽东。

王海容和唐闻生二人感到事情重大，10 月 19 日，到医院将江青等人找她们谈话的情况全部向周恩来作了报告。此前周恩来已先后找华国锋、纪登奎、李先念和邓小平了解了 17 日中央政治局会议讨论"风庆"轮事件的情况。所以，他明确对王、唐二人说："'风庆'轮事件并不像江青等人说的那样，而是江青他们四个人事先就计划好要整邓小平。他们已经多次这样搞过小平同志，小平同志已忍了很久了。"周恩来让王、唐去长沙时向毛泽东汇报这一情况。

10 月 20 日，邓小平陪同丹麦首相保罗·哈特林到达长沙。当天下午，毛泽东在会见哈特林后，同邓小平谈话。在谈到四届人大修改宪法时，毛泽东提出，宪法里不要提他的名字。邓小平说："人事问题北京在研究，想听听主席有什么想法？"毛泽东说："听说要开人大，我看不用那么急。要看总理的身体情况，看准备工作的情况。我不发表意见，你们去议吧。简单明了。法国派好。"邓小平问道："我把主席的话带回去？"毛泽东点头同意。

会见结束后，王海容、唐闻生根据周恩来的意见，把有关"风庆"轮问题的情况向毛泽东作了汇报。毛泽东对江青等人的做法表示不满。

他说："'风庆'轮的问题本来是一件小事，且李先念已在解决，但江青还这么闹。"他让王、唐二人回京后向中央转达他的意见："总理还是总理，如果他身体可以，四届人大的筹备工作和人事安排由他和王洪文一起同各方面商量，提出一个人事安排的名单。邓小平任第一副总理兼总参谋长。这是叶剑英的意见，我赞成照他的意见办。战时有事，平时无事，挂个名。王洪文来的时候没有这样明确，再明确一下。委员长一二把手再考虑。"毛泽东要王海容、唐闻生转告王洪文、张春桥、姚文元三人，不要跟在江青后面批东西。

王海容、唐闻生随邓小平回京后，22日向周恩来传达了毛泽东在长沙谈话的内容。周恩来表示要按照毛主席的指示办。

为了搞好政治局的团结，10月28日，邓小平按照周恩来当日来信的要求，就四届人大筹备工作问题，到王洪文处谈了谈。当晚，他又找江青谈了一次。

11月12日下午，邓小平陪同来访的也门民主共和国总统鲁巴伊去长沙见毛泽东。

会见结束后，邓小平向毛泽东当面汇报10月17日政治局会议的情况，并谈到自己同江青争吵的情况。毛泽东听后，对邓小平说："你开了一个钢铁公司！""好！"

邓小平说："主席也知道了。""我实在忍不住了，不止一次了。"

毛泽东当即表示："我赞成你！"

邓小平接着说："她在政治局搞了七八次了。"

毛泽东说："强加于人哪，我也是不高兴的。"并用手指着在场的王海容和唐闻生说："她们都不高兴。"

邓小平说："我主要是感觉政治局的生活不正常。最后我到她那里去讲了一下，钢铁公司对钢铁公司。"

毛泽东说："这个好。"

对于毛泽东提出的自己的任职安排，邓小平恳切地说："最近关于我的工作的决定，主席已经讲了，不应再提什么意见了，但是看来责任是太重了一点。"

毛泽东说："没办法呢，只好担起来喽！"

邓小平说："主席知道我是一个粗线条的人，工作不可能像总理那样细致。"

毛泽东说："找几个人帮帮忙吧！"

邓小平说："我也了解工作不是很容易做的。"

毛泽东说："我们这个党内也复杂呢。不要紧，第一副总理兼总参谋长。总参谋长没有事做，但是出了危险，就有事做了。"

谈话结束后，邓小平即乘飞机回到北京。

46 虎头山下的较量

1975年，邓小平站在虎头山上拍下了这张照片。

1975年9月15日，由中央召集的全国农业学大寨会议在山西省昔阳县拉开帷幕。参加会议的有国务院有关单位的负责人,各地方省、地、县负责人,农业、科技、财贸等许多单位代表,共 3 700 多人。召开本次会议的目的是讨论建设大寨式的县、农业机械化和整顿社队等问题。

毛泽东十分重视这次会议。他提议党中央政治局的同志尽量多参加这一会议,并委托邓小平代表中央在会上作重要报告。

为参加这次会议,邓小平先从石家庄乘火车到阳泉,然后转乘汽车,于 9 月 15 日早晨到达山西省昔阳县。

江青作为党中央政治局委员,怀着不可告人的目的,在邓小平之前,于 9 月 8 日到达了位于昔阳县虎头山的大寨大队。她带着 50 多个随行人员,还从北京运来 4 匹马、1 卡车"评水浒"的印刷品和电影、电视片以及放映设备等。

9 月 12 日,江青特意安排在大寨的礼堂接见大寨大队的全体干部、社员,为自己大造声势,并作了时长 2 个多小时的"评水浒"的报告。她蛊惑人心地说:"《水浒》的要害是架空晁盖,现在中央就是有人架空主席。"她的讲话在大寨干部、群众的心里造成了混乱。多年后,原来大寨大队的领导干部郭凤莲回忆道:"我们当时听了,心都跳出来了。""这不明明是把矛头对准中央的一部分领导同志吗?"

9 月 15 日上午 9 时,在昔阳县拖拉机厂的新厂房内,全国农业学大寨会议正式开幕。华国锋主持会议,陈永贵致开幕词。出席会议的代表以急切的心情,等待着主持中央工作的邓小平讲话。

当邓小平在麦克风前首先代表党中央、国务院向大会表示祝贺,向战斗在农业第一线的会议代表们问好时,全场爆发出热烈的掌声。尽管邓小平几次摆手示意大家停止鼓掌,但掌声不仅没有停息,反而愈来愈热烈。不少刚出来工作的老干部激动得掉下了眼泪。

邓小平被这热烈的情绪感染着。面对众多诚挚、热情的面孔,他干脆推开讲稿,开始了他的讲演。他主要讲了三个题目:形势大好,形势逼人;学大寨要真学,不要假学;关键在领导,班子要配好。

邓小平说：25年来，在农业方面，我们由过去旧中国的半饥饿状态做到了粮食刚够吃，这件事情不可小视，这是一个伟大的成绩。在工业方面，我们也打下了一个初步的基础。但是，我们应该有清醒的头脑，尽管有了这个基础，但我们还很穷、很落后，不管是工业、农业，要赶上世界先进水平还要几十年的时间。所以，我们说形势好，有希望，大有希望，但是，头脑要清醒，要鼓干劲，不仅路线要正确，而且要政策正确，方法正确。周总理在四届人大讲了毛主席提出的发展国民经济的任务，就是到20世纪末，全面实现农业、工业、国防和科学技术的现代化，使我国国民经济走在世界的前列。从明年起，25年，我们赌了咒，发了誓，要干这么一件伟大的工作，这真正够得上是雄心壮志。我们相信大家能够办到，但是不要疏忽大意，不要以为轻而易举。四个现代化，比较起来，更加费劲的是农业现代化。如果农业搞不好，很可能拉我们国家建设的后腿。

从邓小平的讲话一开始，江青就胡乱插话，无理干扰，寻衅滋事，当场受到邓小平的斥责。

当邓小平讲到"这次会议是很重要的，可以说是1962年'七千人大会'以后各级领导干部来得最多的一次重要会议"时，江青漫不经心地插话说："内容不一样。"

邓小平马上回答她："重要性一样。""仅次于'七千人大会'。"

江青又说："相当于。"

江青对邓小平的态度，使在场的人们深感惊奇，全场哗然。

邓小平深有感慨地说："毛主席提出深挖洞、广积粮、不称霸，我们现在积了多少粮？""全国还有部分县、地区，粮食产量不如解放初期！"

邓小平的语音刚落，江青冷着面孔插话说："不能那么说，那只是个别的！"

邓小平毫不让步，提高嗓音严肃地指出："就是个别的，也是值得很好注意的事！"

接着,邓小平补充道:"目前,据二十三个省、市、自治区的统计,人民公社基本核算单位的农业产值按人口计算平均一百二十四元。最低的贵州,倒数第一,只有六十几块。四川倒数第二,九十几块。这行吗?类似四川,一百左右的,还有好几个省。这是讲产值,还不等于社员收入。社员收入有的很少,有的还倒欠账。这种状况,我们能满意吗?"

说到这里,江青强词夺理地插话:"有些债要取消了。"

邓小平随即指出:"那是政策问题,中央要另行研究。"

接下来,邓小平据理力争,阐述自己的看法,摆事实,讲道理,坦然陈述。江青只好默默不语。

当时,对于听惯了"形势大好"的人们来说,邓小平的话有极大的震撼力。因而,邓小平的讲话一结束,会场上立刻响起热烈的掌声,许多代表激动得纷纷站立起来,高举双手鼓掌不息。

江青在一旁坐不住了。会议本来没有安排她讲话,但她拉开嗓门借题发挥,胡乱指责各省的第一书记不来参加会议是"不重视农业"。

邓小平立即把她的话堵了回去:"各省市是按中央通知办事,主管农业的书记来了就行。"

江青不甘示弱,话锋一转,又大谈起"评水浒""学理论抓农业""水浒的要害是架空晁盖"的话题来。

会后,江青还要求给大家发她"评水浒"的讲话,放她的录音。华国锋把江青的要求报告给毛泽东。毛泽东听后十分生气,当即指示:"稿子不要发,录音不要放,讲话不要印。"

开幕式后,邓小平来到大寨大队。午饭后,他登上虎头山,站在山顶,长长地舒了一口气,拍下了这张照片。

47 只有小平同志做合适

1976年1月15日下午,邓小平参加周恩来的追悼大会,并代表中共中央致悼词。

1975年秋季,"四人帮"利用作为中央政治局和毛泽东之间的联络员毛远新,几次向毛泽东汇报,说邓小平要否定"文化大革命","想翻'文化大革命'的案"。

毛泽东的内心非常矛盾。他支持邓小平搞整顿、抓生产,却不能容忍否定由他亲自发动的"文化大革命"。

11月2日当晚,毛泽东指示毛远新以联络员的身份将邓小平、陈锡联、汪东兴等政治局委员找来开会。会上毛远新对邓小平主持国务院和党中央工作以来的形势进行攻击,对各条战线经过初步整顿取得的成绩加以否定。邓小平随即发言予以驳斥。

11月4日,毛泽东在听到毛远新关于2日晚上和邓小平"争论"的汇报后,指示毛远新继续开会,范围扩大一点,让李先念、纪登奎、华国锋、张春桥参加,讨论对"文化大革命"的认识问题。

11月20日,中央政治局开会,专门讨论对"文化大革命"的评价。会前,毛泽东提出,由邓小平主持中央政治局会议,作出一个肯定"文化大革命"的决议,总的评价是"七分成绩,三分缺点"。毛泽东想再给邓小平一次机会,希望邓小平能够就此妥协。

邓小平没有接受这个建议。他明确表示:由我主持写这个决议不适宜,我是桃花源中人,"不知有汉,何论魏晋"。

11月24日,中央召开"打招呼会",邓小平在会上宣读了毛泽东亲自审阅批准的《打招呼的讲话要点》。两天后,中共中央发出通知,将《打招呼的讲话要点》扩大传达到党政军各大单位负责人,并要求进行讨论,将讨论情况上报中央。

一场新的"批邓、反击右倾翻案风"运动开始了,并且迅速扩大到全国,对邓小平的批判也随之逐步升级。

1976年1月8日,周恩来逝世。全国人民沉浸在极大的悲痛之中。

"四人帮"发出种种禁令,竭力阻挠群众性的悼念活动。

1月12日下午3时,邓小平主持中共中央政治局会议,讨论周恩来悼词和追悼大会的有关事项。在会议开始后邓小平说:这篇悼词我仔细看过多遍,我认为写得是不错的。对总理一生的评价,对总理的革命简历,对以总理为榜样,号召全党、全军、全国人民向总理学习的几段话,都符合总理的实际。我同意这篇悼词,认为可以用。在讨论悼词即将结束时,邓小平再次发言:对悼词文稿大多数同志表示赞成,会上没人提出具体修改或补充意见。我提一点具体补充意见,加一个字,印件中一九二二年总理担任中国共产主义青年团旅欧支部书记,应是总支部书记,加上个"总"字,符合实际。并指示悼词文稿起草人对悼词修改后先征询邓颖超意见。会后,根据文稿起草人的意见,在"他衷心爱戴和崇敬伟大领袖毛主席"这句话后,加写"坚决捍卫毛主席的无产阶级革命路线"。之后,将悼词稿送毛泽东审阅,并致信说:悼词是由政治局会议审定的。现送上,请审阅批示。毛泽东批示:同意。

在中共中央政治局会议上讨论由谁来为周恩来致悼词时,"四人帮"更是有意把邓小平排除在外。当时王洪文说,谁来致悼词,毛主席指示让大家商量。江青马上说请春桥或洪文来做吧。王洪文感觉自己资格比较嫩,他出来做不合适。张春桥本意想他来做,但又不好自己说,所以他假意提出由叶剑英在周恩来追悼会上致悼词,他一提出立即遭到叶剑英的反对。叶剑英说:我不能做,还得小平同志来做。江青、张春桥说:这合适吗?叶剑英说:我看没有什么不合适,他是中央政治局常委、中央军委副主席,又是周恩来总理的亲密战友,只有他做合适。叶剑英的提议也得到与会绝大多数政治局委员同意。

1月15日下午,邓小平出席周恩来追悼大会并致悼词。悼词回顾了周恩来献身中国革命和建设事业的经历,对他的一生作出评价,指出:周恩来对建设和发展马克思主义的中国共产党,对建设和发展战无不胜的人民军队,对夺取新民主主义革命的胜利,创建社会主义的新中国,对巩固工人阶级领导的以工农联盟为基础的各族人民的大团结,发展革命统一战线,对争取社会主义革命和建设事业的胜利,巩固我国的无产阶级专政,都做出了不可磨灭的贡献,建立了不朽的功绩。全党全军全国人民衷心地爱戴他,尊敬他。周恩来同志在国际事务中,坚决贯彻执行毛主席的革命外交路线,坚持无产阶级国际主义。他对加强我党同各国马列主义政党和组织的团结,促进国际共产主义运动的发展,对加强我国人民同各国人民特别是第三世界各国人民的团结,在和平共处五项原则的基础上争取同一切国家建立和发展关系,联合国际上一切可以联合的力量,进行反对帝国主义的斗争,同样做出了不可磨灭的卓越的贡献,赢得了世界人民的尊敬。周恩来同志的一生,是为共产主义事业光辉战斗的一生,是坚持继续革命的一生。他是我们全党全军全国人民学习的榜样。悼词号召要学习周恩来对马克思主义、列宁主义、毛泽东思想的无限忠诚,终生为实现共产主义的伟大理想而奋斗;要学习他全心全意为人民服务的高尚品质,勤勤恳恳,任劳任怨,忘我地、不知疲倦地为中国人民和世界人民谋利益;要学习他对敌斗争的坚定性,奋不顾身,机智勇敢,坚定沉着,充满着必胜的信心;要学习他坚强的无产阶级党性,光明磊落,顾全大局,遵守党的纪律,严于解剖自己,善于团结广大干部,维护党的团结和统一;要学习他谦虚谨慎、平易近人、以身作则、艰苦朴素的优良作风和他同疾病作斗争的革命毅力。

在致悼词中,邓小平几度哽咽。

这是1976年邓小平作为党和国家领导人最后一次在中国电视屏幕上露面。

10多天后,中共中央发出通知,即1976年一号文件。邓小平不再主持中央日常工作,被指定专管外交。虽然他在党政军内的职务还没有被免除,但实际上已不能工作了。

邓小平后来说:"那时我主持中央党政工作,提出了一系列整顿措施,每整顿一项就立即见效,非常见效。这些整顿实际上是同'文化大革命'唱反调,触怒了'四人帮'。他们又一次把我轰下了台。"

48 "你是我们的领班"

这是 1977 年 5 月 14 日,邓小平等同志为叶剑英元帅庆贺八十寿辰。

1976 年 2 月 2 日,中共中央发出通知,宣布:经毛主席提议,中央政治局一致通过,由华国锋任国务院代总理;经毛主席提议,中央政治局一致通过,在叶剑英生病期间,由陈锡联负责主持中央军委的工作。自中共中央通知发出后,邓小平实际上被停止中央的领导工作,叶剑英实际上被停止中央军委的领导工作。

2月下旬到3月初,中共中央召开有各省、市、自治区和各大军区负责人参加的打招呼会议。华国锋代表中央在打招呼会议上讲话。他在讲话中提出,当前就是要搞好"批邓",批邓小平同志的修正主义错误路线;对邓小平同志的问题,可以点名批判。3月3日,中共中央发出《关于学习〈毛主席重要指示〉的通知》和华国锋在打招呼会议上的讲话,"批邓"问题在党内公开。

从3月下旬到4月初清明节前后,全国不少地方出现了自发悼念周恩来总理、反对"四人帮"和拥护邓小平的群众活动。其中天安门广场成为声讨"四人帮"的主战场。4月4日,中央政治局召开会议,在江青等人左右下,天安门广场的悼念活动被定性为"反革命事件"。"四人帮"在毛泽东面前诬陷邓小平是"天安门事件"的总后台和总指挥。

4月7日,中共中央政治局通过决议,撤销邓小平党内外一切职务,保留党籍,以观后效。

9月9日,毛泽东在北京逝世。

10月6日,华国锋、叶剑英等代表中央政治局,执行党和人民的意志,对"四人帮"在北京的帮派骨干实行隔离审查。

10月7日,邓小平即得知了这一消息。

10月10日,当消息得到进一步证实后,邓小平写信给汪东兴并转华国锋和党中央,对党中央一举粉碎"四人帮"的果敢行动表示坚决支持。

12月7日,邓小平患前列腺炎,需要住院治疗。叶剑英得知后亲自找到中国人民解放军总医院(三〇一医院)院长说:小平同志要到三〇一医院住院,你们要安排专房、专人护理。12月10日,邓小平住进三〇一医院。

12月14日,在叶剑英等人的努力下,中央作出决定,恢复邓小平看文件。邓小平看到的第一批文件是12月10日中共中央发出的《王洪文、张春桥、江青、姚文元反党集团罪证(材料之一)》。看完文件后邓小平说:这就够了。不需要之二、之三了,可以定罪了。

邓小平住院期间，党内许多老同志，徐向前、聂荣臻、宋任穷、余秋里等纷纷前往探视，表达他们对邓小平复出的关注以及鲜明的态度。

1977年1月底，根据叶剑英的提议，华国锋、叶剑英、李先念、汪东兴把正在住院的邓小平接到玉泉山，向他通报中央粉碎"四人帮"的情况及在全国采取的紧急措施。

2月3日，邓小平一出院，叶剑英就亲自安排邓小平住进北京西山军委的一个住处——25号楼。

据担任叶剑英办公室主任的王守江回忆：

粉碎"四人帮"以后，小平同志是叶帅派人接到西山的。我估计是通过家属把他接来的。当时他出来就住在25号楼。接到这儿来了以后，有一次中午的时候，叶帅到玉泉山5号楼，开了会以后，他叫我到我们秘书办公的地方来，后来他就传达中央的指示，说是小平同志要住到西山，为了他今后工作的方便，想给他一套文件，中央确定了由你直接给他送，其他人不要进去了，住在哪个地方，其他人也不要告诉。中央办公厅直接写你的名字，你把这套文件直接转给他。从那以后，大概第二天就开始给他发第一套中央文件，隔一天两天一套，我就及时给他送过去。那时，他本人的秘书还没来。我大概送了将近一个月，三十几次。因为我当时也考虑，给他送文件，写我的名字，我也登记一下，有哪些文件，万一将来有什么差错，也好查一下。

参加撰写《叶剑英传》的中国人民解放军军事科学院研究员范硕曾告诉记者说：

把小平同志接到西山以后，叶剑英给他看文件的目的，就是想尽快请小平同志出来,因为这是全国人民的要求,这个要求很强烈的。据叶剑英办公室周秘书跟我谈,当时叶剑英和聂老两个人商量,叶剑英单独向华国锋多次提议赶快请小平同志出来,聂帅也向华国锋提出来,两个人一起提。叶剑英说小平同志有治党、治国、治军的全面的才能,毛主席生前称赞小平是人才难得,周总理病重期间由小平同志代理主持工作,现在"四人帮"已经粉碎,没有阻力了,现在全党全军全国人民都强烈要求小平同志出来工作,现在我们应该顺应民意,顺应潮流,应赶快让小平同志出来工作。他当时讲了两个顺应,一个是顺应民意,一个是顺应潮流,大势所趋。

在此期间,叶剑英几次派车接邓小平到家中或他在军事科学院的办公室长谈。

邓小平的女儿毛毛在《我的父亲邓小平》一书中写道:

1977 年的新年,我们全家是在三○一医院过的。在住院 55 天后,父亲康复出院。

出院后,在叶帅亲自安排下,父亲住进京郊西山军委一个住处的二十五号楼。这个楼,原来是王洪文住过的。我们进去一看,感觉很不一样。房子不错且不用说,里面竟有一个专门看电影的大厅,到底是"文革"新贵,还真是挺会享受的。我们住的这个二十五号楼,是在山的最上面,从车道转下去,就是叶帅住的十五号楼。有一天晚上,我们全家正在吃饭,叶帅的小儿子头头来了。他悄悄地告诉我们,他是奉命来接我们家的"老爷子",去见他们家的"老爷子"。

父亲听后立即起身。头头的车子停在大门外面,父亲上车,坐到汽车后座上,我和头头坐在前面。头头开着车,神不知鬼不觉地把父亲接到了叶帅住的十五号楼。父亲下车,快步走进大门。刚一进门,远远地就看见叶帅由人搀扶着,从里屋走出来。叶帅是专程出来迎接邓小平的。父亲高声喊道:"老兄!"赶紧趋步向前。父亲和叶帅两人走到一起,热烈而紧紧地握着手,长时间不放。然后,他们相互搀扶着,走进里屋。门紧紧地关着,他们谈了很长、很长的时间。

5月14日这一天,是叶剑英元帅的八十寿辰。按照规矩是不搞祝寿活动的,但是在北京的叶帅的一些老战友、老部下知道这天是他的生日,都自动地赶到他的住处。这天来的有徐向前、聂荣臻、王震、余秋里、粟裕、杨成武等。老帅们刚坐下,聂荣臻元帅专门写了一首诗,并当场吟诵。叶帅连声说道:"不敢当,不敢当!"正当大家说说笑笑的时候,邓小平和卓琳来了。大家看到小平来了,都站起身来迎接。邓小平一进门就说:"老帅们都在这里,我也来祝贺。"叶剑英说:"你也是老帅,而且你是老帅们的领班呀,你是我们的领班。"邓小平对叶帅说:"今天是剑英同志的生日,我们大家来祝贺你的生日,同时也祝贺你粉碎'四人帮'对全党、全军、全国人民作出的重大贡献!"

㊾ 别具一格的公开露面

1977 年 7 月 30 日晚,北京国际足球友好邀请赛在北京工人体育场闭幕。邓小平出席了闭幕式并观看了香港足球队同中国青年足球队的比赛。这是邓小平第三次复出后第一次公开在群众场合露面,当他出现时,受到全场观众长时间的热烈鼓掌欢迎。

粉碎"四人帮"后,党内和社会上要求邓小平复出的呼声越来越高。叶剑英多次向华国锋提议,请邓小平出来工作。在玉泉山召开的一次政治局会议上,叶剑英发言说:我建议让邓小平出来工作,我们在座的同志总不会害怕他吧? 邓小平参加政治局,恢复了工作,他总不会给我们挑剔吧? 李先念听了叶帅的发言后,马上表示同意让邓小平尽快出来工作。

1977 年 1 月 6 日,华国锋在中央政治局会议上说:关于邓小平的问题,在处理"四人帮"问题的过程中反复考虑过。当时提出批邓反右是正确的。邓小平同志的问题是要解决的,实际上也在逐步解决,外电也看出了这个动向。开始提深入批邓，后来提继续批邓，现在又提"四人帮"批邓另搞一套。现在有人不主张这样搞，主张打倒"四人帮"后，小平马上出来工作。如果一打倒"四人帮"，邓小平就马上出来工作，"四人帮"的人会说邓小平可能要上台，有人要给邓小平翻案。邓小平不是一个人，是一层人，如果急着给邓翻案，会带来问题。因为材料之一还没有发，问题没有澄清，坏人会乘机煽动。这样会被动的。如果急急忙忙提出要邓小平出来工作，那么四号、五号文件，毛主席处理的这些问题，还算不算数？这样人家会不会说是为邓小平翻案？是不是继承毛主席的遗志？如果打倒"四人帮"就马上提出解决邓小平问题，会引起混乱。我们要抓住这个实质性的问题同"四人帮"斗争，把那些不急于解决的问题，往后拖，这样有利。有些问题要逐步解决，要经过适当步骤，把问题弄清楚。小平同志的问题，要解决，但不要急。我们这样解决的办法，小平同志自己也会理解的。有些不同的看法，不要紧，要引导，要讲清楚。小平同志出来工作的问题，应做到"瓜熟蒂落，水到渠成"。

正当人们期盼邓小平尽快复出的时候，2月7日，《人民日报》《解放军报》《红旗》杂志发表社论《学好文件抓住纲》，提出了"两个凡是"："凡是毛主席作出的决策，我们都坚决维护，凡是毛主席的指示，我们都始终不渝地遵循。"

邓小平率先站出来批评"两个凡是"，指出"两个凡是"不符合马克思主义。

3月，中共中央召开工作会议。会前，叶剑英对华国锋的讲话稿提了两条意见：一是"天安门事件"是冤案，要平反；二是对邓小平的评价，应把提法改变一下，为邓小平重新出来工作创造有利条件。

3月13日，陈云向会议提交了书面发言，表示邓小平同志与"天安门事件"是无关的，为了中国革命和中国共产党的需要，听说中央有些同志提出让邓小平同志重新参加党中央的领导工作，是完全正确、完全必要的,他完全拥护。

王震也在会上提出要为"天安门事件"平反,尽快让邓小平复出。他说,邓小平同志政治思想强,人才难得,这是毛主席讲的,周总理传达的!1975年主持中央和国务院工作,贯彻毛主席的路线、方针和政策,取得了巨大成绩,他是同"四人帮"斗争的先锋,"四人帮"千方百计地、卑鄙地陷害他。现在全党、全军、全国人民都热切地希望他早日出来参加党中央的领导工作。

面对党内外日益强大的呼声,3月14日,华国锋在会上代表中共中央政治局向大会宣布:经过党的十届三中全会和十一大,正式作出决定,让邓小平出来工作。

4月10日,邓小平再次致信党中央,提出"我们必须世世代代地用准确的完整的毛泽东思想来指导我们全党、全军和全国人民,把党和社会主义的事业,把国际共产主义运动的事业,胜利地推向前进"。邓小平还在信中表明对自己重新出来工作的态度。他表示,如果中央认为没有不妥,则希望中央向全党转发他的这封信和去年10月10日的信。5月3日,中共中央向全党转发了邓小平的两封信。

4月下旬,邓小平明确对前来看望的中央办公厅两位负责人说:"两个凡是"不行。按照"两个凡是",就说不通为我平反的问题,也说不通肯定1976年广大群众在天安门广场的活动"合乎情理"的问题。我出不出来没有关系,但是"天安门事件"是革命行动。

7月17日,中国共产党第十届中央委员会第三次全体会议召开。会议一致通过了《关于恢复邓小平同志职务的决议》,决定恢复邓小平中共中央委员、中央副主席、中央军委副主席、国务院副总理、中国人民解放军总参谋长的职务。

对于这次复出,邓小平深有感触。7月21日,邓小平在十届三中全会上坦率而深情地对与会代表说:作为一名老共产党员,还能在不多的余年里为党为国家为人民做一点力所能及的事情,在我个人来说是高兴的。出来工作，可以有两种态度，一个是做官，一个是做点工作。我想，谁叫你当共产党人呢，既然当了，就不能够做官，不能够有私心杂念，不能够有别的选择，应该老老实实地履行党员的责任，听从党的安排。

50 "那篇讲话，是个大胆的讲话"

1977年8月8日，邓小平在科学和教育工作座谈会上讲话。他后来回忆说："我在八月八日科学和教育工作座谈会上的那篇讲话，是个大胆的讲话，当然也照顾了一点现实。对我的讲话，有人反对，这不要紧。一个方针政策，总会有人反对和不同意的。他们敢讲出来就好，可以展开辩论嘛！"

"文化大革命"给我国的科教事业造成了深重的灾难。

1977年4月中旬，邓小平在中央征求他复出后的工作安排意见时，自告奋勇地向中共中央表示，愿意分管科技和教育工作。中共中央同意了他的这一请求。5月中下旬，邓小平分别同方毅、王震等谈话。他十分感叹地说：现在看来，同发达国家相比，我们的科学技术和教育整整落后了 20 年。正是基于对中国科学教育方面存在问题的清醒认识,邓小平一复出,就以推翻"两个估计"为突破口,大刀阔斧地恢复和整顿科教秩序。

"两个估计"是"四人帮"炮制的诬陷、迫害知识分子的重要论据。1971 年,在姚文元修改、张春桥定稿、经毛泽东圈阅的《全国教育工作会议纪要》里,所谓"两个估计"被提出,即"文化大革命"前 17 年教育战线是资产阶级专了无产阶级的政,是"黑线专政";知识分子的大多数世界观基本上是资产阶级的,是资产阶级知识分子。这是广大科教工作者身上沉重的枷锁。

为推倒"两个估计",邓小平作了大量的工作。

1977 年 8 月初,邓小平在人民大会堂亲自主持召开了有 33 位著名专家和教授参加的科学和教育工作座谈会。

8 月 4 日这一天,上午 8 点 30 分,邓小平身穿白衬衣、绿军裤、黑布鞋,迈着稳健的步伐来到会场。他一入座,就操着一口浓重的四川口音亲切地对大家说:"同志们! 我自告奋勇地管科学和教育,中央也同意了。赶超从何着手呢? 就从科学和教育着手,听听大家的意见,向大家学习。外行管内行,总得要学才行,现在,请大家发言!"

短短的几句话,使在座的科学家和教授们激动万分,他们已经有很久没有听到过如此亲切实在的领导讲话了。在那"知识越多越反动"的岁月里,有谁真正关心过他们的疾苦,听取过他们的心声? 他们又能向谁吐露自己的困惑,诉说自己的冤屈呢? 今天,在"文化大革命"中同样遭遇过不幸的邓小平就坐在他们中间,是那么平易近人,那么理解知识分子,他们有什么话不能对他说呢?

大家发言极为踊跃。有人以自己的亲身经历和所见所闻,愤怒声讨林彪、"四人帮"残酷迫害知识分子的罪行,要求中央澄清新中国成立 17 年教育战线究竟是红线还是黑线的问题,并吸取犯"左"倾错误的教训,重新树立全民尊重知识、尊崇文明的风尚;有人建议立即恢复高考制度,把好人才培养的第一关;有人呼吁恢复每周六分之五的科研时间，别再让科研人员学非所用、用非所学；有人要求关心和改善中年科技人员的生活待遇；还有人建议重建国家科委，统一领导全国的科技工作……

就这样，8月4—7日，专家、教授们一气畅谈了4天。邓小平总是每天上午8点30分准时到会倾听，中午只稍稍休息一下，下午接着听取大家的意见，直到傍晚才离去。听了老专家、老教授们发自肺腑的心声后，邓小平受到很大的震动和启发，同时，他拨乱反正的决心更加坚定，思路也更加明晰了。

8月8日，邓小平在座谈会上发表了讲话。

在这篇著名的讲话中，邓小平首先谈到的就是当时广大知识分子所关心的对科技和教育战线17年的基本估计问题。他明确指出："我看，主导方面是红线。应当肯定，十七年中，绝大多数知识分子，不管是科学工作者还是教育工作者，在毛泽东思想的光辉照耀下，在党的正确领导下，辛勤劳动，努力工作，取得了很大成绩。特别是教育工作者，他们的劳动更辛苦。现在差不多各条战线的骨干力量，大都是建国以后我们自己培养的，特别是前十几年培养出来的。如果对十七年不作这样的估计，就无法解释我们所取得的一切成就了。"接着，话题转到调动知识分子的积极性的问题上来。他说："就今天的现状来说，要特别注意调动教育工作者的积极性，要强调尊重教师。我国科学研究的希望，在于它的队伍有来源。科研是能教育输送人才的，一定要把教育办好。""对于终身为教育事业服务的人，应当鼓励。"

针对认为知识分子不是社会主义劳动者的错误观点，邓小平再次强调："无论是从事科研工作的，还是从事教育工作的，都是劳动者。"

邓小平还结合自己的经历，进一步强调要尊重劳动，尊重人才。

他说："毛泽东同志不赞成'天才论'，但不是反对尊重人才。他对我评价时就讲过'人才难得'。扪心自问，这个评价过高。但这句话也说明人才是重要的……人才难得呀！要发挥知识分子的专长，用非所学不好。有人建议，对改了行的，如果有水平，有培养前途，可以设法收一批回来。这个意见是好的。'四人帮'创造了一个名词叫'臭老九'。'老九'并不坏，《智取威虎山》里的'老九'杨子荣是好人嘛！错就错在那个'臭'字上。毛泽东同志说，'老九'不能走。这就对了，知识分子的名誉要恢复。"

邓小平对"老九"的赞扬，不仅是依据"科学技术是生产力"这一历史唯物主义的基本观点，也是在透彻地总结党在知识分子政策问题上的经验教训后作出的。同时，他又深知，要根本扭转长期形成的轻视知识、轻视知识分子的错误倾向，仅靠一两次讲话是不行的，必须在思想上正本清源。为此，他对1971年《全国教育工作会议纪要》作了彻底的否定，从而推翻了多年来压在教育界和广大知识分子头上的"两个估计"，划清了是非界限。

51 "我一定要讲话"

这张照片是邓小平在 1978 年 6 月 2 日的全军政治工作会议上讲话。

1978 年 5 月 10 日,《实践是检验真理的唯一标准》的文章,经时任中共中央党校常务副校长胡耀邦审阅定稿后刊登在中共中央党校的内部刊物《理论动态》上。5 月 11 日,《光明日报》又以特约评论员的名义公开发表。当天,新华社转发了此文。5 月 12 日,《人民日报》和《解放军报》同时转载。

这篇文章阐明了检验真理的标准只能是社会实践,理论与实践的统一是马克思主义的一个最基本的原则,任何理论都要不断接受实践的检验等马克思主义的基本原理,并阐明了革命导师是坚持用实践检验真理的榜样。文章从根本上是对“两个凡是”的否定。

这篇文章一经发表,在党内外引起了强烈的反响。有反对的,有支持的。然而,最先引来的是责难。5 月 17 日,当时的一位中央负责人在一个小会上点名批评了这篇文章和 5 月 5 日《人民日报》发表的《贯彻按劳分配的社会主义原则》一文。他说:“理论问题要慎重。特别是《实践是检验真理的唯一标准》和《贯彻按劳分配的社会主义原则》两篇文章,我们都没有看过。党内议论纷纷,实际上是把矛头指向主席思想。我们的党报不能这样干,这是哪个中央的意见? 要坚持、捍卫毛泽东思想。要查一查,接受教训,统一认识,下不为例。当然,对于活跃思想有好处,但《人民日报》要有党性,中宣部要把好关。”紧接着,中央主要负责人也指示要慎重处理,要求中宣部对这场讨论“不表态”“不介入”。

对于《实践是检验真理的唯一标准》这篇文章,邓小平当时并没有注意,后来听说有人反对得厉害,才找来看了看。他认为,这篇文章是符合马列主义的,是扳不倒的。在中央领导人当中,邓小平是最早站出来明确表态的。

当时,罗瑞卿正在筹备全军政治工作会议。邓小平得知在筹备过程中,有的人不同意会议文件中某些符合实际的新提法,当即指出:“这不是一种孤立的现象,这是当前一种思潮的反映。""我一定要讲话。"

5 月 30 日,邓小平在同胡乔木等几位负责人谈准备在全军政治工作会议上讲话内容的问题时,明确提出要着重讲关于真理标准问题。他说,我这次会议的总结发言,准备讲三个问题。第一个问题,就是要讲实事求是是毛泽东思想的根本态度、根本观点、根本方法。着重讲第一个问题。实事求是是马列主义思想、哲学、理论、方法的概括。它同各种机会主义思想都是完全对立的,包括教条主义、经验主义、"左"的右的机会主义、修正主义。要把这个意思写进去。这是毛泽东经常讲的也是讲得最多的道理,列宁也讲得很多。我们讲要继承和发扬毛主席为我们培育的优良传统,首先就是实事求是。归根到底,这是涉及什么是马克思列宁主义、什么是毛泽东思想的问题。毛泽东思想最根本的最重要的东西就是实事求是。现在发生了一个问题,连实践是检验真理的标准都成了问题,简直是莫名其妙!

6 月 2 日,邓小平在全军政治工作会议讲话。他开门见山地说:我们开会,作报告,作决议,以及做任何工作,都为的是解决问题。我们说的做的究竟能不能解决问题,问题解决得是不是正确,关键在于我们是否能够理论联系实际,是否善于总结经验,针对客观现实,采取实事求是的态度,一切从实际出发。我们只有这样做了,才有可能正确地或者比较正确地解决问题,而这样地解决问题,究竟是否正确或者完全正确,还需要今后的实践来检验。如果我们不这样做,那我们就一定什么问题也不可能解决,或者不可能正确地解决。

邓小平指出:我们也有一些同志天天讲毛泽东思想,却往往忘记、抛弃甚至反对毛泽东同志的实事求是、一切从实际出发、理论与实践相结合的这样一个马克思主义的根本观点,根本方法。不但如此,有的人还认为谁要是坚持实事求是,从实际出发,理论和实践相结合,谁就是犯了弥天大罪。他们的观点,实质上是主张只要照抄马克思、列宁、毛泽东同志的原话,照抄照转照搬就行了。要不然,就说这是违反了马列主义、毛泽东思想，违反了中央精神。他们提出的这个问题不是小问题，而是涉及怎么看待马列主义、毛泽东思想的问题。

他强调指出：马列主义、毛泽东思想的基本原则，我们任何时候都不能违背，这是毫无疑义的。但是，一定要和实际相结合，要分析研究实际情况，解决实际问题。按照实际情况决定工作方针，这是一切共产党员所必须牢牢记住的最基本的思想方法、工作方法。他要求全党"一定要肃清林彪'四人帮'的流毒，拨乱反正，打破精神枷锁，使我们的思想来个大解放"。

邓小平的这篇讲话，对当时面临重重阻碍的真理标准的讨论是一个强有力的支持。7月21日，邓小平找中宣部负责人谈话，围绕真理标准问题的讨论，他十分严肃地指出：不要再"下禁令""设禁区"了，不要再把刚刚开始的生动活泼的政治局面向后拉。第二天，邓小平又同胡耀邦进行了一次重要谈话，旗帜鲜明地支持关于真理标准问题的这场讨论。他说：《实践是检验真理的唯一标准》这篇文章，是马克思主义的。争论不可避免，争得好，根源就是"两个凡是"。8月19日，邓小平在同文化部负责人谈话时再一次明确指出：我说过《实践是检验真理的唯一标准》这篇文章是马克思主义的，是驳不倒的，我是同意这篇文章的观点的，但有人反对，说是反毛主席的，帽子可大啦。他还说：我们做事一定要从实际出发，实事求是，理论联系实际，要认真思考问题，提出问题，解决问题。毛主席没有讲过的话多得很呢。我们不要下通知，划禁区。能够讲问题、能够想问题就好。要敢于正视现实，敢于提问题、想问题，这样才能够很好地实现新时期的总任务，为四个现代化服务。

在邓小平的大力支持下，真理标准的讨论顶着压力艰难地向前推进。

(52)“一定要把油田管理好”

1978 年 9 月 13 日，邓小平圆满结束了对朝鲜民主主义人民共和国的访问，回到国内，开始了对东北的视察，9 月 14 日一早来到了黑龙江的大庆。

还在火车上时，邓小平就向省、市委领导详细询问了大庆油田的开发情况和产量。有关负责人告诉他：“到 1978 年，大庆油田已经达到了年产原油 5 000 万吨以上，并且稳产了两年。”

邓小平关心地问：“5 000 万吨，还能稳产多久？”

市委负责人回答："可以稳产到 1985 年。"

邓小平听后高兴地叮嘱："一定要把油田管理好。"

火车在大庆车站徐徐停下。邓小平稍事休息立即驱车前往油井一线参观。

采油一部的干部和群众在 6 排 17 号井旁等候邓小平的到来。

掌声过后，采油一部党委副书记孙叶松说："邓副主席，这就是 14 年前您视察过的那口光荣井，而今它的日产已由当初的 32 吨上升为 63 吨，我们做到了开发 18 年，产量翻一番。"

邓小平连声赞许："好！好！"

来到"30 万吨乙烯会战"指挥部，邓小平详细询问了引进设备的情况。然后他说："引进来设备就要掌握，就要生产，要快。"

当听到使用新的 9 套装置生产的产量中仅乙烯就可年产 20 万吨，在世界上也是相当大的时候，邓小平说："这个好，搞起来快，多了可以出口，出口也有市场。"

邓小平还提出，应用新的生产设备，要把"三废"处理好，不要造成环境污染。

"30 万吨乙烯会战"指挥部的领导向邓小平汇报说，准备引进污水处理装置。邓小平说这样上得就快了，很好！他还关切地询问了整个工程投资多少，用外汇多少，什么时候建成。项目负责人回答说："一期工程 1981 年可以建成，二期工程 1983 年可以建成。"邓小平高兴地说："好！1981 年建成了我再来看。"

离开了"30 万吨乙烯会战"指挥部，邓小平来到大庆化肥厂。这一年，大庆的石油化工已有相当的规模，化肥厂成为化工行业的排头兵。邓小平兴致勃勃地询问了化肥厂各个装置的性能和生产情况，询问了同样装置国内外用人数量的对比，肯定了化肥厂"进行专业化管理""逐步把人员减下去"的做法。在巍峨高耸的造粒塔旁，邓小平不顾 74 岁高龄，想要上去察看，经周围人员极力劝阻，才肯止步。看着邓小平兴致勃勃,化肥厂的干部工人大受鼓舞,他们把自己生产的尿素样品作为礼物送给邓小平,邓小平高兴地收下了。

邓小平这次到大庆,一个特别关心的问题就是大庆油田的外围与深层勘探工作的进展及可采储量的增加情况。当时,大庆人自己提出一个口号,"大庆外围找大庆,大庆底下找大庆",形象地说明大庆油田当时的进取势头。邓小平在设计院认真听取了有关汇报,并详细询问:"现在井打多深,下面有没有油?"他还问及了地震多次覆盖技术和钻机、钻头的运行状态。

汇报中间,邓小平站起身来,俯身在东北地区地质构造图上仔细观看。当有关负责人汇报到华北古潜山找油和新疆、四川打深井时,邓小平说:"要打7 000米深井。"当了解到有的国家6 000米钻机还有一些缺点时,他马上说道:"买美国的,还是它厉害。"

谈话之间,邓小平三次提到要买钻机。

随后,邓小平听取大庆党委负责人介绍大庆发展规划。

"要加快找油,加快找气,找到更多的油气田。"这是邓小平视察大庆时反反复复提的要求。他说:"我们在钻井、勘探和综合利用上与国外有很大的差距,这些要早解决,搞'十来个大庆'是不容易的。"面对在场的各方面负责人,他深情地说:"我们要有5亿吨油就好了。"全场一片默然。当时大庆原油的年产量是5 000万吨。

吃午饭的时候,大庆油田的党委负责人谈到了当时进行的陆相生油理论研究。邓小平很感兴趣。"李四光说陆相能生油,有人不服气嘛。"他说,"我国地质理论上几个学派并存,搞百家争鸣嘛!不能把人家否定掉。"席间他还提出:"港口的原油计量问题要解决,要不,我们吃亏,别人笑话。""要搞电子计算机中心。一天24小时工作,不然就是浪费。"当听到大庆当时有15万职工组织起来学习文化科学技术时,邓小平高兴地说:"这个好,今后就是要考核。"他对大庆油田党委负责人说:"你们要研究一下,以后可不可以搞6个小时工作,2个小时学习。"

  油田职工的生活怎么样，是邓小平一直牵挂的。前两次视察大庆时，他曾就职工的衣食住行作过许多重要的指示，解决了不少难题。这次来到大庆，看到职工们的生活有了很大的改善，他非常高兴但仍忘不了要问一问职工们的生活情况。他逐一询问了大庆蔬菜、肉食供应情况。当听说企业养猪可以达到 12 万—15 万头，平均每个职工每月可吃上 2 斤自产猪肉时，邓小平说："这不错。"对蔬菜生产，邓小平说："要搞蔬菜脱水，脱水以后贮藏、运输都方便。"当有关领导汇报到组织家属参加农业劳动可以解决两地生活问题，可以增加生产，增加家庭收入时，他连连说："好！好！你们这个办法好。"

  听完汇报邓小平又兴致勃勃地观看了大庆职工家属自己生产的粮食、蔬菜、水果样品，并高兴地收下了拍摄油田农副生产的照片集。

  邓小平还十分关心大庆职工的居住和收入情况。他询问干打垒房屋还有多少后说："大庆贡献大，房子要盖得好一些。要盖楼房，要搞建筑材料。"当听到大庆工人标准工资平均 44.6 元时，说："太低了，贡献大，应该提高。"后来他在哈尔滨开的黑龙江省委会议上又说："大庆仓库那个保管员现在才 40 多元钱，太低了。可以是八级，至少七级，这样鼓励学习、鼓励上进。"

  邓小平不仅关心大庆的石油生产，还关心大庆的农业生产。20 世纪 60 年代他视察大庆时，对这个问题作过指示。今天他听说大庆已经搞了 32 万亩耕地时，高兴地说："大庆的地，每亩 100 斤化肥，产玉米 1 000 斤，这个不简单。"他还指示："大庆要挖土地潜力，多种树。农业搞机械化，节约下人力种树，还可以种草，发展畜牧业，草原可以改造，排水，搞条田、方田，要改造草原。"

  邓小平还谈到了保护环境的问题。针对大庆油、气、化工污染严重的状况，邓小平语重心长地说："我们的化学工业'三废'问题都没有解决好"，"一定要把'三废'处理好"。

  邓小平来大庆视察的消息，迅速传遍了整个油田。广大职工家属、学生纷纷涌上街头,涌向邓小平视察的地方。邓小平在视察途中,十分高兴地向路旁的群众招手致意,每到一处,都热情地与周围的群众握手。当他步入大庆机关二号院时,800多名干部、工人和家属列队欢迎。看到这热烈的场面,邓小平高兴地与大家握手。"不能都握了。"他亲切地向站在后边的人招手。之后,他特意来到失去双臂的劳动英雄耿玉亭面前,亲切地说:"不容易啊,你的身体怎么样?"为了弥补不能与耿玉亭握手的遗憾,邓小平特意与耿玉亭的妻子握手并致问候。当陪同的同志提出大庆的干部群众想和邓副主席合影时,邓小平立即放下手中的茶杯说:"好!安排好了就照!"人们被邓小平的情绪感染了,纷纷过来拥在他的身边,留下了宝贵的合影。

这次在大庆,邓小平先后4次与500多人合影留念。

晚饭后,邓小平乘车离开大庆,前往省城哈尔滨。在火车上他留给大庆人一句话:"要把大庆油田建设成美丽的油田。"

(53) 实事求是是毛泽东思想的精髓

1978 年 9 月 16 日上午，邓小平在长春听取了中共吉林省委负责人的汇报。

省委第一书记王恩茂汇报了吉林省关于揭批“四人帮”运动、整顿社会治安和工农业生产等情况。

当听到正在建设的霍林河煤矿要引进西德技术时，邓小平说了一大段话：要引进西德的机器，就要完全保证用它的管理办法，否则就没有资格引进。它是完全自动化的。年产 5 000 万吨只用 900 人。要引进人家的技术，就要学习人家的管理方法。要完全按它的管理方式生产。从开始引进，就要组织一个领导班子，从头到尾负责，包括直接谈判、直接签订合同，以及根据西德技术、管理办法生产。对这样的企业，不要搞改良主义，要彻底革命。以后所有引进的东西，必须坚持这一点，否则就没有资格引进，我们就永远落后。我们的人海战术打不赢现代化战役。所以要培训人才，不但管理人员要合格，要学习，就是工人也要合格的。西德、日本工人起码要高中文化程度，而且是比较好的，这样才能掌握技术。高中毕业生就叫知识分子，工人本身也要知识化呀。不能够让讲空话的人、不懂得技术的人去搞这样的企业。我们要好好学习，到外国去看一看，看人家怎么管理的。选送的人年龄不要太大。管理企业精力要非常集中，很辛苦，管 900 人比管 9 万人难。每个岗位都不能出差错。按错电钮损失就大了。总之要搞革命，不搞改良，不是叫技术革命吗？我们不一直讲我们是革命者吗？！就是要革命！长春汽车厂准备让哪个国家改造？上海准备引进西德奔驰汽车技术，用它的牌号。奔驰汽车在国际上也是质量好的汽车。

汇报结束后，邓小平开始讲话。

他说：现在摆在我们面前的有两个问题。第一个问题是实事求是，理论联系实际，一切从实际出发。这是政治问题，是思想问题。一切从实际出发，我们的事业才有希望。

邓小平分析道：不论搞农业，搞工业，搞科学研究，搞现代化，都要实事求是，老老实实。所有在一个县工作、在一个公社工作的同志，都要根据一个县、一个公社的条件，在大队工作的同志也要根据一个大队的条件，搞好工作。要鼓励哪怕是一个生产大队、一个生产队都要很好地思考，根据自己的条件思考怎样提高单位面积产量，提高总产量，还有技术方面、多种经营方面，哪些该搞的还没有搞，怎么搞。这样，发展就快了。搞得好的，国家不要挖它的，而且要给予奖励。这样鼓励它提高技术水平、管理水平，提高生产能力。总之，实事求是，从实际出发，因地制宜。多少年来，就是"文化大革命"以前，我们的脑筋开动得也不够，这些年来思想僵化了。企业管理，过去是苏联那一套，没有跳出那个圈子。那时候，苏联企业管理水平比资本主义国家落后得多，后来我们学了那个东西，有了那个东西比没有好。但现在连那个落后的东西也丢掉了，一片混乱。现在要使所有的人开动脑筋，哪怕管理一个街道工厂，也要自己开动脑筋，敢于思考怎样使生产增加、产品质量提高、成本降低、原材料消耗少、产品价格不断降低。不管大、中、小企业，搞得好的要奖励，不能搞平均主义，要鼓励先进。

实践是检验真理的唯一标准，这是马克思主义，是毛主席经常讲的。在这方面，思想要解放。现在是人的思想僵化，什么东西都是上边说了就算数，自己不去思考，不去真正消化。毛主席总是提倡开动脑筋，开动机器。林彪"四人帮"把我们的思想搞僵化。思想僵化，就不可能实现四个现代化。实事求是很不简单，不是一个小问题。所有的人开动脑筋，就有希望。世界天天发生变化，新的事物不断出现，新的问题不断出现，我们关起门来不行，不动脑筋永远陷于落后不行。一个小的企业，甚至一个生产队，都应该搞好民主管理。我们的生产队为什么不搞民主？队长不合格就淘汰，社员应该有权利，现在有些干部权力大得很，包办选举，几个人说了算。所以，现在农村有霸，出霸王。不管是公社各级领导干部，还是工厂企业的管理干部，都要考核。现在我们的科研机构、学校的考核制度慢慢建立起来了，企业的考核制度也要建立起来，要真正搞按劳分配，鼓励向上，鼓励人们努力学习，这对社会主义的极大益处是发展社会生产力。总之，实事求是，开动脑筋，要来个革命。

在详细阐述了实事求是，一切从实际出发之后，邓小平把话题转到对毛泽东思想的态度问题上。

他说：怎么样高举毛泽东思想旗帜，是个大问题。现在党内外、国内外很多人都赞成高举毛泽东思想的旗帜。什么叫高举？怎么样高举？大家知道，有一种议论，叫作"两个凡是"，不是很出名吗？凡是毛泽东同志圈阅的文件都不能动，凡是毛泽东同志做过的、说过的都不能动。这是不是叫高举毛泽东思想的旗帜呢？不是！这样搞下去，要损害毛泽东思想。毛泽东思想的基本点就是实事求是，就是把马列主义的普遍原理同中国革命的具体实践相结合。毛泽东同志在延安为中央党校题了"实事求是"四个大字，毛泽东思想的精髓就是这四个字。毛泽东同志所以伟大，能把中国革命引导到胜利，归根到底，就是靠这个。

邓小平说：我们高举毛泽东思想的旗帜，就要在每一时期，处理各种方针政策问题时，都要坚持从实际出发。我们现在要实现四个现代化，有好多条件，毛泽东同志在世的时候没有，现在有了。中央如果不根据现在的条件思考问题、下决心，很多问题就提不出来、解决不了。什么叫高举毛泽东思想的旗帜呢？就是从现在的实际出发，充分利用各种有利条件，实现毛泽东同志提出的、周恩来同志宣布的四个现代化的目标。

邓小平针对当时农业学大寨运动中存在的形式主义提出了批评。他说：学大庆、学大寨要实事求是，学他们的基本经验，如大寨的苦干精神、科学态度。但有些东西是不能学的，比如，他们一年搞一次评工记分不能学，取消集市贸易不能学，自留地完全取消也不能学。小自由完全没有了也不能学。现在全国调整农业经济政策，好多地方要恢复小自由，这也是实事求是。要从实际出发，要因地制宜，不要搞形式主义。

在谈到企业管理中存在的问题时，邓小平说：我们要坚持按劳分配的原则，不能再搞平均主义，平均主义害死人。要鼓励上进，不能吃大锅饭。要建立各方面的考核制度。不管是公社各级领导干部，还是工厂企业的领导干部都要考核，不合格的要淘汰。

邓小平说：我们是社会主义国家，社会主义制度优越性的根本表现，就是能够允许社会生产力以旧社会所没有的速度迅速发展，使人民不断增长的物质文化生活需要能够逐步得到满足。按照历史唯物主义的观点来讲，正确的政治领导的成果，归根结底要表现在社会生产力的发展上，人民物质文化生活的改善上。如果在一个很长的历史时期内，社会主义国家生产力发展的速度比资本主义国家慢，还谈什么优越性？我们要想一想，我们给人民究竟做了多少事情呢？我们一定要根据现在的有利条件加速发展生产力，使人民的物质生活好一些，使人民的文化生活、精神面貌好一些。

54 归根到底要发展生产力

1978 年 9 月 16 日晚上，邓小平从长春抵达沈阳。9 月 17 日上午，邓小平在沈阳友谊宾馆听取了中共辽宁省委的工作汇报，并合影留念。

会上，中共辽宁省委第一书记曾绍山、第二书记任仲夷向邓小平作了工作汇报，沈阳军区司令员李德生和中央政治局委员彭冲也一起听取了汇报。

邓小平在听取汇报时,不断插话,询问他所关心的问题。

谈到农业问题时,邓小平不断询问辽宁的耕地面积、粮食产量、农民口粮、落实农村政策情况。他指出:"现在还是粮食少、肉少、油少,其他副食也少。征购任务重,是全国性的问题。"

"现在没有虚假了吧? 浮夸风,害死人哪!"邓小平一半是询问、一半是感慨地说。

接着,他又问:"你们农村政策调整得怎么样?"

任仲夷回答说:"我们搞了十六条,政策落实了一些,但落实得不够。"

"政策落实了,积极性就调动起来了。现在农业机械质量不高,成本高,化肥贵,农民买不起。"邓小平索性把话题引申开来,"农业要现代化,才能适应工业的现代化。一定要把农业放到第一位。这就是工业支援农业。工业支援农业要具体化。"

关于工业企业的情况,邓小平着重询问了鞍钢的发展、沈阳冶炼厂的改造、抚顺煤矿生产等问题。

任仲夷说:"过去辽宁批'工业七十条',现在看来'工业七十条'是对的,对企业管理讲得比较细。"

任仲夷一说到"工业七十条",邓小平接着说:1961 年庐山会议,毛主席对"工业七十条"是肯定的,很称赞的。现在看来企业怎样具体管理好,怎样按经济规律来管理经济,对这些问题,原来的"工业七十条"是不够的。企业要搞"几定",责任制、岗位责任制、工程师、总工程师、经济核算,等等。"工业七十条"是个基础,有的去掉,还要增加一些。要从新的管理体制来研究,还要搞若干条。

辽宁的同志汇报说,现在工农业用水比较缺乏。邓小平说:工业用水要采取先进办法,像日本那样,搞循环,水一下跑了,转个圈回来,这样对解决污染问题、缺水问题都有好处,还可以回收。要广泛运用这个技术,转个圈,特别是缺水地方更要这样。日本相当普遍,技术并不难。

省委工作汇报结束后,任仲夷请邓小平再作指示。邓小平就一些重大问题作总结讲话。

邓小平指出:全党全国范围的问题,昨天在长春概括地讲了一下,中心讲实事求是,理论与实际结合,从实际出发。不恢复毛主席给我们树立的实事求是的优良传统和作风,我们四个现代化没有希望。我也讲了"两个凡是"观点是不正确的。这不是毛泽东思想,毛主席在世也肯定不能同意。很简单,如果坚持"两个凡是",我就不能出来。我能出来,说明有的是可以改的。"两个凡是"是损害毛泽东思想的。毛主席的话是针对一定时间地点、条件的,有很多条件是有变化的。现在全党全国最需要的,是大家开动脑筋,敢于面对现在的问题、现在的条件来考虑我们怎样加速四个现代化建设。敢于思考问题、提出问题、解决问题。

邓小平强调:现在,全国人民思想开始活跃,但是还心有余悸。千万不要搞"禁区","禁区"的害处是使人们思想僵化,不敢根据自己的条件考虑问题。真正讲话不一定是反革命,顶多是思想错误,但框住思想害处极大。一个公社有自己的条件,有自己的情况,一个大队有自己的条件,有自己的情况。有一般,也有特殊,大量的是特殊,重要的是要根据自己的特殊情况考虑问题。东北三省情况大体相同,但也都有不同。你们辽宁几个地委、几个市,每一个都有不同。鞍钢改造以后,必须按照经济规律来管理。市政府是不是要考虑变成为它服务。

接着,邓小平谈到了发展生产力的问题。他说:马克思主义认为,归根到底要发展生产力。我们太穷了,太落后了,老实说对不起人民。我们的人民太好了。外国人议论中国人究竟还能忍耐多久,很值得我们注意。我们的人民是好人民,忍耐性已经够了。我们现在必须发展生产力,改善人民生活条件。邓小平强调:要体现社会主义制度比资本主义优越,起码要表现出我们的发展速度比他们快。

邓小平说:一个是实事求是,一个是怎样高举,一个是怎样发展生产力。我们的思想开始活跃,现在只能说是开始,还心有余悸。要开动脑筋,不开动脑筋,就没有实事求是,不开动脑筋,就不能分析自己的情况,就不能从实际出发提出问题,解决问题。学大庆有这个问题,学大寨也有这个问题,照搬不行,要教育所有干部开动脑筋,实事求是,提出问题,解决问题。只凭上级指示或中央发的文件,或省里补发的文件,能解决所有具体问题吗?要提倡、要教育所有的干部独立思考,不合理的东西可以大胆改革,也要给他这个权。所谓考核,第一就是考核这个问题。凡是能够这样独立思考解决问题的,肯定会大有好处,当然也会出现瞎指挥,但总的来说会好一些。这是全国性的问题,是政治问题,也是思想问题,也是实际问题。

在谈到要完整地准确地掌握和运用毛泽东思想体系,不能孤立地摘引毛泽东的话时,邓小平指出:这一句、那一句,有些还是假的。即使是真的,还应看是在什么条件、什么时间、什么地点讲的,随便用到别的地方也是不对的。搞语录是从林彪开始的,语录并不能反映毛泽东思想体系。

55 "这是我今天第一次提出来的"

　　1978 年 9 月 17 日下午,邓小平在沈阳住处听取沈阳军区常委汇报战备工作和揭批"四人帮"运动的情况,并合影留念。

　　会议一开始,邓小平说:"我是到处点火,在这里点了一把火,在广州点了一把火,在成都也点了一把火。"

　　邓小平为什么要点火?

　　原来,邓小平第三次复出后,在协助叶剑英抓军队工作的过程中,他了解到沈阳、广州、成都三个军区在揭批"四人帮"帮派体系的过程中,都遇到了阻力,运动遮遮掩掩,许多事情久拖不决。因此,他在1977年11月、1978年2月先后到广州军区、成都军区,指示他们打破顾虑,发动群众,克服阻力,把清查工作搞好。邓小平希望在搞好清查工作的基础上,尽快结束运动,把工作重心转到业务上来。

在沈阳军区,邓小平在谈话中批判了军队中的资产阶级派性,再一次着重谈了"揭批查"运动的发展趋势问题。

邓小平说:批林彪也好,批"四人帮"也好,怎样才叫搞好了,要有几条标准。第一,也是最主要的,是恢复我们军队的传统。我们的传统就是老老实实,说通俗一点,就是不看风使舵,不投机取巧,忠诚老实,忠于党、忠于人民、忠于社会主义。第二,消除派性,根除派性的影响,真正统一了。林彪"四人帮"把军队搞分裂了,派性侵入部队,把思想搞乱,把组织搞分裂了。第三,现在军队在地方、在人民中的印象改变了,名誉坏了。什么时候地方和老百姓看军队像老八路、老红军,这样就行了。第四,守纪律,一切行动听指挥。第五,干部队伍整顿好,同"四人帮"有牵连的人和事都搞清楚。运动不能总这样搞下去吧!从去年11月到现在,快一年了。对搞运动,你们可以研究一下,什么叫底?永远没有彻底的事。上述问题的解决,也不能只是靠搞运动,还要靠日常教育,靠干部的领导。运动主要是把班子搞好,把作风搞好,有半年时间就可以了。运动不能搞得时间过长,过长就厌倦了。有的不痛不痒,没有个目的,搞成形式主义,这也不行。也不能一个号令,一天结束。究竟搞多久,你们研究。有的单位,搞得差不多了,就可以结束,可以抓训练,可以组织学习科学知识!多学些科学知识,就是转到地方，也便于工作。

邓小平最后强调："作为运动搞得好的标准，就是以上五条。这是我今天第一次提出来的。"

56 "下厂子看看"

1978 年 9 月 18 日,邓小平来到鞍山钢铁公司视察。

邓小平一到迎宾馆,鞍山市委第一书记兼鞍钢党委书记沈越在与邓小平等互道问候之后,怀着愧疚的心情说道:"小平同志:前年批邓的时候,我也批了。""想起您对鞍钢建设和发展的支持,真是太不应该。"

"不,这不是你的错。这是中央的事。"邓小平安慰他说,"你是市委第一书记,是中央要批,你能不执行吗?"在场的人都会意地笑了。

本来,鞍钢的领导班子打算让风尘仆仆的邓小平先听汇报,然后好好休息一下。邓小平却连连摆手说:"走,下厂子看看。"

邓小平一行驱车来到鞍钢炼铁厂。顿时,厂部门前的小广场成了欢乐的海洋。人们为了更清楚地看到邓小平,都尽量往前挤往高处站,就连小广场周围的铁架子上、煤气管道上也站上了人。

邓小平亲切地看着大家,向人们致意。他从厂长夏云志手里接过一顶柳条帽,端正地戴在头上,然后穿过人群,向 7 号高炉走去。

小广场距 7 号高炉不远,中间隔着七八组铁路线,夏云志边走边向邓小平介绍生产情况。在穿越七八组铁路线时邓小平步履轻松,还不时用手指着空中的各种管线,询问都是干什么用的,夏云志一一作了回答。

7 号高炉是一年前由原来的 7 号、8 号两座高炉合并建成的大型高炉,容积 2 580 立方米,有效高度 29 米,是当时全国最大的高炉。听说这是鞍钢实行技术改造的产物,邓小平立刻产生了浓厚的兴趣,站在高炉旁向夏云志询问起来。

高炉旁,炉体释放出的热浪卷起灰尘扑面而来。对此,邓小平全然不顾。"厂里现有几座高炉? 年产量是多少?"

"现在共有 10 座高炉,年产 640 万吨。"

邓小平边走边问:"哪座最大?"

"这座最大。将来我们准备继续改造,把小高炉改成大高炉,可以达到 1 000 万吨钢所需要的铁产量。"

"你们怎么改的?"邓小平接着问。

"利用高炉检修期间改造,坚持改造不停产不减产。"

邓小平赞许道:"这样好! 改造不减产,老企业大有希望嘛!"

随后,邓小平又向夏云志询问了工人的生产和生活情况。由于高炉噪声大,夏云志只好放开嗓门大声做介绍。邓小平边听边点头,说道:"你们搞改造、搞生产,不容易啊!"他又对身边的鞍钢主要领导叮咛道:"要爱护职工的积极性和创造性,一定要把炼铁这个环节抓好。"

这时,高炉前面呼啦啦围上来一大群人,有本厂的,也有外厂的。工人们听说邓小平来了,都争着要目睹这位具有传奇色彩的中央领导人的风采。有的人站在外圈儿看不见,就爬上煤气管道、登上铁架子。只见邓小平身穿灰色中山装,满面红光,完全不像 74 岁高龄的人。人们向他欢呼,他也频频招手,向久违的鞍钢工人致意。

9 月 18 日下午 3 时,在鞍山胜利宾馆 8 楼会议室,邓小平重点听取沈越、孙洪志、马宾、李东冶、金锋、侯国英等鞍山市委和鞍钢的主要负责人关于鞍钢的工作汇报。

在谈到鞍钢打算按日本的先进水平减少人员时,邓小平说:"你们鞍钢用人太多。产 1 500 万吨钢,3 万人就够了。"

当沈越谈到鞍钢准备将矿山公司、基建公司等划分出去时,邓小平以赞许的口吻说:"矿山公司、基建公司分出去好,成立修配公司好,大修、中修都归修配公司,小修归厂子。"

沈越说:"鞍钢在进一步实行劳动力挖潜措施以后,生产人员将减到 9 万至 10 万人。减下来的人员,一部分由我们自行消化,另一些人可以支援外地。"

邓小平说:"只要有技术,就不怕没地方用,商业网点需要人,饮食服务缺人,建筑业也不够用嘛。"

当汇报到鞍山城市污染的情况时,邓小平的心情十分沉重,他说:"现在这种污染的环境恐怕会把现代化仪器、仪表都搞坏了,非下大力气治理不可。"

沈越汇报结束后,由鞍钢经理马宾汇报鞍钢生产、改造的情况。

马宾首先介绍了鞍钢生产的基本情况。接下来他说:"目前鞍钢劳动生产率低,人员多,企业的负担过重。"

"美国矿山技术,年产 1 亿吨矿石,要用多少人?"邓小平问。

"不到 1 万人。"马宾说。

"我再加 1 个,1 万零 1 个人,怎么样?引进先进技术,一定要按照他们的先进管理方法、先进经营方法、先进定额,总之按照经济规律管理经济。要减人,减机构。你们有个初步设想,我看设想是好的。现代化,自动化,人多不行,管理不好。"

当马宾汇报到需要尽快掌握新技术,提高产品质量时,邓小平说:"凡是不能自动化的,就不能保证质量,用眼看手摸是不行的。过去老工人就凭眼睛看,现在不行喽。""但要注意一点,鞍钢的技术改造,要以世界先进水平为起点,要革命,把先进的技术引进来。"

工作汇报结束后,邓小平应沈越、马宾的请求,即席发表了讲话。

他说:"现在摆在你们面前的问题,是鞍钢如何改造。引进技术改造企业,第一要学会,第二要提高创新。许多工作从现在起就要着手,如培训工人、培训干部,现在不着手,外国的先进技术就不能掌握。这方面我们是有教训的。现在抢时间很重要。全国准备引进上千个项目。凡是引进的技术设备都应该是现代化的,必须是七十年代的,配备也要是七十年代的。世界在发展,我们不在技术上前进,不要说超过,赶都赶不上去,那才真正是爬行主义。我们要以世界先进的科学技术成果作为我们发展的起点。"

"我们要有这个雄心壮志!"邓小平望着大家,声音里充满了期待。"引进先进技术设备后,一定要按照国际先进的管理方法、先进的经营方法、先进的定额来管理,也就是按照经济规律管理经济。一句话,就是要革命,不要改良,不要修修补补。"

邓小平又说："我们改造企业，为了保证应有的技术水平、管理水平，要有合格的管理人员和合格的工人。应该设想，经过技术改造，文化和技术操作水平较高的工人应当是大量的，否则不能操作新技术、新工艺和新设备。"

"发展经济，工人要增加收入，这样反过来才能促进经济发展。农业也是一样，增加农民收入，反过来也会刺激农业发展，巩固工农联盟。社会主义要表现出它的优越性，哪能像现在这样，搞了二十多年还这么穷，那要社会主义干什么？我们要在技术上、管理上都来个革命，发展生产，增加职工收入。"

"要加大地方的权力，特别是企业的权力。企业要有主动权、机动权，如用人多少，要增加点什么，减少点什么，应该有权处理。企业应该有点外汇，自己可以订货，可以同国外交流技术。有些事情，办起来老是转圈，要经过省、部、国家计委，就太慢了。现在我们有些同志做工作，只听上边讲了一些什么话，自己不敢开动脑筋。还是毛主席说的，要放下包袱，开动机器。要提高我们的技术水平、管理水平，没有一点创造性不行，企业没有自己的权力和机动性不行。大大小小的干部都要开动机器，不要当懒汉，头脑僵化。"

说到这里，邓小平显得有些激动。他的声调也提高了，说："现在我们的上层建筑非改不行！"

邓小平最后说道："鞍钢的生产和改造，一定要搞好。我还是那句话，你们搞好了，对全国人民是个鼓舞。全国人看鞍钢啊！"

57 "新唐山的建筑要美观一点"

　　1978年9月19日,邓小平抵达河北唐山。上午8时50分,邓小平径直抵达开滦煤矿。

　　开滦煤矿在大地震中受损最为严重,有6 500多名矿工死亡,2 000多人重伤,3万多台设备被砸被淹,355万平方米地面建筑被毁。供电、通信、通风、提升、排水五大系统全部中断。

　　邓小平来到了设在职工浴室的临时会议室,听取了矿党委书记赵成彬关于唐山地震后煤炭生产情况的汇报。

邓小平急切地问道："你们现在恢复得和原来差不多了吧？"

"生产系统已恢复 68％。"赵成彬回答道。

"你们现在生产水平是多少？震前是多少？"邓小平又问道。

陪同视察的煤炭部部长萧寒介绍说，震前日产 7 万吨，现在 6 万吨。还未达到震前水平的原因，主要是去年 9 月刚恢复开掘，欠尺 8 万米，吃老本吃了 800 万吨煤量。

邓小平说："哦，那也不好哇，你们准备得不利索，对以后的生产不利呀！"

当汇报到完成今年 2 250 万吨任务很艰巨时，邓小平问："机器有进口的吧？我们自己造的行不行？今后主要要靠我们国家自己制造的好。"

"引进了 8 套采煤机器。"

邓小平说，从国外引进的采煤机器，"要集中使用，集中力量打歼灭战，便于掌握技术，便于管理。机器的修理，要做到小修在矿，中修、大修有专门厂子。要专业化，要组织专门的修理公司"。

当邓小平听到唐山矿 5257 工作面最高月产量达到 19 万吨，一套综合机械搞好了，年产可达 100 万吨时，高兴地说："用得好，每套年产量就可增加 20 万吨。"

汇报结束后，邓小平来到了一号井绞车房视察。

一号井是唐山矿最老的竖井，经过几次改建，由原来每箕斗提升 8 吨提高到 10 吨。

邓小平听后高兴地说："好，都这样改进就好了。"

"我们别的设备也有改进。"陪同的同志介绍说。

邓小平满意地笑了。

上午 10 时许，邓小平来到唐山钢铁公司第二炼钢厂。

"唐钢在地震时的损失怎么样？"邓小平一边走一边询问唐山市委

第二书记、唐钢党委书记苏锋。

"唐钢地面建筑大都被震毁,人员伤亡非常严重,但唐钢的职工不气馁、不松劲,仅用20多天时间,就炼出了'志气钢'。"苏锋回答说。

邓小平接过话题,高兴地说:"很好!这就是社会主义优越性的具体体现。唐钢在这么严重的大灾难面前,很快就恢复了生产,很不容易,20多天就炼出了钢,这是个奇迹!"

"唐钢工人阶级是地震震不垮的、困难吓不倒的队伍!"邓小平说着声音越来越高。

谈话间,邓小平来到了第二炼钢炉院内。

邓小平在院内向四周环视了一遍,问道:"这个厂子规模多大?"

"3个年产30万吨转炉,设计能力90万吨,今年产钢60万吨。"苏锋说。

"还没有达到设计能力嘛。"邓小平说。

"这个厂刚改造完就发生地震,恢复生产也较晚。"苏锋解释道。

离开的时候,邓小平对在场的干部、职工说:"要发扬成绩,为祖国的钢铁事业做出更大的贡献!"

视察完开滦煤矿、唐钢后,邓小平说:"现在实行新的技术考核,体力劳动逐渐减少了,主要靠脑力劳动,煤矿要改造,可省下来很多人。鞍钢22万工人,年产七八百万吨钢,经过改造最多只需要10万人,钢可以搞到1 500万吨。在西德产600万吨的煤矿,只要900人,他们都是技术骨干,体力用得很少,主要靠脑力劳动。当然新矛盾又会出来,省下来的人干什么?可以用于支援煤矿、新钢厂,但用人也很少,所以要开辟新的行业。建筑队伍也要改造,要建设机械化的施工队伍。"

上午11时,邓小平来到了唐山市委第一招待所。

在这里,他观看了老市区和新区的建设规模模型,听取了新唐山建设规划的汇报。他边听边问。

邓小平说,过去的旧城区"一不整,二不洁,布局乱得很,不合理,不紧凑"。"现代化的城市，要合理布局，一环扣一环"，既便于自动化，又便于运输。唐山地震"是个大灾难"，是坏事，但是要把它转化成好事。把城市、生活区、厂区变成干净的城市、干净的生活区、干净的厂区。建设新唐山，市里、厂里都要规划好，要搞得整齐干净。新建的城市不能脏，不能乱。今天看的厂房不干净，机器也不干净，出不了质量好的产品，马路也不平，很脏。

"要解决好污染问题。""废水、废气的污染，妨碍人民的健康，也反映了管理水平。日本资本家每天上班就办两件事：一个是清洁卫生，一个是安全。第一是清洁卫生。现在你们这里还顾不上，建成以后，要干净才好。"

邓小平端起杯子喝了一口水，继续说："刚才说了新唐山的建筑要美观一点，要多姿多彩，不要千篇一律。搞一两个小区后，要总结一下经验，不断改进提高。"

"要在'新'字上做文章。"陪同视察的中共中央政治局委员彭冲插话说。

邓小平接着说："城市建设是一门学问。现在资本主义管理讲美学，讲心理学，讲绿化，美观使人感到舒适，会影响人们的情绪，这不是没有道理的。"

"你们建设新唐山，要很好规划一下，不要用五十年代的观点，要用七十年代的观点。"

"现在你们搞的门窗太窄太小，并且都是木头的，不好看。这是第一批，一批要比一批好，要总结经验，总的六个字：实用、美观、结实。搞一段要总结一段经验。"

"房子的周围都可以搞绿化。你们规划中的服务网点少了，普遍的少，电影院也不多。"

"地下管道设施处理得怎么样？这个问题一定要考虑到，要搞好总体规划。地下管道的材料要合格，不要粗制滥造，粗制滥造就会加大修理费用。"

"建筑用的木料不要湿的，要经过烘干，不然一年就翘了。要用些钢材，钢材并不比木料贵，现在我们的木材很缺，你们这里还有钢厂嘛！钢窗要搞好一点。"

说到这里，邓小平指着会议室的窗子风趣地说："你看你们这个就有缝，我就是来给你们挑岔子的。"

"你们钢厂、煤矿的余热、废气是怎么回收利用的？"邓小平问。

有人回答说："有规划，钢厂震前就利用余热供应生产用气和职工住宅暖气，开滦的瓦斯也准备取出来，供职工烧煤气。"

邓小平说："取嘛！要利用，要给职工用，都要收回来。要注意解决污染问题。对'三废'要搞综合利用，要不又是一个一个烟囱，既污染又浪费。"

邓小平十分关心居民的住宅建设问题。当听说开滦的住宅只恢复了17.9%时，便关切地问："你们去年冬天就是勉强过来的，今年冬天呢？速度是不是可以再加快一点？"

他边听介绍边指着已建成的一座高层楼房说："房间高度2.8米，高了一些。要矮一点、加宽一点，扩大一些使用面积，生活就方便些。""这样，占地面积小，使用价值高。还干净卫生，节省材料。""用建4层楼房的造价可搞5层的楼房。""门窗太小太窄，要加大。窗子大了，又卫生，光线又好。""煤气管子要搞好，上下水道要搞好，还要有洗澡间和厕所。""楼前楼后要种树种花种草。"

58 "先让一部分人富裕起来"

照片中邓小平正在参观天津新建的居民住宅区。

1978 年 9 月 19 日下午,邓小平到达天津,下榻于市委第一招待所。

晚饭后,邓小平不顾旅途劳累在中共天津市委书记林乎加等的陪同下,来到天津市干部俱乐部大剧场,亲切接见了在那里迎候的天津市党政军领导同志。

第二天上午,邓小平在市委第一招待所一号会议室听取中共天津市委常委林乎加、黄志刚、阎达开、范儒生、胡昭衡等关于揭批"四人帮"运动和工农业生产情况的汇报。

市委领导在汇报中说,天津是我国重要的工业基地,"文化大革命"期间受到的破坏十分严重,加上唐山大地震的影响,全市大街小巷挤满了连成片的防震棚,到处凌乱不堪,人民生活困难,安全没有保障。眼下的天津可谓大劫之后,百废待兴,百乱待治。

邓小平在听取汇报时,不断询问他所关心的问题,并着重就解放思想、实事求是,搞好工农业生产等问题作了重要指示。

邓小平说:"我走了几个地方,一再讲就是要解放思想,开动机器,不要当懒汉,从实际出发。大队、小队都有特殊性,不能划框框,不能鼓励懒汉。由于林彪、'四人帮'的干扰破坏,这些年把一些人养成懒汉,写文章是前边抄报纸,后面喊口号,中间说点事。天津搞九十几个项目,就是动了脑筋了。过去不敢进'禁区',谁要独立思考,就好像是同毛主席对着干。实际上毛主席是真正讲实事求是的。""我们过去是吃大锅饭,鼓励懒汉,包括思想懒汉,管理水平、生活水平都提不高。""现在不能搞平均主义。毛主席讲过先让一部分人富裕起来。好的管理人员也应该待遇高一点,不合格的要刷下来,鼓励大家想办法。讲物质刺激,实际上就是要刺激。我们过去也是老观念,认为工资总额、劳动定额不能突破,这样调剂的能力没有了。"

实际上,早在 1975 年时,邓小平就不畏逆境,鲜明、果敢地提出要反对平均主义。他在多次讲话中重申,要"坚持按劳分配原则"。他认为:"如果不管贡献大小、技术高低、能力强弱、劳动轻重,工资都是四五十块钱，表面上看来似乎大家是平等的，但实际上是不符合按劳分配原则的。"为此，邓小平提出，一方面要逐步改革现行的工资制度，对高温、高空、野外等劳动条件差、劳动强度大的工种，实行岗位津贴；另一方面要正确处理个人利益和集体利益、当前利益和长远利益的关系，不能把按劳分配和各尽所能分开。第二年，邓小平再次来天津视察时，又就解放思想问题进一步作了指示。邓小平说：解放思想，我重复讲了多次，中央各部门要解放思想，地方要解放思想，解放思想能量大得很。解放思想就是指坚持辩证唯物主义。发展生产力，不解放思想，不因地制宜是不行的。一个生产队对一小块土地、一小块水面如何利用，都有个解放思想的问题。邓小平强调：大家都知道，没有正确的思想路线作为基础，不可能提出建设四个现代化强国的政治路线来。搞四化，搞合资经营，在过去，帽子是很大的。什么"洋奴哲学""卖国主义"都可以扣上。现在，还有人说我们不搞阶级斗争，不搞社会主义，只搞资本主义。道理很简单，关键是发展生产力，增加人民收入，这样，社会主义制度的优越性就体现出来了，否则，讲过来讲过去，穷得很，有什么优越性呢？

在谈到来料加工和引进技术要改革企业管理时，邓小平说：搞来料加工，引进新技术，要大批组织，经常更换花色品种。企业要能独立经营，派强的干部管理，收入要分成。从上海、天津、广东搞起，几百个、成千个带起来，搞富、搞活。为什么大家等着，等着就搞死了。凡这样的工厂，管理要按人家的方法，这个对我们来说叫革命。

谈到农业问题时，邓小平说：要搞农业工业化，要养鸡、养猪，搞种子公司、肥料公司，还要搞喷灌。

当汇报到要处理打死人的打砸抢分子时，邓小平严肃地指出：不处理不足以平民愤，不处理不行。有多少处理多少，不处理群众心情不舒畅。这些人也是等着时机。

最后，邓小平还为天津市的发展出谋划策，他说：天津"可以搞旅游，旅游事业搞起来更好一些"。

59 十一届三中全会的主题报告

　　1978 年 10 月下旬,中央发出通知,决定在 11 月上旬召开中央工作会议。中央政治局决定让邓小平在这次工作会议闭幕会上讲话。这是邓小平在会上发言时的情景。

　　为了准备这个讲话,10 月底,邓小平把胡乔木约到家中谈讲话起草的事,明确提出了讲话的主题是谈工作重点转移问题。

11月5日,邓小平出访泰国、马来西亚、新加坡。

11月10日下午,中央工作会议召开。参加会议的有各省、市、自治区和各大军区的主要负责人及中央党、政、军各部门和群众团体的主要负责人,共212人。

华国锋在开幕会上宣布,会议的主要议题是讨论经济问题,有三项:一是讨论《关于加快农业发展速度的决定(草案)》《农村人民公社工作条例(试行草案)》;二是商定1979、1980两年国民经济计划的安排;三是讨论李先念在国务院务虚会上的讲话。

会前,根据邓小平的提议,中央政治局决定,在讨论这些议题之前,先讨论一个问题,就是"从明年1月起,把全党工作的着重点转移到社会主义现代化上来"。

中央工作会议召开后的第二天,11月12日,陈云在东北组发言说:"中央政治局常委、中央政治局一致主张,从明年起把工作着重点转到社会主义建设上来。实现四个现代化是全党和全国人民的迫切愿望。我完全同意中央的意见。""但是,对有些遗留的问题,影响大或者涉及面很广的问题,是需要由中央考虑和作出决定的。对此,中央应该给以考虑和决定。"

陈云的发言被简报全文刊出后,在会上引起了强烈反响,代表们纷纷发言,表示赞成并加以发挥,会议的气氛一下子活跃起来。大家认识到,不解决这些重大的历史遗留问题,很难统一大家的思想,顺利地实现全党工作重心的转移。整个中央工作会议开始逐渐离开事先设置的轨道。

11月14日,邓小平结束对泰国、马来西亚、新加坡的访问,回到北京。

当天,经中央政治局常委批准,中共北京市委宣布为"天安门事件"平反。11月16日《人民日报》刊登了题为《"天安门事件"完全是革命行动》的新华社通稿。

12月2日上午,邓小平在家中约见胡耀邦、胡乔木、于光远,谈他的讲话稿问题。这时,邓小平对讲话稿已经经过反复的思考,形成了新的思路,并写出了一份三页纸的"讲话提纲"。"一、解放思想,开动机器。理论的重要。实践是检验真理的标准——争论的必要。实事求是,理论和实际相结合,一切从实际出发。全党全民动脑筋。二、发扬民主,加强法制。民主集中制的中心是民主,特别是近一时期。民主选举,民主管理(监督)。政治与经济的统一,目前一时期主要反对空头政治。权力下放。千方百计。自主权与国家计划的矛盾,主要从价值法则、供求关系(产品质量)来调节。三、向后看为的是向前看。不要一刀切。解决遗留问题要快,干净利落,时间不宜长。一部分照正常生活处理。不可能都满意。要告诉党内外,迟了不利。毛主席。'文革'。安定团结十分重要。要大局为重。犯错误的,给机会,总结经验,改了就好。四、克服官僚主义、人浮于事。一批企业做出示范,多了人怎么办?用经济方法管理经济。扩大管理人员的权力。党委要善于领导,机构要很小,干什么?学会管理。选用人才。简化手续。改革制度(规章)。五、允许一部分先好起来。这是一个大政策。干得好的要有物质鼓励。国内市场很重要。六、加强责任制,搞几定。从引进项目开始。请点专家。七、新的问题。人员考核的标准。多出人员的安置(开辟新的行业)。"

邓小平按提纲详细谈了他重新考虑的准备在会上讲话的主要内容。胡乔木、于光远等人根据邓小平的谈话内容和提纲进行了重新起草。

12月5日,邓小平又一次约胡乔木、于光远、林涧青谈对重新起草的讲话稿的意见。邓小平明确了讲话的主题是:解放思想,开动机器,一切向前看。

邓小平说:"这次别的问题都不讲了,只讲四个问题:第一,解放思想。真理标准问题的讨论,的确是一个思想路线问题,是一个重大政治问题,是关系到党和国家前途和命运的问题。第二,发扬民主。当前最迫切的是扩大厂矿企业和生产队的自主权。民主选举的范围要逐步扩大。第三,向前看。对过去搞错了的要纠正,也要给犯错误的同志认识和改正错误的时间。对毛泽东同志和'文化大革命'的评价,要从国际国内的大局出发,从历史的角度来看。第四,研究和解决新问题。要用经济办法管理经济,要特别注意加强责任制。要用先使百分之十至百分之二十的人富裕起来的办法,扩大国内市场,促进生产发展。"

12月6日,林涧青他们按照邓小平5日的谈话精神,把稿子分四个问题写好后送给胡乔木。胡乔木修改后当天就送交邓小平。

12月9日,邓小平又约见胡乔木、于光远、林涧青谈讲话稿的修改问题。他说,稿子基本上可以了,但还需要加工,并讲了具体的修改意见。

12月11日,邓小平再约胡耀邦、胡乔木、于光远、林涧青谈稿子的修改问题,这次胡乔木因为忙于突击修改农业决定稿,抽不出身,没有参加。但随后胡乔木继续主持对讲话稿的修改。当天,邓小平正式在《在中央工作会议上的讲话(一九七八年十二月十一日稿)》上署上了"邓小平"三个字,并将讲话稿送华国锋阅。

12月13日,下午召开中央工作会议闭幕会,邓小平在会上作了《解放思想,实事求是,团结一致向前看》讲话。据参加讲话起草的于光远后来回忆:"这个讲话的题目是邓小平自己定的。"

邓小平《解放思想,实事求是,团结一致向前看》这篇讲话,提出了一系列关系到解放思想、实事求是的新思想、新观念,提出了真正做到解放思想、实事求是所要研究和处理的一系列新情况和新问题,是我们党历史转折过程中的一篇伟大文献。党的十五大报告中评价指出:"一九七八年邓小平《解放思想,实事求是,团结一致向前看》这篇讲话,是在'文化大革命'结束以后,中国面临向何处去的重大历史关头,冲破'两个凡是'的禁锢,开辟新时期新道路、开创建设有中国特色社会主义新理论的宣言书。"邓小平的这个讲话实际上成为党的十一届三中全会的主题报告。

60 在东京记者招待会上

1978 年 10 月 22 日，邓小平对日本进行正式友好访问，并出席互换《中日和平友好条约》批准书仪式。

访问期间，邓小平参观了日产汽车公司的工厂后，深有感触地说："我懂得什么是现代化了。"在乘坐新干线"光-81"超特快列车前往日本关西地区访问时，他在车上应日本记者之请谈对新干线的观感："就感到快，有催人跑的意思，我们现在正适合坐这样的车。"

10月25日下午4点，邓小平在东京日比谷日本记者俱乐部召开记者招待会。参加记者招待会的有来自时事社、共同社、路透社、合众国际社、美联社、法新社、德新社等著名通讯社的400多名记者。

这是中华人民共和国领导人在出访时第一次同意以"西欧方式"公开会见记者。

邓小平一入席，就给人一种沉着、自信、充满活力的感觉。

"如果我的回答有错误，请大家批评。"在概略性地谈了《中日和平友好条约》缔结的意义、反霸问题和中国的内外政策后，邓小平摊开双手，微笑着来了这么一句。

会场活跃起来。4台转播用的电视摄影机和30多台远镜头照相机在忙碌地运作，按快门、做记录的声音接连不断。

时事社记者率先提问："在刚才的讲话中，您说由于霸权主义存在，就有世界大战的危险。不过，我国采取全方位外交，要同所有国家友好相处。你认为两国对世界形势的认识有没有分歧呢？"

既然日本记者把日本政府一直躲躲闪闪的反霸问题在这种场合端了出来，邓小平也就毫不客气，简明扼要地表了态："反对霸权主义是《中日和平友好条约》的核心。因为我们要和平友好，谋求亚洲太平洋地区的和平与安全，谋求世界的和平与安全，不反霸是不行的。""按照《中日和平友好条约》包含的意义来说，我想，如果有人把霸权强加在日本头上，恐怕日本人民也不会赞成。"

对邓小平的回答，这位日本记者信服地点了点头。

在记者招待会上，一位日本记者突然提出了"尖阁列岛"的归属问题。这一问题，是中日两国间的敏感问题。双方事先商定，在邓小平访日期间不涉及这一问题。

"尖阁列岛"，我国称"钓鱼岛"，是台湾地区的附属岛屿，属中国领土，甲午战争后被割让给日本，1972年9月，田中角荣访华时，曾要求周恩来明确该岛的归属权。当时，为了不让这个一时难以解决的问题成为中日邦交正常化的障碍，周恩来曾表示："现在还是不要讨论。"对此，日方也表示同意。

1978年8月10日，日本外务大臣园田直在北京又同邓小平讨论了这个问题。当时，正值双方就中国渔民在该岛周围海面捕鱼问题进行交涉后不久，日方想趁《中日和平友好条约》缔结之机，一鼓作气地要求中国承认该岛属日本领土，邓小平表示："搁置它二十年、三十年嘛。"

现在，面对日本记者的发难，邓小平的神态更为自若。他说："'尖阁列岛'我们叫钓鱼岛，这个名字我们叫法不同，双方有着不同的看法，实现中日邦交正常化的时候，我们双方约定不涉及这一问题。这次谈《中日和平友好条约》的时候，双方也约定不涉及这一问题。""倒是有些人想在这个问题上挑些刺，来阻碍中日关系的发展。我们认为两国政府把这个问题避开是比较明智的。这样的问题放一下不要紧，等十年也没有关系。我们这一代缺少智慧，谈这个问题达不成一致意见，下一代总比我们聪明，一定会找到彼此都能接受的方法。"

本来，当日本记者提出这一微妙的难题时，会场内刹那间紧张了起来，大家都屏住呼吸，等着看邓小平怎样回答。他们怎么也没想到邓小平竟把许多国家多年来一直为此大动干戈的领土归属问题以如此容易、如此巧妙的中国式方法给"解决"了。

于是，会场又恢复了轻松的气氛。

在回答有关中国现代化问题时，邓小平充分让西方记者们领略了他那坦率、务实和开放的风格。他说："我们所说的在本世纪末实现的现代化，是指比较接近当时的水平，世界在突飞猛进地前进，那时的水平，例如日本就肯定不是现在的水平，我们要达到日本、欧洲、美国现在的水平就很不容易，要达到二十二年以后的水平就更难。我们清醒地估计了这个困难。但是，我们还是树立了这么一个雄心壮志。"为了实现现代化，"要有正确的政策，就是要善于学习，要以现在国际先进的技术，先进的管理方法作为我们发展的起点。首先承认我们的落后，老老实实承认落后就有希望。再就是善于学习。这次到日本来，就是要向日本请教。我们向一切发达国家请教，向第三世界穷朋友中的好经验请教。相信本着这样的态度、政策、方针，我们是有希望的"。

就在邓小平谈到要承认落后的时候，他突然说了一句饶有风趣的话："长得很丑却要打扮得像美人一样，那是不行的。"

这一尖刻的自我评价引得记者们大笑，但他们也不得不承认，这种态度正是中国重新崛起的希望所在。

10月26日，日本各大报纸都在显著位置报道了这次会见。《东京新闻》说，邓小平"既诙谐，又善于雄辩，有时还岔开话题，很有谈话技巧——这位'矮个子巨人'真是名不虚传"。《每日新闻》以《邓副总理首次举行"西欧式"记者招待会》为题评论邓小平："既不显威风，也不摆架子，用低沉而稳重的声调和温和的口吻发表谈话……始终笑容满面地谈日中友好和世界形势。一想起被称为'长生鸟'一再'倒台'和'上台'的坎坷的人生，就令人觉得他是一个多么难得的人才。"

记者招待会结束后，邓小平前往新大谷饭店举行盛大的答谢宴会，用精美的中国菜、北京的"五星啤酒"、青岛的红葡萄酒和上海的"熊猫牌"香烟热情款待了包括福田首相、保利和安井议长在内的各界日本人士，从而结束了对东京的访问。

61 新加坡的启示

1978年11月12日，邓小平抵达新加坡，进行为期两天的访问。照片中邓小平站在22层楼的顶层瞭望周围。

11月13日上午，邓小平来到新加坡岛西南部的新兴工业中心裕廊镇，在裕廊镇管理局主任郑章远的陪同下，沿着风景秀丽的山路驱车到达山顶。管理局的同志请邓小平在这个能俯瞰全新加坡岛及其海港的绿色的山顶上栽上一棵树,作为纪念。邓小平欣然接受,他挥锹铲土,栽上了一棵海苹果树,并且浇了水。这时,一群当地和外国的摄影记者争相拍照。在这棵树的前面,立了一块大理石碑,上面用英文刻着:"此树由中华人民共和国副总理邓小平先生阁下于 1978 年 11 月 12 日至 14 日对新加坡共和国进行正式访问时种植。"

植树之后,邓小平和夫人卓琳等登上 5 层楼高的瞭望塔,鸟瞰这座占地 5 000 多公顷的新加坡最大、最繁荣的工业区。16 年前,这里曾是一片荒地和沼泽。

来到山下,裕廊镇管理局主任向邓小平扼要介绍了这一新兴工业中心的建设情况。新加坡是世界海路运输交通的重要中心,新加坡海峡是沟通印度洋和太平洋的重要通道,是亚澳地区和欧洲之间来往的主要航线。所以,新加坡岛不仅是著名的国际贸易转口港,还早已发展成为东南亚最大的石油工业中心和修船业中心。位于海港旁的裕廊被选为兴建这些工业的地区。在过去的 16 年中,这里已经建立了 3 家大型炼油厂,加工提炼来自中东的原油。此外,还兴建了几座用进口废钢作原料的钢厂以及卡车装配厂、造船厂、石油化工厂、鱼类加工厂,并完成了一些房屋建筑工程。目前正在计划围海造地以兴建更多的工厂。1961 年新加坡建立了第一个炼油厂,当时的日产量为 5 万桶,1975 年已经突破 100 万桶。1978 年已经是世界上仅次于美国休斯敦和荷兰鹿特丹的第三个大炼油中心。造船修船业在新加坡工业中占第三位,1977 年的产值为 12 亿多,比 1965 年增长了近 30 倍。对外贸易是新加坡国民经济的主要部门。这些年来,新加坡也一直在发展制造业。新加坡政府特别重视引进外国资本和先进技术以及培养本国科技人才和熟练工人,一些工业部门一开始就建立在世界先进水平的基础上,这不仅能成倍地提高生产总值,还能不断形成较高水平的劳动生产力。

这天上午,邓小平还听取了新加坡住房和发展局关于新加坡公共住房计划情况的介绍。新加坡住房和发展局局长范德安对中国客人说,新加坡现政府在 1959 年开始执政时,对当时严重的住房问题给予优先注意,开始大规模建设公共住房。从 1960 年到 1975 年的 3 个房屋建筑 5 年计划完成时,新加坡 170 万人中有 50% 住进了公共住房,而在 1960 年住进公共住房的只有 9% 的人。到 1985 年下一个房屋建筑 5 年计划结束时,将有占总人口 75% 的人住公共住房。

介绍结束后,邓小平及其一行由范德安局长陪同,登上这个 22 层办公大厦的顶层,瞭望周围一幢幢新建成的公共住房。

邓小平在楼顶的平台上缓步走着,向范德安局长询问新加坡每年住房建筑的总面积和其他有关问题。这位局长告诉邓小平,新加坡现在每年完成的建筑面积有 300 万平方米,其中三分之二是 10—20 层的公共住房大楼。水电和煤气的每月开支通常占一个家庭收入的 5%—10%。

当听到新加坡总共有 3 万名技术人员和工人从事住房建筑时,邓小平说:"这个数字不大,你们建筑业机械化程度高。"

邓小平高度赞扬了新加坡在解决住房方面所作的努力。

11 月 14 日上午,邓小平接见中国驻新加坡机构主要负责人。邓小平说:现在的路子走得对。叶帅讲,路子要走宽一点。日本向我们建议搞合资银行,这是可以搞的。他们把钱存在我们的银行里,我们利用他们的资金和技术。明年是新中国成立 30 周年,我们也不大搞庆祝活动,我们穷,为什么要讲排场呢?本来穷,就别摆富样子,好起来再说。苏联就吃这样的亏,自以为什么都是自己的好,其实农业、技术都很落后,结果是自己骗自己。我们的框框太多了,一下子要改过来不容易。北京在前门一带建了 30 栋房子,外面好看,里面就不行了。可派人出来看看,学人家是怎么搞的。大家要开动脑筋,有的人总认为自己好。要比就要跟国际上比,不要与国内的比。政治要落实到业务上,这是检验政治好不好的重要标准。工厂办得好不好,要看它管理好不好,质量、技术好不好。工厂搞好了,收入就要多一些。当然差别不能太大。

这次新加坡之行,对邓小平启示很大。后来他在设计中国的改革开放时,多次谈到了新加坡的经验。

(62) 第五届全国政协主席

1980 年 1 月 1 日上午，政协主席邓小平在政协全国委员会举行的新年茶话会上讲话。

1978 年 2 月 24 日至 3 月 8 日，第五届全国政协第一次会议在北京召开，会议选举邓小平为全国政协主席。邓小平在会议闭幕式上讲话。他指出，现在我国进入了一个新的发展时期。我国革命统一战线必将在实现新时期总任务的斗争中，在向四个现代化的伟大进军中，发挥它的重要作用。

邓小平是自中国人民政治协商会议成立以来，继毛泽东、周恩来之后的第三任全国政协主席。作为新时期的全国政协主席，邓小平领导并推动了新时期人民政协工作的开展。

1979年6月15日，邓小平在全国政协五届二次会议开幕式的讲话中，对新时期统一战线和人民政协的性质、地位、对象、作用和任务进行了科学的阐述，从根本上回答了人们所关心、所思考的有关统一战线和人民政协的重大理论问题、政策问题。他指出：我们的国家进入了以实现四个现代化为中心任务的新的历史时期，我们的革命统一战线也进入一个新的历史发展阶段，在新中国成立后的30年中，我国的阶级状况发生了根本的变化。我国工人阶级的地位已经大大加强，我国农民已经是有30多年历史的集体农民。工农联盟将在社会主义现代化建设的新的基础上更加巩固和发展。我国广大的知识分子，包括从旧社会过来的老知识分子的绝大多数，已经成为工人阶级的一部分，正在努力自觉地为社会主义事业服务。我国各兄弟民族经过民主改革和社会主义改造，早已陆续走上社会主义道路，结成了社会主义的团结友爱、互助合作的新型民族关系。我国的资本家阶级原来占有的生产资料早已转到国家手中，定息也已停止13年之久。他们中有劳动能力的绝大多数人已经改造成为社会主义社会中的自食其力的劳动者。我国各民主党派都已经成为各自所联系的一部分社会主义劳动者和一部分拥护社会主义的爱国者的政治联盟，都是在中国共产党领导下为社会主义服务的政治力量。台湾同胞、港澳同胞和海外侨胞心向祖国，爱国主义觉悟不断提高，他们在实现统一祖国大业、支援祖国现代化建设和加强国际反霸斗争方面，日益发挥着重要的积极作用。上述各个方面的变化表明，我国的统一战线已经成为工人阶级领导的、工农联盟为基础的社会主义劳动者和拥护社会主义的爱国者的广泛联盟。新时期统一战线和人民政协的任务，就是要调动一切积极因素，努力化消极因素为积极因素，团结一切可以团结的力量，同心同德，群策群力，维护和发展安定团结的政治局面，为把我国建设成为现代化的社会主义强国而奋斗。7月2日上午，大会通过的《中国人民政治协商会议第五届全国委员会第二次会议政治决议》指出：邓小平主席的开幕词是我国新时期统一战线和人民政协的行动纲领。

在以后的几年里,邓小平又在不同场合,多次对多党合作和政治协商制度作了详尽阐述。

1980年1月1日上午,邓小平出席政协全国委员会举行的新年茶话会。他在会上的讲话中指出:20世纪80年代是十分重要的年代。在80年代里,我们最根本的工作就是要把自己的事情办好,国内的事情最重要的是把经济搞好。这就需要我们做好四件事。第一,一定要坚持党的政治路线。我们的政治路线或者叫根本任务,就是要团结全国各族人民,调动一切积极因素,同心同德,鼓足干劲,力争上游,多快好省地建设现代化的社会主义强国。第二,必须要有一个安定团结的政治局面。没有安定团结的政治局面,就不可能有四个现代化,大家就不可能安下心来搞建设。第三,要有艰苦奋斗的创业精神。我们要搞中国式的现代化,我们还很穷,就是要老老实实地创业,就是要吃点苦,否则不可能有今后的甜。人民生活只有随着生产的不断发展,才能得到逐步改善。第四,要建立一支坚持社会主义道路的、有专业知识的干部队伍。没有这样一支干部队伍,要实现四个现代化是不可能的。邓小平还强调:搞社会主义现代化建设,必须保证党的领导。我们之所以能经得起风浪,党的领导是最根本的一条保证。党的领导,是四项基本原则中带根本性的一条。

1980年初,针对当时社会上出现的一股推崇西方多党制的错误思潮,邓小平明确指出:我国的多党合作不同于资本主义国家的多党制,具有中国鲜明的特点和优越性。中国的其他党,是在承认共产党领导这个前提下面,服务于社会主义事业的。1982年,在邓小平的指导下,党的十二大政治报告将中国共产党与民主党派合作的方针,从50年代的"长期共存、互相监督"发展为"长期共存、互相监督、肝胆相照、荣辱与共"的十六字方针。

63 喜滋滋地戴上得克萨斯牛仔帽

　　邓小平多次说过，他是热心于中美关系的，为了推动中美关系正常化，邓小平付出了极大的心血。

　　早在 1974 年 11 月，邓小平接替生病住院的周恩来总理，开始主持中美关系正常化问题的谈判。随着邓小平第三次被打倒，中美关系正常化的进程也被搁置。到 1978 年，邓小平先后会见了基辛格、福特、万斯、布什、布热津斯基、伍德科克等政界要人,阐述了中国政府关于实现中美关系正常化的原则立场。

1978年7月,中美双方开始建交谈判。邓小平不仅主持谈判进程,还对每一轮谈判都给予一些具体的指示。在谈判最后的关键时刻,邓小平三次会见美国的谈判代表伍德科克,促成谈判取得成功。1979年1月1日中美正式建交。

时任美国总统卡特在日记中写道:"就在我和邓小平的笔下,两国关系走入了一个崭新的时代。"

1月28日,是中国的农历大年初一。

这天的一大早,邓小平和卓琳夫妇就开始踏上访问美国的征程。前来为邓小平送行的人们也已聚集在北京机场的候机大楼里。他们中有邓颖超、李先念、王震等邓小平的老战友,还有美国驻华联络处主任芮效俭和夫人,日本驻华大使佐藤正二和夫人。

8点左右,邓小平和夫人卓琳与送行者一一握手告别,并拥抱了他的小孙女,然后在"一路顺风"的祝愿声中,健步登上了中国民航公司的一架波音707客机。

陪同邓小平出访的还有:国务院副总理方毅和夫人殷森,外交部部长黄华和夫人何理良,中国驻美联络处主任柴泽民和夫人李友锋,外交部副部长章文晋、特别助理凌云和浦寿昌,邓副总理办公室主任王瑞林、新闻助理彭迪,外交部礼宾司司长卫永清,国家科委局局长吴明瑜等。

邓小平这次访问,是中华人民共和国成立后,中国领导人对美国的第一次访问,也是中国共产党人自抗日战争时期开始同美国发生关系以来对美国的第一次访问。

1月29日上午10时,美国总统卡特在白宫南草坪为邓小平访美举行了正式的欢迎仪式,并鸣礼炮19响。欢迎仪式结束后,邓小平和卡特走进白宫椭圆形办公室,开始进行两国最高级会谈。

访问期间，邓小平同卡特一共举行了三次正式会谈。

1 月 29 日晚，邓小平出席卡特总统举行的欢迎宴会，并致辞："我们两国曾在三十年间相互处于隔绝和对立的状态，现在这种不正常的局面终于过去了。我们两国社会制度不同，意识形态不同，但是两国政府都意识到，两国人民的利益和世界和平的利益要求我们从国际形势的全局、用长远的战略观点来看待两国关系。正是因为这样，我们顺利地达成了实现关系正常化的协议……我们相信，中国人民和美国人民的友好合作，不仅有利于两国的发展，也必将成为维护世界和平和促进人类进步的强大因素。"

在第三次会谈时，谈到台湾问题，邓小平强调说："我们讲过的话是负责的。中国人不会把自己的手捆起来，因为这有助于和平解决台湾问题。"

会谈中，双方同意成立联合经济委员会、签订中美航空协定和海运协定。会谈结束后，在同记者见面时邓小平说："这次访美，使我更加坚信，中美两国和两国人民在各个领域政治、经济、科技、文化的合作有广阔发展前途。"

卡特在日记中写道："邓小平受到了美国人民最热烈的欢迎，我们签了很多协议，他极富幽默感，我很喜欢他。"

2 月 1 日上午，邓小平离开华盛顿，前往亚特兰大访问。2 日早晨，邓小平又飞抵埃林顿空军基地，开始对休斯敦进行为期两天的访问。

休斯敦建于 1836 年，是美国南部最大的炼油、化学、机器制造和造船工业中心。美国 25 家最大的石油公司，有 24 家在休斯敦设有总部或分公司，美国国家航空和航天局，也在休斯敦设立了航天中心，著名的"阿波罗登月"和"天空实验室"计划就是在这里完成的。伴随着《得克萨斯的黄玫瑰》的优美旋律，迎候在机场的得克萨斯州州长比尔·克莱门茨向邓小平赠送了一副该州生产的银踢马刺和一大篮子给中国儿童的玩具，并说："这是得克萨斯州早期开发边疆的日子里的玩具。我们的儿童欢迎你到得克萨斯来。"

邓小平在清新的凉风中站在讲台上说，他希望在休斯敦了解石油生产和其他工业的情况，克莱门茨对中国客人们说："在得克萨斯你们是最受欢迎的。我们得克萨斯人对中国抱着很大的好奇心。你们来到这里使我们感到很高兴。"

邓小平一行离开空军基地后，立即前往约翰逊航天中心参观。

邓小平在航天中心负责人克拉夫特和第一个环绕地球飞行的美国人、俄亥俄州参议员约翰·格伦的陪同下，参观了该中心博物馆里的阿波罗十七号指令舱、月球车和有三层楼高的登月器的复制品，并愉快地在登月器和航天飞机中进行模拟飞行，详细询问了宇航员在太空中的生活情况。

晚上，邓小平应邀出席了在休斯敦西北约 80 千米的西蒙顿举行的带有西部风情的烤肉宴会和马技表演。

美方出席这次宴会的，除政府官员外，大多是得克萨斯州的石油大亨。他们对前往中国投资开采石油和其他矿产资源抱有浓厚的兴趣。

宴会上，一位专程从加利福尼亚赶来的不速之客、著名的西方石油公司董事长亚蒙·哈默受到了邓小平的格外青睐。

亚蒙·哈默是见过列宁的美国企业家，同历届苏联领导人的关系都非常密切。有鉴于此，卡特的顾问们担心他会成为邓小平所不欢迎的人，便拒绝邀请他参加有邓小平出席的各种重大活动，虽然他一直是卡特的积极支持者之一。他对此非常恼火，只得略施小计"混"进了西蒙顿的宴会厅。当译员按惯例向邓小平介绍哈默的经历时，邓小平止住了译员的话，对哈默说："中国许多人都知道哈默先生，你是列宁的朋友。苏联困难的时候，你帮助过他们。我们欢迎你到中国来访问。"

邓小平的这个表示，使得哈默非常高兴，他说："我很愿意到中国去，可是我年纪太大了，坐一般民航飞机受不了。可是中国又不让专机降落。"

邓小平听了哈默的话笑了起来，把手一挥："噢，这很简单，你来之前先来个电报，我们会作出安排的。希望你多带专家来。"

看到哈默受到邓小平的如此厚待，很多美国官员和大亨们都露出了或羡慕或揶揄的表情。

当邓小平和戴着一顶灰色牛仔帽的卓琳在宴会后来到竞技场时，全场以热烈的掌声欢迎。

在表演开始前，两名骑白马的妇女把邓小平和方毅请到观众面前，向他们各赠送了一顶崭新的、边沿翘起的白色牛仔帽，他们当即高兴地戴上了。然后，邓小平应邀坐进一辆 19 世纪的马车绕竞技场两圈，向热烈鼓掌的观众挥手致意。

美国贸易谈判代表罗伯特·斯特劳斯、能源部部长施莱辛格和伍德科克陪同邓小平观看了这场别开生面的表演，他们也都戴着崭新的各色牛仔帽。

邓小平等中国贵宾的到来，使竞技场外的生意格外兴隆。一个货摊上的数百顶牛仔帽，很快就被以 30 美元一顶的高价抢购一空。

64 提出四项基本原则

这张照片是 1979 年 3 月 30 日，邓小平在党的理论工作务虚会上发表讲话。

党的十一届三中全会前后，我们党进行了指导思想和各条战线的拨乱反正工作。随着拨乱反正工作的逐步深入，党内外的思想也空前活跃，出现了努力研究新情况和解决新问题的生动活泼的政治局面。

然而,这一时期出现的另一种动向也引起了邓小平的警觉。一方面,党内有一部分人由于长期受"左"的思想影响,思想僵化,以至于怀疑党的十一届三中全会的路线和方针政策的正确性;另一方面,极少数人利用党进行拨乱反正的时机,从右的方面曲解"解放思想"的口号,曲解党的十一届三中全会的路线和方针政策,否定党的领导,否定马列主义、毛泽东思想,主张走资本主义道路。他们中的一些人还提出"反饥饿""反迫害""要人权""要民主"等口号,甚至成立非法组织,出版地下刊物,煽动一部分人到处闹事,冲击中央和国家机关,有的还同海外敌对势力相勾结,妄图挑起更大的事端。党内也有少数人看不到这种错误思想的危险性,还直接间接地给予某种支持。这种情况如果任其发展,必将破坏中国社会主义现代化建设所需要的稳定的政治局面。

正是在这一背景下,党中央根据十一届三中全会决定,为了总结理论宣传战线的基本经验教训,研究全党工作重点转移之后理论宣传工作的根本任务,于1979年1月18日至4月3日,在北京召开党的理论工作务虚会。

这次理论工作务虚会坚持了刚刚闭幕的十一届三中全会上恢复的民主风气,大家敞开思想,各抒己见,对一些重大的思想理论问题进行了认真深入的讨论。但是,由于一些人对三中全会后的形势缺少全面的分析,会议初期也出现了一些"左"的或右的思想倾向。

对于社会上出现的错误思潮和党的理论工作务虚会上的一些思想动向,邓小平以其特有的政治敏感意识到,这是关系到我们党的事业兴衰、关系到能不能保证社会主义现代化建设和改革开放沿着正确的道路前进的一个大是大非的原则性问题。为此,他受中共中央的委托,在党的理论工作务虚会上讲话。

3月27日,邓小平为准备在党的理论工作务虚会上的讲话稿,同胡耀邦、胡乔木等谈了他要着重阐述的一些主要观点和想法。他说:"四个坚持",坚持社会主义道路,坚持无产阶级专政,坚持党的领导,坚持马列主义、毛泽东思想的基本原理,现在该讲了。民主法制问题,要展开讲。讲民主,要结合分析几个非法组织的活动来讲,讲清楚什么是社会主义民主。结论是,不搞"四个坚持"行吗?不严肃对待社会上的坏人行吗?这样讲可能比较有力量,针对性较强。讲党的领导,强调要有统一领导,要有权威。没有党的统一领导,就没有效率。有了党的统一领导,只要这种领导是正确的,我们的调整会快,建设速度会快。不统一,一事无成。

邓小平指出:思想理论界应有一个主导思想。理论工作的主导思想、中心任务是要引导人们向前看。有那么一种倾向,就是迷恋于算旧账。对三中全会的精神宣传得少,还出现了一些似是而非的提法,甚至是偏激的提法。这样不好,不利于团结一致向前看,不利于调动人民的积极性,不利于一心一意奔向四个现代化。他说:搞四个现代化,我们会遇到许多困难,要使群众做好准备。许多新的问题,需要理论界去研究,去回答,现在缺少这样的理论家。

3 月 30 日,邓小平在党的理论工作务虚会上作了《坚持四项基本原则》的重要讲话,他旗帜鲜明地指出:"我们要在中国实现四个现代化,必须在思想政治上坚持四项基本原则。这是实现四个现代化的根本前提。这四项是:第一,必须坚持社会主义道路;第二,必须坚持无产阶级专政;第三,必须坚持共产党的领导;第四,必须坚持马列主义、毛泽东思想。"

邓小平认为,这四项基本原则是我们党长期以来所贯彻坚持的。如果动摇了这四项基本原则中的任何一项,那就动摇了整个社会主义事业、整个现代化事业。他强调,对四项基本原则要根据新的丰富的事实作出新的有说服力的论证,这既是重大的政治任务,又是重大的理论任务。

在领导中国现代化建设和改革开放的过程中,在坚持四项基本原则的问题上,邓小平从来没有让过步。

20世纪80年代，社会上曾几度出现资产阶级自由化思潮，每次都是邓小平最先站出来，号召全党理直气壮地宣传和坚持四项基本原则，同错误思潮作斗争，排除资产阶级自由化对社会主义现代化建设的干扰。

在反对资产阶级自由化的过程中，邓小平十分注意维护政治稳定和推进改革开放，反复强调，反对资产阶级自由化不应影响改革开放。在坚持以经济建设为中心，坚定不移地实行改革开放，把中国社会主义事业不断推向前进的同时，他反复强调坚持四项基本原则，为改革开放和现代化建设创造稳定的社会环境和提供可靠的政治保证。

65 "黄山这一课，证明我完全合格"

这是邓小平在黄山上同几个青年学生的合影。

1979年7月11日上午8时许，邓小平乘坐的专列抵达安徽宣城地区繁昌火车站。随后，在中共安徽省委第一书记万里等人的陪同下，驱车前往黄山。中午抵达黄山温泉风景区。

得知安徽方面已为他明天上山准备了滑竿后，邓小平对万里说：

"我下了决心，要步行上去。"同时特别交代："第一，不能因为我来黄山而妨碍群众游山；第二，这次是利用休假来黄山的，对外不宣传。"

7月12日早晨7时半，邓小平自黄山脚下的观瀑楼出发，开始徒步登山。邓小平在前面开路，他的腿力很好，一口气登上30多个陡峭的台阶，竟把随行的亲属甩在了后面。走到慈光阁，身着白色短袖衬衣的邓小平，红光满面，汗珠涔涔，但劲头仍然很足。他对自发列队欢迎他的黄山管理处职工和闻讯赶来的中外游客说："感谢同志们的鼓励，这个山，我一定要上。"他休息片刻，弯腰卷起裤管，接过手杖，精神抖擞地说："走！"

陪同人员担心他走得太快，体力不支，劝他走慢一点，邓小平回答："这个事，你们不用教我，我比你们有经验。长征时不少人都跑垮了，我还是越走越有劲。"接着，他向大家传授两条登山的经验：一是把裤脚卷到膝盖上面，二是走起来步子不要太快。中午时分，他来到半山寺吃午饭。饭后小憩后，邓小平又继续向上攀登。穿过"一线天"，走过"蓬莱三岛"，向玉屏峰进发。当天晚上，邓小平住在玉屏楼。

13日早上，邓小平开始向"百步云梯"进发，并登上了光明顶。

当小平同志一行快到鳌鱼洞时，有一位年轻姑娘气喘吁吁地从后面跑了上来。邓小平一行以为她赶着上山，连忙让路。但她突然停了下来，上气不接下气地说："邓伯伯，您好！"她抹了一把脸上的汗水，红通通的脸蛋上散发着热气，接着说道："我是上海复旦大学的学生，本来已经下山了，听到您老人家在这里，我们又赶了上来。"

"复旦大学什么系的呀？"邓小平高兴地问："是考进来的吗？"

"是考进来的，念的新闻系。"女青年回答。

"噢，难怪消息这样灵通。"邓小平风趣地说。

这会儿，又赶上来两个女青年。邓小平立即同她们热情地握了握手："你们好哇。"

"邓伯伯好。"那两位女青年握住邓小平的手，舍不得放开。

"请邓伯伯给我们签个字吧。"女青年们拿出了她们的学生证。

"你们三个人，四个学生证?"邓小平笑着问。

"我们有一位男同学，发扬风格，留在下面看我们的东西，让我们三个人赶上来。这个学生证是他让我们代请您老人家签字的。"姑娘们解释着。

大家听了，都爽朗地笑了起来。

"怪不得三个人四个学生证。"邓小平一边签字，一边幽默地说，"女娃登山赛过男娃喽?"

"谢谢邓伯伯。"姑娘们接过签字的学生证，有些不好意思地说，"我们还想占用您老人家一点时间，合个影行吗?"

"好哇，我们难得遇到一次嘛。"邓小平同大家高兴地说。

"谢谢邓伯伯，邓伯伯再见。"合影后，姑娘们喜盈盈地说，"祝邓伯伯身体健康。"

"再见，望你们好好学习。"邓小平向姑娘们招招手。

邓小平每到一个地方休息的时候，总有许多人来要求签字合影。在黄山拍摄武侠片《白发魔女》外景的香港电影工作者，黄山宾馆的服务员和许多游客，都同邓小平合了影。

这次登山前，邓小平曾对安徽省负责同志说："第一，不要妨碍群众游览;第二，省委同志不要来陪;第三，不准特殊化。"起初，为了安全起见，保卫人员还是想悄悄控制一下上山游客的人数。邓小平发觉后，便说："要让群众上山，不要搞得戒备森严。"

第三天，邓小平和随行人员，开始攀登雾海苍茫、险峻壮观的西海。饱览了天都峰、莲花峰等胜景后，邓小平满怀喜悦地说："爬了黄山，天下的名山都不在话下嘛。""黄山这一课，证明我完全合格。"

7月15日下午5时，邓小平召开座谈会，听取中共安徽省委和徽州地委主要负责人的汇报。邓小平指出:黄山是发展旅游的好地方，是你们发财的地方。你们要有点雄心壮志，把黄山的牌子打出去。这就要做一系列的工作，要搞好交通、住宿、设备等基础性工作，但交通还不是要做的第一位工作。第一是服务态度，清洁卫生。凡是服务态度好，服务质量高的，工资要高，不好的要批评，不改正的还可以淘汰，这样就搞上去了。工作人员要实行按劳分配，年终利润多还可以发奖金。九亿人口的收入平均发展是不可能的，总是有的地区先富裕起来，一个地区总有一部分人先富裕起来。服务员要有点外语知识，导游要有章程。现在我们国家有些人就是慢慢腾腾不着急，积极性不高。邓小平还语重心长地说：山上东西多得很，要搞些专业队治山。山区建设，就是看搞什么收效快就搞什么。粮食少，用别的办法解决。要有些办法，禁止破坏山林。要搞经济林，很好地发展竹木手工生产，搞好竹编生产，搞些好的竹编工艺品。祁红世界有名。茶叶一二两一包，包装搞漂亮些，可以当纪念品，游客带回去送人，表示他到过黄山。在黄山搞些好的风景照片，搞一套黄山风景明信片。在这里，我们的资本就是山。要解放思想，开动机器，广开门路，增加收入。

66 "为刘少奇同志恢复名誉"

　　1980 年 5 月 17 日，在人民大会堂为刘少奇同志举行了万人参加的追悼大会。会上，邓小平致悼词。

　　随着党的十一届三中全会解决了历史上遗留的一批重大问题和一些重要领导人的功过是非问题，党内外越来越多的同志向中央提出，要对刘少奇的案件重新进行审查。党中央于 1979 年 2 月作出决定，由中央纪律检查委员会和中央组织部对刘少奇一案进行复查。3月中央组织部对与刘少奇一案直接相关的王光美的问题进行复查后作出结论："王光美同志政治历史清楚,没有问题。"

刘少奇同志是我们党和国家的缔造者之一。几十年来,刘少奇同志忠于党、忠于人民,把毕生的精力贡献给了我国的无产阶级革命和建设事业,对我党的建设、对我国的民主革命、社会主义革命与社会主义建设,建立了不可磨灭的功绩。

"文化大革命"初期,刘少奇同志被当作"党内反革命修正主义集团的总头目"和"全国最大的走资本主义道路当权派",受到错误的批判和斗争。后又被扣上"叛徒、内奸、工贼"的帽子,受到严重的迫害。1969年11月,刘少奇含冤病故。这是我党历史上最大的冤案。

对刘少奇作出不公正的判断和不正常的处理,是我们党所犯的一项严重错误。为刘少奇平反,是我们党的历史上和国家生活中的一件大事。要不要公开为刘少奇平反,下这个决心也很不简单。刘少奇的案件,牵涉到如何看待和评价"文化大革命"的问题,也牵涉到对毛泽东的评价问题,不能不考虑它的后果。为刘少奇平反必然会引起一定的震动,会产生各种歪曲的议论,国内外敌人会造谣,甚至党内外不了解真相的同志也难免有一些猜测。但是,平反刘少奇的冤案,是恢复我们党和国家的一位主要领导人的名誉,是恢复受到刘少奇冤案牵连的千千万万干部、党员、工人、农民和青年学生的名誉,也是恢复历史的本来面目,恢复我党和我国政治生活的本来面目。但是,要公开平反类似重大冤案,仍然是一个难以作出的决定,对我们党来说,仍然是一个严峻的考验。

关键时刻,邓小平说："勇于纠正错误,这是有信心的表现。这样全国人民才能心情舒畅,大家向前看,一心搞四化。"邓小平直接指导和关心为刘少奇平反的工作。

据王光美回忆："这期间,小平对我们全家很关心,有两件事我印象极深。一是 1978 年，我儿子刘源想报考大学，但政审不合格，被取消资格。这时，少奇平反问题尚未提出，所以他四处奔走交涉都没有结果。后来，他抱着试试看的心情背着我给邓叔叔写了封信，诉说理由，希望他能帮助说句话，未想到小平果真在这封信上作了亲笔批示。这样，他得以破例在报考期已过的情况下参加了高考，并被录取。我们全家都感激他，在那个时候能这样做是很不容易的。第二件是三中全会后，我分配了工作，又当了政协委员，这也是小平、耀邦的关照。我出来后，因少奇问题没解决，我也不便露面。一次政协开会，华国锋、小平等都在主席台上，散会时，我想我应该去和他们打个招呼，我向主席台走去。小平看见了我，显得很激动，老远就站了起来。他一站起来，华国锋也只好站起来，主席台上的人都站了起来，全场爆发一片掌声。当时我心里很激动，因为少奇平反当时阻力很大，涉及到对'文革'的根本否定，华国锋是不赞成的。小平这样做，实际上是表示了一种姿态，发出一个信号，是对少奇平反的促动。"

1979 年 3 月 5 日，中共河南省委派专人将刘少奇的骨灰盒从开封运回郑州。同时，将刘少奇 1969 年 11 月 12 日在开封病逝前后的情况、骨灰寻找的情况，向中共中央和中央纪律检查委员会作了书面报告。11 月，中央纪律检查委员会和中央组织部联合复查组经过认真周密的核查，证明"文化大革命"中，以中央名义作出的《关于叛徒、内奸、工贼刘少奇罪行的审查报告》（以下简称《报告》）是江青、康生、谢富治一伙，利用伪证写成的。《报告》中强加给刘少奇的种种罪名，没有一项是符合事实的。

与此同时，中央政治局和中央纪律检查委员会抓紧做有关人员的工作，克服来自政治局内部的阻力。邓小平、陈云、叶剑英、李先念经过努力，取得华国锋的基本同意后，政治局常委对刘少奇平反问题的态度已基本一致。这就为解决刘少奇冤案的平反问题提供了最为有利的条件。

另外,中央政治局和中央军委也分别派胡耀邦、邓颖超、黄克诚、韦国清等,与持反对意见的少数同志谈话。

根据邓小平、陈云等中央常委的意见,胡耀邦、胡乔木、宋任穷等主持起草的《关于党内政治生活的若干准则》特别强调:"建国以来的冤案、假案、错案,不管是哪一级组织、哪一个领导人定的和批的,都要实事求是地纠正过来,一切不实之词必须推倒。"

这些规定,对克服为刘少奇平反工作中的阻力具有重要意义。

1980年1月7—25日,中央纪律检查委员会第三次全体会议对历史上遗留下来的几个重大是非问题,特别是刘少奇冤案,进行了严肃认真的讨论,为全党正确处理这一问题作了必要的准备。

1月16日,邓小平在中共中央召集的干部会议上发表《目前的形势和任务》的讲话,正式宣布:中央"不久就要为刘少奇同志恢复名誉"。

2月12—13日,胡耀邦在全国剧本创作座谈会上发表讲话,宣布刘少奇"不是什么叛徒、内奸、工贼,而是我们党和国家最优秀的领导人之一"。

十一届五中全会前夕,中央政治局在人民大会堂举行了一次非常重要的会议,主要讨论即将提交十一届五中全会审议通过的议题和文件。其中,为刘少奇平反是最重要的内容之一。华国锋在会上明确表态,支持为刘少奇平反。

2月23—29日,中共十一届五中全会在北京召开,会议一致通过了《关于为刘少奇同志平反的决议》,决定撤销党的八届十二中全会妄加给刘少奇同志的"叛徒、内奸、工贼"的罪名和把刘少奇同志"永远开除出党,撤销其党内外一切职务"的错误决议,恢复刘少奇同志作为伟大的马克思主义者和无产阶级革命家、党和国家的主要领导人之一的名誉,并给因刘少奇案件而受株连的数万人平反,彻底纠正了这起新中国成立以来最大的冤案。

邓小平在党的十一届五中全会的讲话中说:"刘少奇同志的平反是

一件很大的事，我们解决得很好。这件事情可不可以早一点办呢？恐怕不行。但是，现在再不解决，就可能犯错误。""为少奇同志平反的决议讲，'文化大革命'前，党犯过一些错误，少奇同志和其他同志一样，也犯过一些错误。我看这样讲好，符合实际。""平反的决议这样评价少奇同志，可以使党内党外、国内国外进一步认识到，中国共产党是实事求是的，是敢于面对现实讲真话的。否则不合乎事实。"

1980 年 5 月 17 日，邓小平在刘少奇同志的追悼大会上说："敬爱的少奇同志离开我们已经十多年了。林彪、江青一伙制造伪证，隐瞒真相，罗织罪名，企图把他的名字从中国革命的历史上抹掉。但是，正如少奇同志在处境最艰险时所说：'好在历史是由人民写的'，历史宣告了林彪、'四人帮'一伙阴谋的彻底破产。历史对新中国的每个创建者和领导者都是公正的，不会忘记任何人的功绩。""根据确凿的证据，在党的十一届五中全会上，彻底推翻了强加在刘少奇同志身上的种种罪名，郑重地为他平反昭雪，恢复名誉。""和毛泽东同志、周恩来同志、朱德同志一样，刘少奇同志将永远活在我国各族人民的心中。"

67 "咱们是老庚（同岁）噢"

1980 年 7 月 6 日,邓小平在四川峨眉山上参观,偶遇了一位同岁老阿婆。

四川是邓小平的家乡,也是中国农村进行改革较早的省份之一。这个素有"天府之国"美称的农业大省,在"左"倾思潮的影响下,农民的生活也很贫困。粉碎"四人帮"后,省委结合本省的实际,采取了一些措施,使农业生产在一定程度上得到恢复。但是,他们采取的措施当时遭到来自上层的一些非议。

1978 年 2 月,邓小平在出访尼泊尔途经成都时作了短暂停留。在听取四川省委的汇报后,邓小平说:农村和城市都有个政策问题。农民没有一点回旋余地怎么行? 农村政策、城市政策,中央要清理,各地也要清理一下。自己范围内能解决的,先解决一些。总要给地方一些机动。邓小平十分担心农业问题要拖后腿。他当即给四川省委拿出了安徽省委制定调整农业政策的"省委六条",要他们学习参考。在邓小平的推动下,不久,四川省委也出台了调整农村政策的"十二条"。邓小平知道后,充分肯定四川省委制定的政策。他说:所谓政策,还是老政策,无非是按劳分配,这是最根本的,不吃"大锅饭"。按劳分配,再加点小自由养鸡,给少量的自留地,一年就搞起来了,两年就翻身了。

1980 年 7 月 5 日,邓小平在中共四川省委第一书记谭启龙的陪同下来到四川峨眉山游览。临上山时,他对谭启龙和接待人员说:这次上峨眉山,是参观休息,不谈工作,不要影响地方上的工作,不许封山,以免影响别的游客游览。大路朝天,各走一边,互不干扰。

登山途中,邓小平遇到了四川林学院的几名大学生,邓小平询问他们是否习惯山上的艰苦生活,并对他们立志在山上搞一辈子研究表示赞许。邓小平说,大自然是不同寻常的课堂,也是一本永远读不完的书。当天晚上,邓小平住在山上的万年寺。临近晚上 10 时,邓小平叫来随行人员问道:傍晚看见很多游客,这么多人,吃住问题怎么解决? 请你们去检查一下,千万不能因为我们来,把人家赶出去。当得知留宿的 320 名游客都已吃上面条、租了凉席睡下后,他才放下心来。

7 月 6 日,邓小平游览万年寺、双桥清音、古德林、清音阁等景点。他在途中看到一些陡峭的山坡上森林被毁,种了不少玉米,惋惜地说:"这么好的风景区为什么用来种玉米,不种树? 这会造成水土流失,人摔下来更不得了。不要种粮食,种树吧,种黄连也可以,不要去种那几棵玉米。"

谭启龙趁便向邓小平汇报说,四川山区农民负担太重,生活贫困,省委正在讨论加快发展山区经济的政策,准备拿出 10 万吨粮食扶持山区发展生产,用于减免长期缺粮农民的负担,不征过头粮,陡峭山坡退耕还林还草,发展多种经营,让山区人民休养生息。

邓小平点点头。他强调说:"山区农民居住分散,生活艰苦,政策要放宽,让山区尽快富起来。"

当听说有的农民用不上电,烧不上煤,连烧柴都困难时,邓小平特意交代:"要因地制宜解决农村能源问题。"

在一条狭窄的小路上,邓小平遇到了一位坐在青石上休息的老阿婆。邓小平走上去和她聊起了家常。

"老人家,你好大年纪了?"

"76 岁,我属龙的。"老阿婆摇着芭蕉扇,慢慢说道。

"哦,那咱们是老庚(同岁)噢。今年收成怎么样?"邓小平问。

"托菩萨的福,收成还不错。"老阿婆刚刚拜完了菩萨。

邓小平没再说什么,摆了摆手,继续向前走去。

随行的人员问老阿婆:"你知道刚才和你说话的那位老人是谁呀?"老阿婆回答说:"不晓得。"

随行人员告诉她,那位老人是邓小平。

老阿婆一听是邓小平,十分激动,连忙指着邓小平的背影说:"他就是现在的菩萨啊! 多亏他我们才有好收成的。"

7 月 6 日下午,邓小平在下山时说:"峨眉山是一个文化型的风景区,是一座宝库,要好好保护。要搞好规划,合理开发。要加强管理。办事情要有登山不止的精神。"

7月7日上午,在返回成都的途中,邓小平听取了谭启龙关于四川省工作的汇报。他对四川省委提出的加快山区经济发展的有关政策表示赞成,并鼓励四川省解放思想,大胆地放手干。

68 "你的设想很好！"

照片中邓小平在烟台北海舰队远眺海面。

1980 年 7 月 26 日，邓小平来到青岛。28 日上午，他在接见中共山东省委常委时指出，从全党来说，政治路线和思想路线是确立了，当然还没有完全解决，还要作大量工作。现在要明确提出解决组织路线问题。组织路线最根本的是选拔培养接班人。这是党和国家的最大利益，是保证我们路线贯彻执行的中心问题。

7月29日上午,邓小平与在青岛休息的粟裕一起来到团岛海军基地,观看了北海舰队水上飞机和直升机分队的表演。

29日下午,邓小平在接见出席海军常委扩大会议的同志时强调,党的思想路线和政治路线确立以后,迫切需要解决的是组织路线问题,其中最大的也是最难、最迫切的问题是选好接班人。中国的稳定,四个现代化的实现,要有正确的组织路线来保证,要有真正坚持马克思列宁主义、毛泽东思想和党性强的人来接班才能保证。邓小平指出,真理标准问题争论还没有完,海军现在考虑补课,这很重要。真理标准问题的讨论是基本建设。不解决思想路线问题,不解放思想,正确的政治路线就制定不出来,制定了也贯彻不下去。

8月2日,他到北海舰队烟台基地视察,并乘舰艇巡视渤海海峡。

8点整,军舰徐徐离开码头。邓小平兴致勃勃地登上军舰的最高处指挥台信号灯座,举目远望。少顷,海上天气突变,下起了小雨,操舵兵给邓小平撑起了伞。邓小平忙说,这点雨,不怕的。他坚持和大家一起不打伞。

风越刮越猛,雨越下越大。在大家的劝说下,邓小平走下指挥台,回到一号舱。看到战士们正忙着关舷窗,邓小平亲切地说,海洋空气更清新些。

10点多钟,海上风停雨住,邓小平来到前甲板。他一会儿看海图,一会儿指着一个个岛站询问,一会儿又举起望远镜眺望。

正观察着,邓小平突然发问:"你们防卫渤海海峡,兵力是怎样布置的?"当北海舰队司令员饶守坤详细地介绍过后,邓小平连声说:"你的设想很好!很好!"

⑥⑨ 一分钟的思考

1979 年 12 月 6 日,邓小平会见来访的日本首相大平正芳。

实现四个现代化,把我国建设成为一个现代化的社会主义强国,这是中国共产党人矢志不渝的奋斗目标。1964 年 12 月,在三届人大一次会议上,由毛泽东提议,周恩来郑重宣布中国要争取在 20 世纪末,实现工业、农业、国防和科学技术的现代化的目标。

1978 年 12 月 13 日,邓小平在中央工作会议上的讲话中指出:实事求是,是无产阶级世界观的基础,是马克思主义的思想基础。过去我们搞革命所取得的一切胜利,是靠实事求是,现在我们要实现四个现代化,同样要靠实事求是。

1979 年 10 月 4 日,邓小平在省、市、自治区党委第一书记座谈会上说:所谓政治,就是四个现代化。我们曾经开了大口,20 世纪末实现四个现代化。后来改了个口,叫中国式的现代化,就是把标准放低一点。特别是国民生产总值,按人口平均来说不会很高。

两个月后,12 月 6 日,邓小平会见来访的日本首相大平正芳。

会谈中,当大平正芳提出"中国在本世纪末实现四个现代化究竟意味着什么"时,邓小平吸着烟,陷入了沉思,大约过了一分钟,邓小平弹掉烟灰,缓缓地说:我们要实现的四个现代化,是中国式的四个现代化。我们的四个现代化的概念,不是像你们那样的现代化的概念,而是"小康之家"。到 20 世纪末,中国的四个现代化即使达到了某种目标,我们的国民生产总值人均水平也还是很低的。要达到第三世界中比较富裕一点的国家的水平,比如国民生产总值人均 1 000 美元,也还得付出很大的努力。就算达到那样的水平,同西方来比,也还是落后的。所以,我只能说,中国到那时也还是一个小康的状态。

不久,邓小平在谈到他同大平正芳的这次谈话时说:"前不久一位外宾同我会谈,他问,你们那个四个现代化究竟意味着什么? 我跟他讲,到本世纪末,争取国民生产总值每人平均达到三千美元,算个小康水平。这个回答当然不准确,但也不是随意说的。现在我们只有二百几十美元,如果达到一千美元,就要增加三倍。新加坡、香港是三千多。我们达到那样的水平不容易,因为地广人多,条件不一样。"

邓小平曾多次提到过他同大平正芳的这次谈话,因为后来大家耳熟能详的"中国式现代化""一千美元""小康社会"等都源于这次谈话。

提出小康目标,既是对 20 世纪中国发展目标的具体化,也是对此前"全面实现四个现代化"设想的调整。这种调整,是邓小平对中国国情,特别是对中国与世界发达国家之间的差距认识深化的结果。

邓小平提出小康目标后,又多次围绕这一问题进行阐述。1980年1月16日,在中央召集的干部会议上,邓小平第一次提出了分两步走实现小康目标的战略设想。

1981年4月14日,在会见日本客人时,邓小平对分两步走实现小康目标的设想作了更为完整的表述。

1982年9月,党的十二大正式把邓小平的这一战略设想确定为我国的发展战略以后,邓小平又多次对小康社会的蓝图进行勾画描述,不断增加其内涵,使其逐步形成一个包括经济政治、文化发展目标的较为全面的概念。

在做出分两步走实现小康目标的战略部署的同时,邓小平已经把目光投向了21世纪,开始酝酿中国跨世纪的发展战略,最终形成了分三步走基本实现现代化、达到世界中等发达国家水平的战略构想。1982年8月21日,在会见联合国秘书长德奎利亚尔时,邓小平第一次提出了在小康的基础上再花30年到50年时间,接近发达国家的水平。

到1984年,近5年的实践已经明确地表明小康的目标能够达到。从这时起,邓小平开始更多地谈论第三步战略目标。仅1984年,邓小平就在不同的场合谈了3次。十三大前夕,他又多次谈起。目标越来越清晰、越来越具体。到1987年4月30日便形成了完整的三步走发展战略:"第一步在八十年代翻一番。以一九八〇年为基数,当时国民生产总值人均只有二百五十美元,翻一番,达到五百美元。第二步是到本世纪末,再翻一番,人均达到一千美元。实现这个目标意味着我们进入小康社会,把贫穷的中国变成小康的中国。那时国民生产总值超过一万亿美元,虽然人均数还很低,但是国家的力量有很大增加。我们制定的目标更重要的还是第三步,在下世纪用三十年到五十年再翻两番,大体上达到人均四千美元。做到这一步,中国就达到中等发达的水平。这是我们的雄心壮志。"

(70) “轻易否定三峡工程不好”

这是 1980 年 7 月邓小平考察三峡时的照片。

要不要修建三峡工程? 这个问题争论了几十年。早在 20 世纪 50 年代毛泽东就提出了“高峡出平湖”的设想。邓小平也是修建三峡工程的热心人。但是,此事事关重大,不应轻率地作出决策。

1980 年 7 月,邓小平决定亲自到三峡实地考察。11 日晚,邓小平乘船从重庆顺江而下,一路上由长江流域规划办公室副总工程师魏廷琤陪同。当船行至鄂西时,魏廷琤对邓小平说:“鄂西地区最为丰富的是长江水利资源,开发长江水利资源可以兴利除害。"

"你的意思,是要修建三峡大坝?"邓小平一语道破。随即,邓小平又指着同行的另一位负责干部(万县地委负责同志)说:"而他是不赞成的。"

12日早晨,邓小平又问魏廷琤:"反对建三峡大坝的人有一条很重要的理由,说是建了大坝以后水就变冷了,下游地区水稻和棉花都不长了,鱼也少了。有没有这回事儿?"

魏廷琤说:"不会有这样的影响。"

魏廷琤详细地谈了三条理由:第一,三峡水库按200米正常蓄水位,比原来河道水面只增加1 000多平方公里,分布在全长700公里的川江两岸,和中游平均河宽大致相近,对气候影响不大,不会有明显改变。第二,水库水温呈垂直分布,长江流量大,可以调节。且国外有采用活动进口的水电站进口布置,对下游农业生产不致产生不利影响。第三,最重要的论据是丹江口水库,丹江口水库修起来以后,汉江中下游解除了水患,粮食、棉花连年丰收,汉江的鱼产量也并没有减少。如果说影响,就是水库蓄水之后,上游冲下来的饵料相对减少了一点。

"噢,是这么回事啊!"邓小平点点头,他认为魏廷琤说的有道理。

船走到江流湍急处,邓小平抬头观察船行情况,看到滩多流急,航行困难。他对魏廷琤说:"1920年出川,去法国留学,船行至中途坏了,只好改变行程,起早,走陆路出川,交通真是艰难啊!"

船过夔门,邓小平到船尾看瞿塘峡进口。

邓小平问:"在这里选过坝址没有?"

魏廷琤答:"这里在三峡上口,水深流急,地质条件不好,而且整个三峡河段是水能比较集中的,如不加以利用,只在上口建坝,要得到同等防洪发电效果,则对四川会造成更大的淹没损失。"

魏廷琤又介绍了现在坝址的地质情况。

邓小平说:"你们不是有两个比较坝址吗?"

魏廷琤说："两个坝址都是好坝址,各有优缺点,太平溪坝址在上游,河谷相对较窄,土石方开挖较多,约 7 000 万立米,混凝土工程量较少,约 2 500 万立米;三斗坪坝土石方开挖较少,约 5 000 万立米,混凝土工程量较大,约 3 300 万立米。前者土石方开挖较多,混凝土较少,但后者在施工导流方面简便一些。"

邓小平又详细询问了投资、工期、发电航运等问题。

"两个坝址工程投资都差不多,95 亿元左右,全部建完约 16 年,平均每年投资 6 亿元左右,如果利用围堰发电,从开工到第一台机组发电,约需 6 年半时间,总计投资约 70 亿元。"魏廷琤一一作了回答。

邓小平问："围堰发电的水轮发电机前后如何衔接?"

"先用临时机组,即葛洲坝的发电机,水轮机加套,将来换装正式三峡机组,两者之间不会发生矛盾。"

邓小平问："100 万千瓦的机组,国内能不能制造?"

魏廷琤答："美国爱利斯·查谟公司董事长给您写的那封信转给了我们,表示愿意承制三峡 100 万千瓦的机组。一机部沈鸿副部长表示,100 万机组可以造,也可以和美国人合作,共同设计,在我们工厂造。"

邓小平肯定地说："这是个好办法,这个办法可行。"

邓小平又问："工程投资 95 亿元,不包括移民 30 多亿元,分 16 年使用。围堰发电 6 年半开始受益,是否 1981 年开工,1987 年即可以发电?"

"是这样的。全部建成 16 年,就到了 1996 年,年发电量 1 100 亿度,接近今年上半年全国发电总量。以每度 6 分计,可收入 66 亿元,这是一笔很大的数字。"

邓小平说："利益很大,要进一步好好讨论。"

接着,邓小平还询问了通航问题。

"三峡大坝建坝后,提高坝前水位 130 余米,回水到重庆以上的合江,过坝采用航闸过坝,设双线梯级船闸,单向年通过能力达 5 000

万吨。"

邓小平说:"那么双向就是 1 亿吨。"

"现在宜昌的年货运量仅 200 余万吨。"

"什么原因?"邓小平问道。

"一方面是货源问题,现在下水是主要的运输流向,大宗货物为磷矿和木材,其他为石油及土特产、钢铁、百货等为数不多,属调剂物资;另一方面,现在航道条件不好,营运成本高、上游川江航道滩多流急,航道狭窄,运行周期长,成本高,坝址以下游荆江河段沙滩多,枯水期航行困难,只有在建三峡大坝后,上游淹没了险滩,下游由于水库调节枯水流量,增加了一倍以上,长江航运条件才能得到根本改善。"

船到西陵峡三斗坪附近,邓小平要求减速。他要仔细看看拟议中的三峡大坝坝址——中堡岛。在船舷旁,邓小平一边听介绍,一边用望远镜认真观察中堡岛。

船到葛洲坝,邓小平走出船舱,视察了建设中的大坝,并说:"葛洲坝施工的这些设备,凡是能用的,都可以用到三峡工程上,可以省好多钱。"

到了武汉,邓小平就把胡耀邦等人找来,到他下榻的东湖宾馆。他说:"我建议由国务院召开一次三峡专业会议。我听了汇报有些看法。三峡问题要考虑。"接着,他归纳了航运、生态、防洪、移民、发电等几个主要的问题。最后总结性地说:"轻易否定三峡工程不好。"

71 "算你把这笔生意做成了"

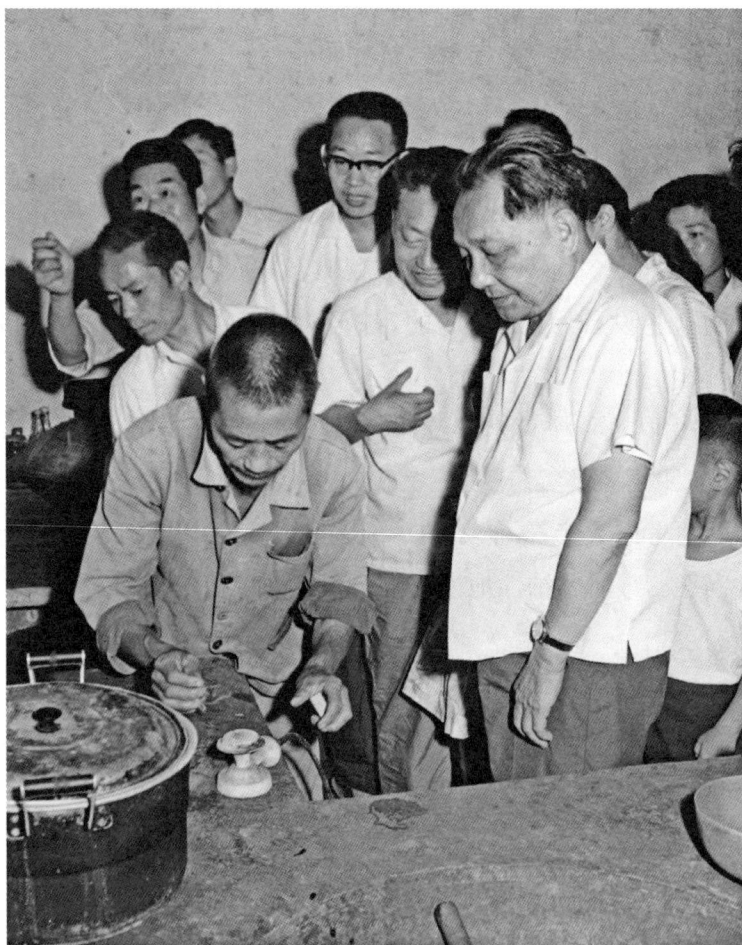

1980年7月10日,根据四川省委书记杨超的提议,邓小平视察了成都市郊农村沼气建设。

"天府之国"的成都平原,千里平畴,土肥水美,温暖潮湿,物产丰富。可是,燃料匮乏,困扰民生。新中国成立后,四川省政府千方百计解决成都平原农村燃料问题,1973年以后,开始在农村普遍进行沼气开发利用的教育,试制、推广沼气池及炉具、灯具。成都平原农村的沼气建设逐渐发展起来。

上午8点半,邓小平在杨超等陪同下,乘坐旅行车来到成都市金牛区簸桥公社,首先参观公社的沼气陈列室。

杨超汇报道,四川省计划每年新建100万个沼气池;按此速度,到1990年可达到总数1 400万口。

邓小平问:"能不能搞快一些? 三年实现全省沼气化行不行?"

杨超说:"三年恐怕不行。"邓小平紧接着问:"三年不行,五年怎么样?"他强调:"四川要搞快一点,先发展起来,这对于指导全国农村能源建设有非常重要的意义。"

杨超提出,四川要实现全省沼气化,需要国家投资3亿元人民币。

邓小平说:"国家给你贷款2亿,你们省自己出1亿,1985年以后开始陆续偿还。"

杨超解释,3亿元是作为修建沼气池的补助款,是按每修一口池补助10元计算的。除此之外,还有小水泥厂的建设投资和技术培训费用等等。所有这些加上,将是一笔很大的费用,社员负担将比较重,国家若不投资,社员没有能力偿还贷款。

邓小平说:"沼气化了有收益嘛! 沼气发展了,生产上去了,社队企业搞起来,会增加收益的。你们要把这笔账算清楚。"

杨超会意地笑着点头。

上午9点半,邓小平参观完沼气陈列室后,又来到簸桥公社第五大队第三生产队。看到邓小平从旅行车上健步走下,社员们都欢呼起来:

"邓副主席来了！邓副主席来了!"大家迅速围拢来,持续不断地热烈鼓掌。邓小平满面笑容,向大家频频招手致意。

邓小平首先来到生产队的沼气动力房。这个动力房由 4 个共 320 立方米的沼气池为它输气。沼气池又与养猪场相连,每天猪粪源源流入池内,发酵产气。动力房用沼气作动力,白天磨面、打米,晚上发电照明。动力房的社员为邓小平作了沼气发电示范。

邓小平看到沼气发电,电灯光也很明亮,很有兴趣,很是高兴。

杨超介绍,如果全省沼气化,按每口池子平均产气率计算,每年相当于生产 60 亿立方米的天然气。邓小平连连点头:"好,好,要抓紧一点。"

杨超说,全省实现沼气化,每个大队甚至生产队都修建大沼气池,解决了动力问题,社队企业就如虎添翼,那就有一个非常广阔的前景。

邓小平说:"社队企业还要因地制宜地从各方面打主意,如种植业、养殖业、多种经营、加工工业,乃至出口外贸产品等,都要在可能的条件下多搞一点。"

听说这里是就地取材,建一口沼气池只花 40 多元钱,邓小平说:"很好,这是个方向,可以因地制宜解决农村能源问题。"

邓小平对杨超说:"发展沼气要有一个规划。要有明确奋斗目标和方向,要科研。沼气池也要搞三化,即标准化、系列化、通用化。不这样不好管理,也保证不了质量。"

听到公社的同志介绍,公社、大队、生产队都有兼职人员负责沼气池时,邓小平问:"一个大队需要多少专业技术员?"回答说:"要两个。"邓小平说:"那就多了,一个就行。"邓小平又问:"全省有多少个大队?"回答说:"有 5 万多个。"

邓小平说:"将来一个大队配上一个真正懂得技术的沼气技术员,专管建池和修池技术,这样全省要配 5 万个。加上沼气配套所需的各种人员又是好几万,如果安排知青,全国就可以安排 100 万人。这就开辟了一个就业的渠道。"

参观了沼气动力房后,邓小平又来到社员吴绍清家里参观。宽敞明亮的房里,柴、煤灶改成了沼气灶,大铁锅换成了铝锅,厨房里没有堆放柴火、煤炭,也没有了农村厨房常有的烟尘油垢,显得干净整洁。沼气灶燃烧时,有蓝蓝的火焰,无臭无味。

邓小平高兴地说:"火也变了,锅也变了,干净了,卫生了,沼气把过去的土锅土灶都改掉了。"

邓小平问吴绍清:"烧一锅开水要多少时间?"

吴答:"可能半个钟头吧。"

邓小平又问:"能不能炒菜?"

"能。"

邓小平突然很风趣地问:"能炒腰花么?"意在问火力大不大。

"少量的也能炒。"吴答。

邓小平高兴地笑了。大家都笑了。

吴又点燃沼气灯让邓小平看。

邓小平说:"沼气灯和电灯一样亮,沼气的灯具炉具,你们社队企业可以生产嘛!沼气化可以带动社队各种工业的发展。"

杨超向邓小平汇报,打算搞沼气压缩气体,用它来开汽车。邓小平很赞赏这个设想,并说:"你们可以出去学习学习嘛。"

大家汇报,办沼气可以提高肥效,可以除菌灭病,可以消灭钩虫病、血吸虫病、钩端螺旋体病。

邓小平很重视,说:"血防工程搞了那么多年,不彻底,反复大,血吸虫病还是消灭不了。搞沼气能消灭血吸虫病,很好。"

沼气的开发利用使这个村子发生了很大的变化。全队 20 多户,家家都用沼气煮饭、照明,每户每年可节约燃料钱数十元。集体则用沼气作动力发电,磨面、打米、加工饲料。村里村外,房前屋后,干净整洁,有条有理。许多人家的院落里砌起了水池、花台,水池里游弋着金鱼、鲫鱼,花台里盛开着太阳花、月季花等。1979年8月,联合国环境规划署和我国国务院环境保护办公室来这里办过沼气建设讲习班。1980年3月28日,刚果总统蒙博托等贵宾也来参观过。

听了这些情况介绍,邓小平很高兴,又问到四川农村农民的收入情况。杨超向他汇报,广汉等县的冒尖队、冒尖户中,已有年现金收入200元以上的;农业总收入与现金收入的比例,大致是3∶1。

邓小平说:"这很好嘛。"

参观完毕,邓小平高兴地和干部、社员们一起在"友谊沼气池"旁的坝子里合影留念。

回宾馆的途中,邓小平兴致未减,在车上继续和杨超谈论沼气开发建设问题。邓小平对杨超说:"你们要把沼气建设中存在的问题、各种经济收益的账算清楚,能养活多少人？给中央好好写个报告。"杨超又提出要求,希望国家投点资,解决沼气建设资金问题。邓小平风趣地说:"杨超同志,算你把这笔生意做成了。"

72 坐一坐"二汽"自己生产的卡车

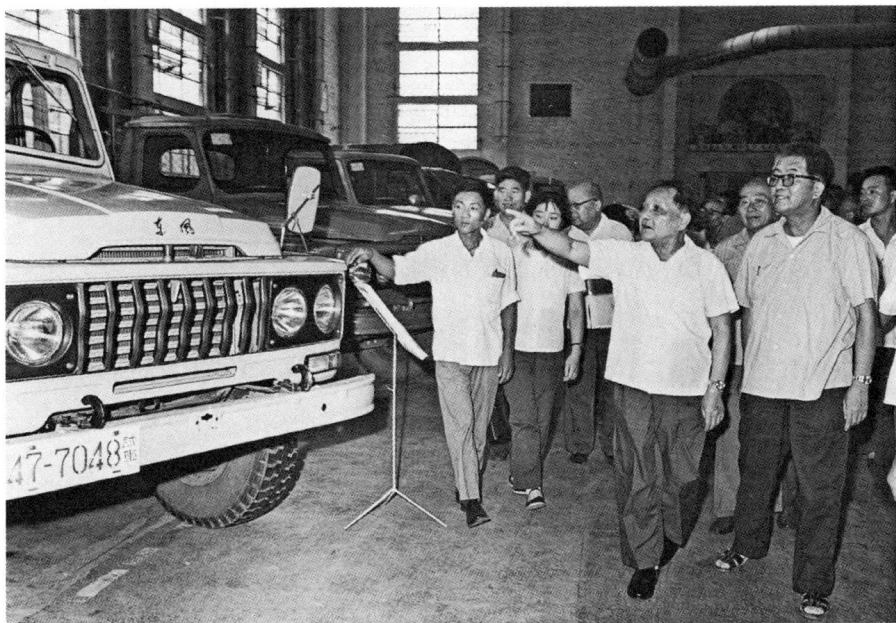

照片中是邓小平在湖北十堰的"二汽"厂参观。

1980年7月,邓小平从四川乘船来湖北的途中,途经宜昌参观葛洲坝工程时,就关心地询问这里离"二汽"多远。随后,他向前来迎接他的湖北省委负责同志表示:"这次去你们省,先到第二汽车制造厂看看。"

7月22日天刚亮,邓小平一行的专列准时抵达湖北十堰站。早在车站等候的"二汽"党委第二书记、厂长黄正夏，副厂长王兆国以及专程前来迎候的河南省委第一书记段君毅、第二书记胡立教等一起走上车去。邓小平正在吃早餐。他请大家到餐厅，笑容可掬地说："请进来嘛，可以边吃边谈。"早餐，就是油条、稀饭和两碟小菜。黄正夏向邓小平汇报"二汽"创业史时，他笑着说："早就想来'二汽'看看。这次来成了。"陈丕显说："邓副主席在宜昌就询问'二汽'，这次是自觉自愿来的。"这话引出一阵笑声。

饭后，邓小平没休息，就乘面包车视察位于鄂西北的新兴城市——十堰市。黄正夏坐在司机座后面的第一排，邓小平坐第二排，王兆国坐在这一排右面靠车门的座位上。

汽车向铸造一厂的方向驶去，黄正夏趁这个空隙向邓小平介绍说："这是我们新提拔起来的副厂长王兆国同志，是总厂主管生产的副厂长之一。"

邓小平马上侧过头来问王兆国："你今年多大岁数？""39岁。"王兆国答。

黄正夏是筹建"二汽"起家的老同志，他如数家珍似的向邓小平详细地介绍了这位年轻的副厂长。

邓小平十分关注中国的汽车工业，他关心地问道："'二汽'建设情况怎么样？今年生产多少辆汽车？"

"二汽"的负责人边引路，边汇报情况："'二汽'现已建成两种车的生产基地。1975年政治形势好，大家劲头足，基本建成两吨半越野车的生产能力，投入了生产。但不久即受到'四人帮'的严重干扰。粉碎'四人帮'后，即狠狠抓紧了第二种车型载重车的建设，1978年下半年投产。这几年汽车生产能力增长得很快，1978年生产5 000辆汽车。去年生产了近1.5万辆汽车，今年预计可生产3万辆汽车。去年是前年的三倍，今年又是去年的二倍，是前年的六倍。三年来利润和产值也成倍地增长。1976年'四人帮'破坏严重时，亏损5 066万元，1978年即扭转了

3 200 万元的亏损,并略有盈余,1979 年盈利 6 760 多万元,今年预计盈利可超过 1 亿元。在产值方面,1978 年为 1.7 亿元,去年为 4.2 亿元,今年预计可达到 8 亿元以上。"

邓小平听到这些情况时非常高兴,不断点头。

接着,"二汽"的负责人又汇报了建厂的历史和工厂的布局。

"二汽"布局,根据主要部件(如发动机、车桥等)和总装方便,采取分片布点、按专业厂集中建设,东西 30 公里,南北 7 公里。围绕专业厂配套建设居民点、生活服务及文教卫生设施,形成"工农结合,城乡结合,有利生产,方便生活"的集镇群式的新兴城市。

这时,陪同人员向邓小平介绍说,群众有个顺口溜:"十堰市真奇怪,不分城里和城外;说她是城市,种瓜又种菜;说她是农村,工厂山沟里盖。"

邓小平听后说:"这很有意思。"

这时,车恰恰走过"二汽"配套处,进入间隔地带。这里两旁是山,山上有树,山下有村庄菜地,邓小平笑着问道:"这是到了你们的农村了吧? 工人一定有新鲜蔬菜吃。要是山上再栽很多果树,水果也就有了。"

正说着,设备修造厂的厂房及宿舍出现在眼前。邓小平高兴地说:"啊,又到一个小城镇了!"

"二汽"的建设是贯彻以自力更生为主的方针,由我国自己设计、自己制造设备、自己建设起来的一个大规模的汽车厂,是在全国各方面的支援下建设起来的。当时正值"文化大革命"时期,一机部的干部和技术人员,顶着逆流,下了极大决心,采取小厂包大厂、老厂包新厂,把全国机械工业的"宝"都"聚"到"二汽"来了,包设备、包技术工人、包领导班子。现有的 2 万台设备中,99% 是我国自己制造的,其中 90% 是好用的,经过了多年的生产考验。虽然工厂也进口了一些关键的、精密的、大型的设备和先进技术,但只占设备总台数的 1%,占总投资的 10% 左右。这种方法今天看来是成功的。"二汽"总的技术水平可相当20世纪60年代，部分设备水平达到了70年代。少数进口的和我国自制的设备，也有保持国际领先水平的。邓小平说："现在看，以我国自造设备为主，适当进口一些高精度设备，武装现代化工厂的道路的经验值得总结。"

陈丕显向邓小平介绍了"二汽"自力更生、量入为出、分期建设、多作贡献的办厂方针。

邓小平表示赞同。他说："我看过国务院批准你们这样做的文件。"并关心地问："你们的问题解决了吧？"

在总装厂，摆放的"二汽"近年来生产的各种汽车及今后计划生产的各种汽车型谱，引起邓小平的很大兴趣。他非常注意听取中国屈指可数的汽车专家之一、"二汽"总工程师、副厂长孟少农关于各种样车性能的介绍。

见到邓小平，孟少农激动地说："好久没见面了！"邓小平亲切地同他握手，并在他的陪同下观看了"二汽"21种车的型谱和准备改进的8种车身挂图。当汇报到军民结合问题时，邓小平对这个问题给予了特别的关注，他说："一定要注意多品种系列化生产。汽车厂也可生产非汽车产品。'二汽'注意满足军用，这是好的。但从长远、从根本看，主要应搞民用。军队要车，可能第一批要得多，以后就逐渐减少。你们又搞5吨车，又搞8吨车，都是民用的，这很好。"

参观样车后，邓小平同十堰市、"二汽"的负责同志合影留念。

当听说工艺大楼是科学实验阵地时，邓小平说："重视科学实验，这很好。"他关心地问："有多少科技人员？电子计算机用得怎么样？"并强调，电子计算机"既要搞点大型的，搞些终端机，也要搞小型的"。

爬坡表演开始了。"二汽"生产的供部队拉大炮用的2.5吨和3.5吨两种军用越野车，具有马力大、车速高、爬坡能力强、越野性能好的特点。

邓小平兴致勃勃地观看了这两种爬坡32度陡坡的表演。他边看边评论:"两吨半越野车,我知道,听说在对越自卫反击战中立了功,部队很欢迎。"他高兴地说:"能爬这么陡的坡,部队当然欢迎!"

在总装厂,邓小平抱着外孙萌萌高兴地坐上新下线的 5 吨车。萌萌说:"爷爷,我们坐的是卡车,大卡车好!"邓小平说:"对。"萌萌又对正在开车的陈桂祥说:"叔叔,你们这里造的都是大卡车吗?"邓小平慈祥地说:"你长大了学叔叔开大卡车!"陈桂祥脸上露出幸福的笑容,并有意把车开得很慢,让群众尽量多看看邓副主席的风采。事后他说:"邓副主席十分了解我们工人的心情。随从的同志劝邓副主席说,年纪大了,车又太高,不坐了吧!邓副主席和颜悦色地说,坐一坐,坐一坐。邓副主席坐了我们亲手装的车,大家感到特别荣幸!"

邓小平这次一共参观了"二汽"6 个项目。中央主要领导人一次参观 6 个项目,可能算是最多的了。由此可见邓小平对"二汽"、对我国汽车工业的重视。他说:"看了'二汽'说明,我们中国的机械工业是不错的嘛!有许多设备可以造,汽车还能过关嘛。机械工业行,别的方面也行嘛。"

一直陪同邓小平视察"二汽"的陈丕显事后说:"邓副主席这次视察'二汽',非常高兴。他勉励说,'二汽'生产好,管理也不错,留下很深的印象。"

73 "毛泽东思想这个旗帜丢不得"

　　1978 年年底，党中央公开为"天安门事件"平反后，引起了国际国内的强烈反响。国际国内都十分关注对毛泽东同志和对"文化大革命"的评价问题。

　　社会上出现了一股全盘否定毛泽东的错误思潮。关键时刻，邓小平多次说没有毛主席就没有新中国。如果没有毛泽东同志，中国人民很可能还要在黑暗中苦斗更长的时间。

1978 年 12 月 13 日,邓小平在中央工作会议闭幕会上的讲话中说:
最近国际国内都很关心我们对毛泽东同志和对"文化大革命"的评价
问题。关于"文化大革命"实际过程中发生的缺点、错误,适当的时候作
为经验教训总结一下,这对统一全党的认识,是需要的。但是不必匆忙
去做。要对这样一个历史阶段做出科学的评价,需要做认真的研究工
作,有些事要经过更长一点的时间才能充分理解和做出评价,那时再来
说明这一段历史,可能会比我们今天说得更好。

十一届三中全会接受了邓小平的这一意见。

1979 年是中华人民共和国成立 30 周年。党中央决定由中共中央
副主席叶剑英代表中央在庆祝国庆 30 周年的大会上讲话。在起草这
个讲话之初,邓小平提出,这个讲话要有一些新的内容,要能讲出一个
新的水平。以后他又几次对稿子提出修改意见。党的十一届四中全会
通过了这个讲话。

这个讲话发表后,党内外反映都很好。讲话中宣布,我们党准备对
历史问题,特别是"文化大革命"的问题作出一个正式的结论来。这就
拉开了起草《关于建国以来党的若干历史问题的决议》的序幕。党内
不少人提出以这个讲话为基础,对"文化大革命"作一个结论。于是起
草历史决议提上了中央的工作日程。

同年 10 月,根据邓小平的提议,中共中央组织了由胡乔木负责的
历史决议起草小组。整个起草工作是在中共中央政治局、中央书记处
的直接领导下,由邓小平主持进行的。

从 1980 年 3 月到 1981 年 6 月,邓小平多次对决议的起草和修改
提出重要指导意见,对起草决议的指导思想、框架结构,对毛泽东思想
和毛泽东历史地位等重大问题的把握与评价,提出了具体的指导意见,
对决议的形成起了决定性的作用。

1980 年 3 月 19 日,邓小平看了起草小组的提纲后同胡耀邦等谈
话,提出起草历史决议三条总的指导思想。第一条,确立毛泽东同志的

历史地位,坚持和发展毛泽东思想。第二条,要对新中国成立以来历史上的大事情,哪些是正确的,哪些是错误的,进行实事求是的分析。包括一些中央负责同志的功过、是非,都要做出公正的评价。第三条,要通过决议对过去的事情做一个基本的总结。总结的目的,是引导大家团结一致向前看。

邓小平特别强调,其中最重要、最根本、最关键的,还是第一条。他要求,对历史问题,要粗一点,概括一点,不要搞得太细。要尽快搞出个稿子来。

4月1日,邓小平又一次对决议起草发表了系统性的意见,提出了决议整体框架:先有个前言,然后新中国成立后17年一段,"文化大革命"一段,毛泽东思想一段,最后有个结束语。

6月27日,邓小平看了初稿后指出:稿子没有很好地体现确立毛泽东的历史地位和坚持毛泽东思想的要求,要重新写。重点要放在毛泽东思想是什么、毛泽东同志正确的东西是什么方面。错误的东西要批评,但是要很恰当。要概括一点。主要的内容还是集中讲正确的东西。

起草小组根据邓小平的意见对决议草稿作了较大的修改后,10月,中共中央又组织了4 000多名高级干部对决议草稿进行讨论,进一步征求意见。

10月25日,邓小平召集胡耀邦、胡乔木、邓力群谈话,明确指出:"毛泽东思想这个旗帜丢不得。丢掉了这个旗帜,实际上就否定了我们党的光辉历史。""决议稿中阐述毛泽东思想的这一部分不能不要。这不只是个理论问题,尤其是个政治问题,是国际国内的很大的政治问题。如果不写或写不好这个部分,整个决议都不如不做。不写或不坚持毛泽东思想,我们要犯历史性的大错误。"

对毛泽东的错误,不能写过头,给毛泽东抹黑,也就是给我们党、我们国家抹黑。

邓小平的这次谈话,在当时争议最多、分歧最大的问题上,也是最根本、最核心的问题上,表明了党中央坚定的、毫不妥协的态度。这是决议得以成功的关键。

1981 年 3 月 18 日,邓小平同邓力群、吴冷西谈决议修改稿的意见。他说,决议第一位的任务是树立毛泽东同志和毛泽东思想的历史地位。这个问题写不好,决议宁可不写。写好这个问题,才叫实事求是。对新中国成立后头 7 年、"文化大革命"前 10 年和"文化大革命",邓小平又作了全面的、科学的分析和实事求是的评价。邓小平还表示赞成邓力群转述的胡耀邦关于决议稿写出后多听听老干部、政治家,包括黄克诚、李维汉等同志的意见。

一个星期后,3 月 24 日,邓小平亲自登门去看望陈云,征询陈云对决议修改稿的意见。

陈云提出了两点修改意见:一是专门加一篇话,讲讲解放前党的历史,写党的 60 年。二是建议中央提倡学习,主要是学习马克思主义哲学,重点是学习毛泽东同志的哲学著作。

3 月 26 日,邓小平将陈云的意见转达给决议起草小组负责人邓力群。邓小平认为,陈云的意见很好,请转告起草小组,并报告胡耀邦。决议中关于毛泽东对马克思主义哲学的贡献要写得更丰富、更充实。结束语中也要加上提倡学习的意见。

6 月 15—25 日,中共中央在北京召开十一届六中全会预备会议,对决议稿进行最后的讨论修改。

6 月 22 日,邓小平在讲话中高度评价了决议稿。他说:"总的来说,这个决议是个好决议,现在这个稿子是个好稿子。"

6 月 27—29 日,中共中央召开了十一届六中全会。27 日,全会一致通过《关于建国以来党的若干历史问题的决议》。29 日,在闭幕会上,邓小平再次对决议给予了高度评价,指出决议真正达到了我们原来的要求。这对我们统一党内的思想有很重要的作用。

《关于建国以来党的若干历史问题的决议》总结了新中国成立以来的历史经验，根本否定了"文化大革命"，维护了毛泽东的历史地位，科学地评价了毛泽东思想。随着国内局势的发展和国际局势的变化，越来越显示出邓小平作出这个重大决策的勇气和远见。

74 "我想多待一会儿"

　　1981年8月13日,邓小平乘面包车前往位于新疆石河子垦区的一四五团一营三连。在那里,他了解了三连种植棉花的情况。

　　原生产建设兵团农八师一四五团一营三连是有名的先进连队,这个连队成立20多年来从未亏损过,每年上缴利润大多超过10万元,最高达到近30万元。从20世纪70年代初起,2 000多亩地的小麦,一季平均亩产五六百斤,最高的亩产达到900斤。这在新疆堪称首创。

汽车还没到三连的住地，一四五团的军垦战士及其家属、教师和小学生在路边排成的长龙就已经沸腾起来了。车一停，邓小平走出面包车，向欢迎他的群众频频招手致意。队伍中，人们有的欢呼着，有的激动地涌出了热泪，还有的拼命地往前挤，为的是能握一握小平同志的手。

这时，三连连长兼指导员殷延福来到了邓小平的身边。

殷延福握着邓小平的手，激动地说："邓主席好！"

邓小平一面点头说："同志们好！"一面与他紧紧握手。他笑着问殷延福："你这连队多少人？"

"1 078人。"

邓小平侧着身，仔细地听着，他耳朵有点背，殷延福马上意识到了，提高嗓门重复了一遍。

邓小平听后竖起右手食指向王震和王任重比画着，高声说："哦，有一个团的人。"

他指的是过去红军时期的一个团。

当地负责同志连忙解释说："他说的是全连人口，包括家属。"

这时候，邓小平忽然出神地仰望蓝天，似乎想到了已经久远的红军连队。他想考察一下，现在的生产连队与过去部队的连队编制有何区别，便又问："职工多少？"

"387人。"

邓小平听后笑了，风趣地高声说道："好，好，有一个营的人。"

这时，白发苍苍、手持黑色拐杖的王震，也向邓小平这边走过来。从北京陪同一起来的水利部副部长陈实望着公路北面说："咱们到林带里去。"

这是一条参天蔽日、浓荫如墨的林带。说来这条林带也真不简单，它凝聚了军垦战士们几代人的心血。当年，原生产建设兵团石河子县区在林带里接待过柬埔寨客人西哈努克亲王，接待过周总理和陈毅副总理等中央领导人,现在,这条林带又迎来了邓小平一行。为此,军垦战士们把它打扫得干干净净,不但地整平了,而且连一丁点干枝腐叶都没有,4 张铺着白布的大条桌上面摆着颜色鲜嫩晶莹剔透的葡萄、红红绿绿的大苹果和那切开的一瓣一瓣红瓤西瓜,芳香扑鼻。

这些都是军垦战士从自己种的瓜果园里摘来的。

不一会儿,贵宾们都坐下了,邓小平坐在面向棉田桌子边的一把椅子上。

殷延福站在一旁。这时,坐在对面的陈实叫他:"小殷,你也坐嘛。"

邓小平同志一听,忙转过脸来,像疏忽了什么大事情似的站起来,拉着殷延福的右手,又拍了拍他的肩膀,连声说:"来,来,殷连长,坐下,坐下,坐在我这里。"并拿过一块西瓜递到殷延福的手上。

殷延福腼腆地挨着邓小平坐下之后,中共新疆维吾尔自治区第二书记、解放军乌鲁木齐军区政委谷景生问:"殷连长,你们连的耕地有多大面积?"

"8 200 亩。"

邓小平有点吃力地侧着左耳听,殷延福再次提醒自己,回话声音要大一点。

谷景生又问:"粮食作物占多少?"

"4 800 亩地。"殷延福的声音提高了一度。

"棉花面积多少?"

"4 500 亩。"

殷延福每讲一句,侧着左耳倾听的邓小平都要点一点头。他听得十分认真。

谷景生又问:"地膜棉花多少?"殷延福回答 400 亩,并说明是在没有铺膜机械、全靠人工操作的情况下进行的。

人工地膜植棉一般连队搞 100 亩就到了顶,因为还有小麦、玉米、甜菜杂粮等其他作物。三连搞 400 亩,在旁边站着的记者和懂行的干部们一听为之一惊,都向这位连长投以敬佩的目光。

邓小平全神贯注地瞅着这个小伙子,问道:"地膜植棉比一般植棉的优越性,你认为在哪里?"

殷延福流利地回答道:"一是耕地铺上地膜温度高,在普通植棉播种的时候已经出苗了,赢得了时间;二是因为提高了地温,土壤里的稀有元素,如氮、磷等容易被作物吸收,棉花长势好,结铃多,产量就高;三是霜前花多,棉花质量好,职工也避免冰天雪地剥棉桃之苦。"

坐了一会儿,谷景生站起来,请邓小平看看棉田。王震也兴致勃勃地说:"走,我们到地里看看。"

邓小平走在前面。

面对眼前这片 400 多亩绿油油的棉田,邓小平轻轻地舒了一口气:"好大一片地的!"他接过警卫人员递过来的一顶扎有黑网边的小草帽,戴在头上,遮挡住强烈的阳光。

这时,人们鱼贯进入棉田。邓小平走进茂密的棉田,弯下腰,用手拨开棉株,全神贯注地观察棉花的长势。他的视力极好,很仔细地观察棉花长势。

他侧过脸问身旁的殷延福:"你这个棉花是几时种的?"

"4 月 24 日。"

"你这块地的面积有多大?"环视了棉田半圈后,他又问。

"400 亩。"

"你这个面积,比农科所的大得多嘛!"

因为邓小平是在视察了石河子农科所之后来到这个军垦连队的,他想把这里的棉田与农科所的小面积棉花种植进行对比。

有人向他解释说,这是大田生产,而农科所是小田试验。邓小平一面会意地点点头,一面拨开棉株,看到淹没在密枝浓叶中的累累棉桃,格外高兴,这大概就是地膜植棉的特征显示了。

谷景生也被邓小平浓厚的兴趣所感染,问站在一旁的殷延福:"你的单产预计多少?"

"皮棉 180 斤。"

邓小平闻声转过头来,有点遗憾地对他说:"哎呀,比那边的(指农科所小畦丰产试验,预产皮棉每亩 300 斤)要低得多哟。"

殷延福解释道:"我们是第一次试种,条件差,也没有经验,我们要加强后期管理,争取明年达到 200 斤皮棉。"

经验丰富的任友志插话说:"咱们这儿是纬度 45 度以北,历来认为不能种棉花。部队进疆以后,为了解决人民和部队穿衣问题,王震司令员汲取我国在抗日战争边区最困难时的经验,自力更生抓棉花生产。他和陶峙岳将军与当时来我国工作的苏联植棉专家迪托夫教授签订了《石河子棉花丰产协议》,要款给款,要人给人,还创办了部队第一所高等学府八一农学院,并在迪托夫教授的帮助下,大办植棉人员短训班,采取了一系列科学措施。1951 年,棉花由土地板结不能出苗提高到亩产皮棉二三十斤;1953 年在准噶尔南缘的玛纳斯河流域,解放军种的30 000 多亩棉花,平均亩产皮棉 100 多斤。《人民日报》为此发了头条新闻。这是新疆有史以来第一次大丰收,是一个伟大的创举,它破除了这儿不能植棉的旧传统。"

邓小平对任友志的介绍很满意,向他点点头,并与他握手。然后回过头来对殷延福说:"那好,那好。这么说,你们的产量已经翻了好几番,也就可观了。"

邓小平带着一种精神上的愉快与满足,走出棉田。他以钦佩的目光,环视着身边和眼前创造了这一奇迹的殷连长和那依然伫立在公路南边的军垦战士的队列,对大家说:"生产建设兵团把沙漠建设得这样美,不容易啊,我想多待一会儿。"

他已完全陶醉在这如画的美景中了。

75 华北军事大演习的总导演

1981 年 9 月 19 日上午,邓小平同志在华北军事大演习上检阅三军。

1981 年 3 月 10 日上午,两辆黑色高级轿车驶过首都市中心,向一条僻静的胡同驶来。坐在车上的,是解放军总参谋长杨得志和副总参谋长张震。

今天,他们是应邓小平的约见,向这位军队的主要领导汇报北京军区组织战役演习的方案和军委办公会议的意见。

来到邓小平的住地,工作人员将两位总长引入客厅。没有烦琐的客套,邓小平安坐在沙发上,目光直视着这两位客人。

两位总长也是标准的军人作风,开门见山。杨得志说:"我们简单地把演习的方案向您汇报一下。"张震则送上演习的方案。

邓小平说:"这个图我看过了。"

自确定进行军事演习后,军委及总参相继召开了多次秘密会议,讨论演习方案。在演习方案上,总参与北京军区出现了争议。北京军区的方案是搞方面军规模的,而总参在维持集团军规模原议的前提下,又拿出个师规模的方案。北京军区提出的方案,理由很明显:只有大规模的集团军合练演习,才更能显我军威,适应现代战争的需要。总参的方案也似无可厚非:大规模演习的背后必然是数目可观的花费,在保证国家经济建设的大局下,军费一减再减,国家能否担负得起如此大规模的演习费用呢? 何况,演习的规模大,是否会引起外交方面的麻烦呢?

2 月 5 日是农历大年春节。北京军区司令员秦基伟登门向邓小平拜年,并借机送上了一封"新年贺礼"——北京军区的演习方案。

3 月 6 日,张震代表总参几位领导,就组织演习的总体方案和具体方案给邓小平写了请示信,信中按各方案分别汇报了拟调动军兵种部队的具体数字和总数。

显然,邓小平的此次约见,则是要就总参、北京军区拟定的三个方案抉择、拍板!

杨得志汇报说："演习拟了三个方案。第一方案，按北京军区汇报的××万人的方案；第二方案，压缩到×万人左右；第三方案，只搞图上作业。这三个方案考虑的根据，主要是调整时期要动用这么多的部队，动用这么多的钱，比较困难。在来之前，军委办公会议也研究了一下。有的同志说，按第一方案演习花钱太多；政治上对苏联有没有影响？所得的效果又如何？还有的同志说，只动用××军加上一点训练保障，部队不做大的调动，可以节约一些。办公会议其他同志也认为规模小一点好，节约一点好。"

说到这儿，杨得志看了邓小平一眼。邓小平只点了点头，没有立即表态。

杨得志又说："今天上午我又同秦基伟同志电话商量过，他认为按第一方案好。我们考虑第一方案主要是花钱多些。"

邓小平笑了笑："我曾经听到过他讲过演习的设想，没有讲要花多少钱。"

张震对第一方案作了些补充说明。方案和问题已摆出来了，杨得志面向邓小平，恳切地说："到底怎样确定好，请您指示。"

邓小平将烟头掐灭，缓缓地说："由于演习，在政治上会不会引起苏联有什么反应，不要考虑。这与海军编队在海上演习不同，海上演习可能引起人家猜想，我们只是在陆地上搞演习，与海上演习就不一样了。苏联也搞嘛！苏联每年要搞多少次，规模也不小，也没有政治上的反应。我们过去也搞过嘛！"

邓小平又燃起一支烟，话题转回到国内："搞这么一次实兵演习有好处，我们的部队可以实际锻炼一下，也可以看看部队训练的结果。这样大规模的演习，我们好久没有搞了。"

"还有一个。"邓小平竖起一根指头，"搞这么一个演习也是给军队打打气，我们好久没有打仗了。我们同越南打了一仗，还不是合成军。要搞合成军，天上地下该有吧！这次演习，有地面部队，有空军协同，只是没有海军。这样的演习对军队有鼓舞作用，经过训练再搞实兵演习，可以提高部队实战水平。多年没有搞了，还是搞一次。军委常委同志不是都同意吗？"

杨得志答道："没有不同意的，只是感觉规模大，花钱多。"

邓小平没有立即回答这个问题，而是另辟蹊径，话题跳到了阅兵式："部队阅兵式、分列式也好久没有搞了。不能说阅兵式、分列式是形式主义，对部队作风培养都有教育意义。现在有的部队懒懒散散不像个样，我想适当的时间要搞一次阅兵。阅兵对军队在人民的观瞻中有好处。现在人民不知道军队在干什么，经过阅兵式、分列式，把军队摆一摆给大家看，给人民看，这样更加强了军民关系，对加强军队训练也有作用。"

张震说："去年××军搞了一次阅兵，空降兵走得最好，大家反映很好。"

"唔。"邓小平说道："那次演习听说搞得不错，那次演习规模不大。"

"那次演习是一个师，也用了空军。"张震介绍道，"演习的钱花了××万元，动用储备物资××万元，主要是油、弹药要钱。"

"就是花油多一些。"邓小平说。

"现在我们油还不多，打的炮弹也多一些。"

少顷，邓小平将燃尽的烟蒂用力捻入烟灰缸，然后果断地一挥手："就按第一方案搞一次，节约一点，总参具体抓。"

邓小平接着说："看看部队这次搞得怎么样，这样的规模我们过去没有搞过，关键问题看这次的组织能力怎么样。"

张震说："北京军区集训干部已搞过四次图上作业，已有了一定的基础。"

邓小平叮嘱："演习时各军区首长、各军兵种首长要组织一些干部来看，总参要抓。这笔钱还是要花，要搞好一点，要把部队的气鼓一下，要把军队训练得像个军队的样子。用炮弹可以，就是油多花了一些，现在主要是生产不出来。"

随后，邓小平走到宽大的办公桌前，拿起张震 3 月 6 日呈送来的请示信，挥笔批示："同意第一方案，力求节约。"

1981 年 9 月 18 日上午 9 时 30 分，华北西北部山区的张北县境内，一切都按计划准确无误地进行着。5 个参观台拥坐的 4 000 多人鸦雀无声。

面前，方圆数百里的演习场沐浴在秋日灿烂的阳光中，一片安详、寂静。人们不禁对正在解说的演习消息产生怀疑：11 万大军，1 300 多辆坦克、装甲车，1 500 多门火炮，285 架飞机，1 万多辆汽车，就藏在面前？我国历史上规模最大的一次实兵演习，马上就要在这儿厮杀起来？

邓小平身着军装，外披布领军大衣，端然坐在首长席中央。

信号弹腾空而起，在人们的视线里划过一道优美的弧线。

人们似乎还没有反应过来，一场真枪实弹的"战争"已伴随着隆隆的炮声和歼击机巨大的轰鸣声在广袤的原野上展开。

持续四天的演习大获成功。一向严肃的邓小平，脸上也满是笑容。在招待各大单位领导的会上，邓小平兴致勃勃，和将军们一一干杯。为父亲的健康考虑，在场的女儿企图挡驾，邓小平却对众人说："我能喝，她尽给我捣乱。"

立时，欢笑声四起。

19 日上午，张北附近某机场。天空阴沉，一场秋雨已然临近。陆海空三军阅兵式仍如期进行。

77 岁的军委主席邓小平乘着"红旗"敞篷车，穿过受阅部队，举手行礼，洁白的手套在漆黑的车身映照下格外醒目。

"同志们好！"

"同志们辛苦了！"

回答他的，是受阅部队惊天动地的呼应声。

回到阅兵台上，邓小平发表讲话，对华北军事大演习予以高度评价："这次演习,检验了部队现代化、正规化的成果,较好地体现了现代战争的特点,摸索了现代条件下诸军兵种协同作战的经验,提高了部队军政素质和实战水平。这对全军的建设、战备和训练是一个有力的推动。演习达到了预期目的,是成功的!"

作为军队统帅,从策划这次演习伊始,邓小平的目光就没有仅仅盯在演习的成败上。他一直在思考一个极为重大的问题:新时期我军的建设目标是什么? 这次阅兵前,邓小平仔细地审阅了阅兵式上的讲话稿。思考良久,他拿起笔,为原稿中"把我军建设成为一支强大的现代化的革命军队"一句添上了"正规化"三个字。

76 "这几条就了不起呀！"

　　苏州虎丘万景山庄的镇园之宝"雀梅王"已有 400 多年的历史了，在全国也数一数二。邓小平仔细地看了一番，一向不爱照相的他高兴地说："来一张。"

　　1983 年 2 月 6 日下午 2 时 31 分，一辆乳白色丰田面包车驶进古城苏州，来到位于城南十全街的南园宾馆。邓小平和夫人卓琳下榻在宾馆的新平房。

2月的江南,春意盎然,宾馆的庭院内垂柳已经吐丝,迎春花含苞欲放。邓小平的到来又给这里增添了新的融融春意。

原苏州地委书记戴心思回忆说:小平同志到苏州的时候,正好是我们党的十二大开过不久。那个时候,苏州和全国一样,大家都在议论"翻两番,奔小康"的问题。那个时候一谈就是这个问题,因为十二大刚刚开过。小平同志对江苏和苏州这个地方,他最关心的问题就是能不能翻两番,什么时候能够奔上小康。他问:现在苏州农村的现状究竟是什么样子? 你们对翻两番有没有信心。因为当时有一种议论,好像基础差的地方翻番比较容易,因为基数低。基础好的地方,好像块头大,翻番比较难。当时江苏省委的一些领导同志和我们苏州市呀、地区呀,我们的一致看法,就觉得不一定。可能基础好的地方翻番比较快。因此当时我们就估计苏州这个地方,翻两番肯定不要到 2000 年。

2月7日下午,江苏省委的领导和苏州地委的领导来到南园宾馆新平房的会客室。

邓小平一到苏州,便急于了解当地的情况。他习惯地点燃了一支熊猫牌香烟,听取江苏同志的汇报。

邓小平首先问道:"到 2000 年,江苏能不能实现翻两番?"

江苏的同志回答说:"从江苏经济发展的历史看,自 1976 年至 1982 年,6 年时间,全省工农业总产值就翻了一番。照这样的增长速度,就全省而言,用不了 20 年时间,就有把握实现翻两番。"

一问一答。问话直奔主题,回答简单明了。

"苏州有没有信心,有没有可能?"邓小平又问。

苏州工农业生产的基数较高,是江苏省经济最发达的地方,在国内经济水平较为发达的地区中具有代表性。当时,正值苏州地区和苏州市合并前夕,按照新的区划,苏州市将下辖吴县、吴江、昆山、太仓、常熟、沙洲(今张家港市)6 个县。1978 年,6 个县的工农业总产值为

65.592 8 亿元,国民生产总值为 31.905 3 亿元。到 1982 年年底,工农业总产值增加到 104.881 3 亿元,人均超过 800 美元,国民生产总值增加到了 47.613 3 亿元。4 年间,工农业总产值和国民生产总值分别以 12.55% 和 10.49% 的年平均速度递增。这一递增速度高于全省的平均水平。按这样的发展势头,苏州翻一番的奋斗目标有 5 年到 6 年就已经足够,再翻一番,用 10 年时间也就差不多了。留点余地,到 1995 年一定能够实现翻两番的目标。

"像苏州这样的地方,我们准备提前 5 年实现党中央提出的奋斗目标。"江苏的同志回答说。

听到这里,邓小平十分满意地点了点头,脸上露出了充满信心的微笑。

这里谈兴正浓,原来预定的会见时间已经到了,工作人员来到门口,看到邓小平又点燃了一支烟,谈话还要继续下去。

邓小平说:"人均 800 美元,达到这样的水平,社会上是一个什么面貌? 发展前景是什么样子?"

十一届三中全会以来,苏州地区广大农村抓住经济建设这个中心不动摇,抓住有利的国际环境这个机遇不放松,全面实行联产承包责任制,迅速发展社队企业,经济一直迅速增长,人民生活显著改善,农村面貌发生了巨大变化。1982 年,苏州地区有近 20 个公社、60 个大队以及一批生产队,人均工农业产值超过 800 美元,经济和社会发展水平上了一个新的台阶。这些单位成为苏州农村奔小康的典型。

江苏的同志汇报说,人均达到 800 美元的这些单位,人民的物质文化生活水平有了显著的提高,具体表现在:人民吃、穿、用问题解决了,物质生活在一个较高的水平上有了保障;住房问题解决了,人均居住面积达到 20 平方米;就业问题解决了,农副工三业协调发展,人人得到妥善安排,本地劳动力不外流,相反开始吸收外地劳动力,做工务农;教育、文化等事业经费有了保障,中小学教育得到普及,各种文体设施及其他社会福利事业普遍建立起来;人们的精神面貌显著变化,观念更新,旧俗收敛,新风光大,犯罪活动减少,社会治安明显好转;一批初步繁荣富庶、文明昌盛、安定祥和的社会主义新农村已经和正在不断涌现。

邓小平听得十分仔细,几乎每一条都熟记于心,后来回到北京后,他曾先后同中央负责同志和中顾委的同志反复讲到这几条,说:"这几条就了不起呀!"

"苏州农村的发展采取的是什么方法? 走的是什么路子?"邓小平对他所关注的事,紧问不放。

江苏的同志回答说:"江苏,特别是苏州,历来是经济比较发达的地区,十一届三中全会以来,苏州农村经济已出现新的飞跃,主要靠两条:一条是重视知识分子的作用,依靠技术进步。苏州农村劳动力原来文化素质较高,为了发展生产,各地还吸收了不少上海、苏州、无锡等城市的退休人员和科技人员,充分发挥他们的技术和知识的作用。有些老工人很有本事,请来工作所费不多,只是给点工资,解决点房子,就很乐意干,在生产上发挥了很好的作用。往往是请来位能人,就能建起或激活一个工厂。另一条是发展了集体所有制,也就是发展了中小企业,在农村,就是大力发展社队企业。"

听到这里,邓小平眼睛一亮,他对发展社队工业产生了浓厚的兴趣。

在计划经济体制下,社队工业的初创阶段十分艰难,曾经经历过"千方百计找门路,千言万语求原料,千山万水跑供销,千辛万苦创基业"的过程。这个过程带来了这个地区的变化。1982 年,常熟、沙洲等6 县社队工业总产值已达 28.18 亿元,占工业总产值的 40.35%,成为农村经济的重要支柱和农民收入的主要来源。社队工业的发展又反过来为农副业的发展提供了资金、技术、装备等物质条件,这就是"以工补农""以工建农",农、副、工三业协调发展。

对社队工业，江苏的同志总结说："归根结底，凭借的是灵活的经营机制，实行的是市场经济体制。从原材料的获得、资金的来源到产品的销售，完全靠市场。因此可以说，是市场哺育了社队工业。老百姓从实际工作中领悟到了市场经济的作用。"苏州的实践也已经充分证明了这一点。

"看来，市场经济很重要。"邓小平再一次作了肯定。

不知不觉中，几个小时过去了，这位老人没有一丝疲倦，兴奋之情溢于言表。

此时，天色已晚，工作人员第三次来到会客室门口，对邓小平说："晚饭已经准备好了。"邓小平这才说了声："好吧，今天就谈到这里。"

当天晚上，江苏省委、苏州地委和市委的负责人再一次去看望邓小平。邓小平又一次由衷地称赞江苏和苏州的工作搞得好。

江苏的同志说："苏州地区的社队工业虽然起步较早，现在已略具规模。但总的来说，还只能算是打基础阶段，潜力还很大，只要政策允许，完全是有可能进一步发展，而且完全可能发展得更快一点！"

邓小平这一次在苏州对社队工业有了感性认识，后来他多次讲到，社队工业也就是乡镇企业。第二年，中共中央专门为加快社队工业的发展下发了正式文件，为这一新生事物正名，这为全国范围社队企业的崛起铺平了道路。

邓小平后来曾说："农村改革中，我们完全没有预料到的最大的收获，就是乡镇企业发展起来了，突然冒出搞多种行业，搞商品经济，搞各种小型企业，异军突起。这不是我们中央的功绩。""如果说在这个问题上中央有点功绩的话，就是中央制定的搞活政策是对头的。"

⑰ "你们浙江能否多翻一点呢?"

1983年2月9日下午,邓小平来到杭州,住进位于杭州西湖边上的刘庄宾馆一号楼,并在这里会见了浙江省的几位负责同志。

这是粉碎"四人帮"以后,邓小平第一次到杭州。

2月的杭州,气候依然寒冷,尤其是徘徊在西湖边,扑面而来的西北风充满寒意。

这时,一辆黑色红旗轿车缓缓停下,邓小平从车上下来,他伸出手与前来迎接的省委书记铁瑛、省长李丰平等一一握手。铁瑛想,小平同志已经是年近80岁的老人了,旅途劳顿,于是他提出请小平同志先休息几天。邓小平同志连连摆手说："我不累,大家进屋里一块儿谈谈。"进屋后大家刚一坐定,邓小平便兴致勃勃先说开了。看得出,他心里很高兴,也很急迫地说："我这次在苏州,与江苏同志主要谈到 2000 年是不是可以翻两番,达到小康水平的问题。现在苏州工农业总产值人均已接近 800 美元。苏州同志谈,他们共解决了六方面问题:第一,人民吃穿问题解决了,基本生活有了保障;第二,住房问题解决了,人均面积 20 平方米,因为土地不足,向空中发展,小城镇和农村二三层小楼已经不少了;第三,就业问题解决了,城镇基本上没有待业劳动者了;第四,农村人口不外流,农村人总想往城市跑的情况改变了;第五,中小学教育普及,教育、文化、体育和其他公共事业有能力安排了;第六,人民精神面貌变化了,犯罪率下降了。苏州同志感到,达到 800 美元后有这些表现。江苏从 1977 年至 1983 年的 6 年间,工农业总产值翻了一番,依这样的发展,到 1988 年就可以再翻一番!"

邓小平点了一支烟,深深地吸了一口,又接着说:"我问江苏同志,你们的路子是怎样走的? 他们说,主要是两条,一条是依靠上海的技术力量,还有一条是发展了集体所有制,也就是中小企业、乡镇企业。"

接着,他迫不及待地向在场的浙江省的负责人重复在苏州提出的问题:"你们考虑,到了 800 美元,社会上是个什么面貌呢? 发展前景是什么样子呢?"

接着,铁瑛开始汇报浙江翻两番的情况:"浙江 1982 年工农业生产情况,当时全省工农业总产值已经人均 600 美元,我们分析了全省工农业发展情况,到 2000 年翻两番半或三番是可能的。"

听到这里,邓小平问:"你们看,翻两番是不是靠得住? 现在是多少?"

铁瑛回答:"按工农业产值,人均 920 元,国民收入 490 元。"

邓小平又问:"到 2000 年是多少?"

回答是大约 1 200 美元。

邓小平紧接着问道:"你们的收入在全国占第几位?"

李丰平回答说:"这两年浙江的发展势头很好。1982 年农业获得了新中国成立以来的最好收成,比上年增长 15%,全省工农业总产值比上年增长 10%,人均达到了 500 多美元,名列全国第七位。"

邓小平说:"北京、上海、天津三个市可以除外,你们是第四位。辽宁、黑龙江的重工业产值高,人民生活水平不如江浙。生活好了,人就不愿往外走。江苏、浙江,还有山东,这两年也上得快,鲁西北这两年生活也好了,人也不往外走了。苏州,现在已到了或者接近每人 800 美元的水平。他们已经解决了知识青年的就业问题。江苏基本上解决了这个问题。"

说到这里,邓小平又进而问道:"你们考虑,到了 800 美元,社会面貌是个什么面貌?"还没等浙江的同志回答,邓小平就说:"吃、穿没有问题,用也基本上没有问题;人不愿到外面去,农民也不要往外走;就业问题解决了;文化有很大发展,教育上普及了中学,教师的待遇也不低。"

邓小平反复询问浙江能否在 1988 年前后实现翻两番的目标。

铁瑛颇有信心地说:"如果顺利的话,翻两番不成问题。"李丰平也点了点头。

看到浙江的负责人信心十足,邓小平笑着说:"你们浙江能否多翻一点呢? 像宁夏、甘肃翻两番就难了。"

李丰平回答说:"1980 年浙江人均 330 美元,预计 1990 年可以达到人均 660 美元,到 2000 年达到 1 300 多美元,通过努力,争取翻三番。"

"噢?! 你们有信心能翻两番半到三番?"邓小平面带微笑,很认真地反问道:"你们有什么措施作保证吗?"

"有的。"铁瑛接着汇报了省委目前抓紧的五项措施,"解放思想;抓改革;抓科技和教育;抓浙江轻工业的特点和优势;发展乡镇企业和农业。"

当铁瑛汇报到科技、教育问题时,邓小平说:"现在大学招生增加一倍学生也可以,教师有,就是要盖房子。干部、职工要轮训,文化水平要提高。"

从纲到目,汇报一直进行了近 2 小时。邓小平全神贯注地听着,看不出丝毫的疲惫。

听完浙江同志的汇报,邓小平脸上呈现出满意的微笑,说道:"你们是沿海发展比较快的一个省,你们的工作不错,我很高兴! 是呀,到2000 年,江苏、浙江是应该多翻一点,不然青海、甘肃这些基础落后的省可能会有困难,江浙多翻一点,可以拉一拉,保证达到全国翻两番的目标。"

铁瑛说:"我们工作做得还不够,还有些缺点。"

邓小平笑着说:"工作中怎么会没有缺点呢,注意了就行。"

78 "来,跟爷爷亲亲"

"水光潋滟晴方好,山色空蒙雨亦奇。欲把西湖比西子,淡妆浓抹总相宜。"美丽的西湖,不仅是浙江人民的骄傲,也是中华民族的瑰宝。

1983年2月11日上午9时,邓小平坐着面包车,以普通游客身份出现在灵隐寺。

邓小平刚一出现,不少游客就认出了他,人群中立即爆发出一阵热烈的掌声和欢呼声。邓小平向人们挥手致意,还不时地握握游客的手。

当他看见一位小女孩在大人的怀抱中拍着可爱的小手欢迎他时，就笑着用手摸了摸孩子的小脸说："这娃娃长得好胖啊！叫什么名字？"从南京来杭探亲的孩子父母激动地满脸通红，一个劲地教孩子快叫"邓爷爷好"。

两岁的孩子乖巧地叫了声："邓爷爷好!"邓小平高兴地笑着说："好！好!"

第二天，2月12日上午10时，邓小平乘船游览三潭印月。在这里，他又碰到了这位小女孩。邓小平高兴地直呼只有一面之交的小女孩。小女孩大声地叫："邓爷爷好!"并展开双手扑向邓爷爷的怀抱。邓小平用他那温暖的手抚摸着孩子，亲昵地说："来，跟爷爷亲亲!"孩子高兴地在邓小平的脸上亲着，邓小平亲热地搂着她，和孩子的小脸紧紧地贴在一起。在场的摄影记者拍下了这珍贵的镜头。不久，《浙江日报》以《亲亲邓爷爷》为题刊登了其中的一幅照片。

在三潭印月，还有一段邓小平让一位青年工人拍照的故事。当时，一位来自宁波的青年工人正在三潭印月游玩，当他看到邓小平一行人向他走来时，便举起相机对着邓小平按下了快门。见到有人拍照，邓小平赶忙停下脚步，好像什么事也没发生一样，非常和蔼地与这位青年攀谈了起来，问他是哪里人，做什么工作，是不是坐火车来的，等等。

当得知这位青年是宁波人时，邓小平风趣地说："宁波不错。"这位青年拍摄的照片，后来在报上发表，在全国引起了强烈的反响。

79 "你们要像岳飞一样尽忠报国才是"

1983年2月11日下午4时,当杭州人民忙着做年夜饭时,邓小平和女儿、外孙、外孙女一起来到栖霞岭下的岳王庙。

岳王庙,是抗金英雄岳飞被害后的长眠之地。长期以来,这里成了人们瞻仰这位爱国将士、砥砺民族气节的一个圣地。

岳飞,是南宋时抗金的主要将领。在金兵大举进犯之时,岳飞坚决主战。他联合各地抗金力量,屡败金兵,收复了大片失地,最后却被皇帝赵构和权奸秦桧为首的投降派以"莫须有"的罪名杀害。岳王庙是后人为纪念岳飞所建。

进入岳王庙，迎面便是忠烈祠正殿，檐中间挂有"心昭天日"的巨幅横匾，这是 1979 年叶剑英同志所题，题词的出处是岳飞在临刑前挥笔在狱案上写下的八个大字：天日昭昭！天日昭昭！

邓小平十分敬重岳飞，他在这里留了影。随后，邓小平来到北碑廊，这里陈列着岳飞的奏折、诗词手书的刻石。在岳飞手书的《满江红》前，邓小平笑着说："我小时候就会唱'满江红'呢！"说罢，情不自禁地吟了起来："怒发冲冠，凭栏处，潇潇雨歇……"

邓小平在岳飞手书的诸葛亮的前后《出师表》碑文前留步，通读碑文。

随后，来到了南碑廊。这里陈列着元、明、清以来后人拜谒岳飞墓、庙时写的诗词和重修记事碑文。其中有一块明朝江南四大才子之一文徵明的诗词碑是由三块合成的，邓小平问陪同人员这是怎么回事。陪同人员说："这块碑是原碑，内容中指出杀害岳飞的罪魁祸首主要是赵构皇帝，不是秦桧，因而很有价值。以后我们想重修一块完整的。"

邓小平说："有条件再修一块。"

沿着碑廊，邓小平来到岳坟。这是南宋孝宗为岳飞昭雪冤案，以礼改葬之地。墓碑上刻"宋武鄂王墓"，左侧有其子继忠侯岳云附葬墓碑，邓小平手拉着外孙女绕着墓走了一圈后，站在碑前，用手指了指整座岳墓问道："岳墓是不是原物？"

陪同人员说："岳墓建成以来，历尽沧桑，'文革'期间，又被作为'四旧'，遭到肆意破坏。岳飞塑像被砸烂，墓穴被平毁。""现在的岳墓、岳庙是 1979 年重修的。为了恢复历史原貌，我们还在坟头上重新种上了草。"

邓小平听了点了点头，顺着墓道，继续往前走去。这时，墓道阶下两侧的铁栅里，秦桧夫妇，还有张俊等四个陷害岳飞的奸臣跪像前已挤满了游客，有人还指指点点，以表憎恶。邓小平把外孙和外孙女拉到跪像前，用手指着几个奸臣说："英雄为后人所纪念，坏人为后人所唾弃。"他还望着门柱上的对联继续说："'青山有幸埋忠骨，白铁无辜铸佞臣'。很对呀！你们要像岳飞一样尽忠报国才是。"

走出岳王庙的大门，道路边早已挤满了游客和群众。人群中爆发出掌声和欢呼声。邓小平停住脚步，微笑着频频向人们招手致意。

80 "鲫鱼多少钱一斤呀?"

  1983 年 2 月 21 日上午,邓小平在中共上海市委第二书记胡立教、市长汪道涵、副市长杨堤等负责人的陪同下,视察了位于上海静安区胶州路的农贸市场。

  静安区胶州路集市建于 1979 年 10 月 15 日,地处静安寺闹市区附近。市场全长 150 米,场地使用面积达 545.92 平方米,设有摊位 50—60 个。市场两边是居民,还有几个国营和集体单位。在这种环境中,他们见缝插针,分类设摊,做到整齐清洁,使市场管理不断完善,得到了市、区领导的好评。

对于城市经济改革中出现的个体经济、集市贸易,世界各国表示了极大的关注和兴趣,纷纷前来参观和访问。胶州路市场,从 1980 年起,先后接待了美国教育旅游团,日本民社党代表团,朝鲜劳动党政治局委员、平壤市委责任书记等,以及日本、澳大利亚、法国、瑞典等国的记者。

邓小平下车后,首先到市场门口的水果摊看了看,并且问随行人员一些问题,随行人员解释后,邓小平随即走进待业青年办的知青合作社,他问里面的工作人员:"你们是属于什么性质的?"

工作人员回答说:"我们属于街道办的知青合作社。"

接着,邓小平又来到个体户刘洪珍的摊位前,他问刘洪珍:"鲫鱼多少钱一斤呀?"

刘洪珍回答说:"2.8 元一斤。"

邓小平又问旁边的一个个体户陈治玲:"这是什么?"

"是明夫。"

随行人员向邓小平解释了明夫的产地。

邓小平又看了几个摊位,最后来到了个体户姜安如的摊位前,他指着冬笋问:"多少钱一斤?"

"7 角一斤。"姜安如抬头一看原来是邓小平同志,便激动地连连拍手叫了起来,"伯伯、邓伯伯,你好,你身体好吗?"

邓小平回答说:"你好。"

邓小平的视察,极大地鼓舞了市场全体工作人员的工作热情,这个市场后来连年被评为市区的先进市场。

81 "知青菜场办得好嘛!"

　　上海市北区的曲阳新村是 20 世纪 70 年代末期,市政府筹划建造的 13 个新村小区中的一个。其规模仅次于浦东的潍坊新村。当时曲阳新村的建设速度最快,至 1982 年年底,曲阳新村的西南小区建成,小区配套设施齐全。

　　1983 年 2 月 21 日 9 时 50 分,两辆乳白色的面包车驶进了曲阳新村,在曲阳新村的菜市场门口停下。车门打开,邓小平从第二辆车里走了出来。他身着一套深灰色的中山装，迈着稳健的步子，脸上带着微笑，神采奕奕。

他们首先走进了曲阳菜场。这时早市已过，一些柜台仍在营业。

"是国营的吗？"邓小平走上前去问道。

"这是知青办的合作菜场。"虹口区委书记沈敏康回答说。

邓小平高兴地朝青年营业员们点点头，说："知青菜场办得好嘛！"

在蔬菜柜台前，邓小平问两个营业员："你们在这里做好不好？"

两个营业员激动得说不出话来，只是一个劲地点头。

在猪肉柜台前，邓小平又问一个青年女营业员："你斩肉斩得动吗？"

"还可以。"营业员点点头。

邓小平等一行接着来到了新建的百货商场，这也是一家知青办的合作企业。

邓小平仔细地观看了橱街里和货架上陈列的商品，关切地询问："居民需要的东西都有得卖吗？"

当听到回答说"居民日常生活用品都有供应"以后，他开心地笑了。

赶来看望邓小平的人越来越多，许多人都想靠得近一些。邓小平连声问："新村的文明设施跟上去了没有？""这里的住宅是哪一位工程师设计的？"

大家看到邓小平身体健康，精神很好，都感到十分高兴。

邓小平走进了曲阳酒家。身边的杨堤告诉邓小平："这里是川扬帮的菜。"

"川扬菜好嘛！"邓小平的话音一落，人群中发出了一阵阵笑声。这时有两位年过半百的老人挤出人群，操着四川口音，激动地说："楼上还有，请邓副主席到楼上看看。"

酒店的经理向邓小平介绍说："这两位是知青酒家聘请来的老师傅。"

邓小平一边健步登上二楼，一边用家乡的口音同两位四川老乡交谈，称赞这个酒家办得不错，并鼓励青年人好好干。

大家对小平同志深入群众、关心人民生活，无不心情激动。

邓小平一行接着来到大连西路 250 弄 22 号一户居民家里。

这家女主人姚凤兰，是上海服装二厂的退休工人，正手拿抹布在揩台子。她看到有客人来了，连声说："请进，请进。"

她的丈夫和儿子都上班去了，只有新过门的儿媳妇还在家里。

邓小平随着陪同的同志先走进了姚凤兰儿子的新房。新媳妇小丁一下子认出了邓小平，一时呆住了，激动得说不出话来。邓小平听说她是去年 12 月结的婚，热情地同她握手，亲切地说："祝你们幸福！"小丁有点腼腆地点点头，激动地说："邓副主席好！"

邓小平环顾了新房里的摆设，电视机、洗衣机、电冰箱等家具齐全，高兴地说："哟，这儿不错嘛，挺现代化的。"

接着，邓小平又来到姚凤兰的房间，一边亲切地同她握手，一边问道："你们生活好吗？"

姚凤兰说："我们生活得很好。"

汪道涵指着五斗橱上和床边橱上两只用红色绒布套套住的机子问："这是两台电视机？"

姚凤兰说："是的，我们原来有一台九英寸的，儿子结婚，又买了一台十四英寸的。"

邓小平听到她的回答，满意地说："你们生活好，我就高兴！"

邓小平接着问道："这住房有洗澡间吗？"

姚凤兰说："有！还是瓷砖铺的哩。"

邓小平走到浴间门口，朝里面仔细看了看，然后向主人热情告别。

这时，周围站满了居民群众，四周的窗口还伸出了人头，大家招手向小平同志问好。邓小平先举起右手，然后又用双手合抱，向大家致意。

回到北京之后，3 月 2 日，邓小平约请几位中央负责同志谈话。他说："这次，我经江苏到浙江，再从浙江到上海，一路上看到的情况很好，人们喜气洋洋，新房子盖得很多，市场物资丰富，干部信心很足。"他如数家珍地介绍了苏州农村出现的六大变化："第一，人民的吃穿用问题解决了，基本生活有了保障；第二，住房问题解决了，人均达到 20 平方米，因为土地不足，向空中发展，小城镇和农村盖二三层楼房的已经不少；第三，就业的问题解决了，城镇基本上没有待业劳动者了；第四，人不再外流了，农村的人总想往大城市跑的情况已经改变；第五，中小学教育普及了，教育、文化、体育和其他公共福利事业有能力自己安排了；第六，人们的精神面貌变化了，犯罪行为大大减少。他充满信心地宣布：看来，四个现代化希望很大。"

82 "我总算通过了考试"

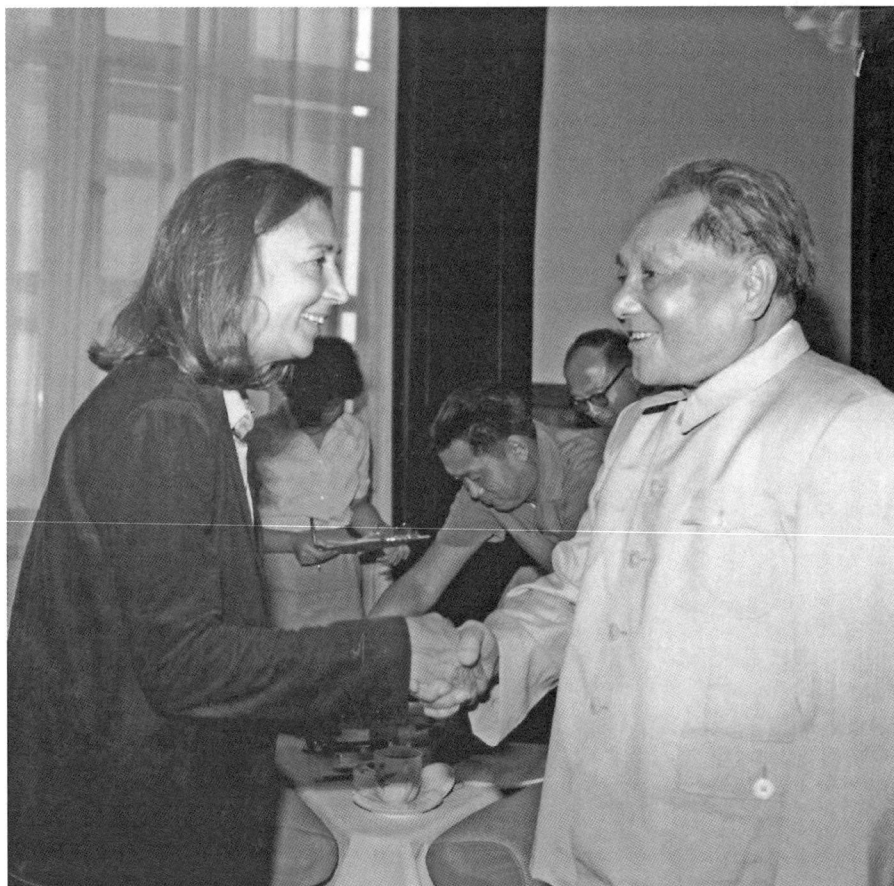

这是邓小平与意大利女记者奥琳埃娜·法拉奇的合影。

1980年初秋,酷热渐渐退去,北京进入一年之中最好的秋高气爽的季节。与此同时,在中国共产党历史上将产生重大影响的《关于建国以来党的若干历史问题的决议》的起草工作也接近了尾声。此时,全世界都在等待这一决议的出台,因为它将对新中国成立以来中国共产党的历史作出决定性的总结。

起草工作虽已接近尾声,但离文件的正式公布还有一段不近的距离。然而全世界似乎都已按捺不住,人们在对一些重大问题沸沸扬扬地猜测着、评论着。

这时,中国共产党面临的一个棘手的问题就是如何选择一种恰当的方式,在文件正式公布以前,使全世界都能及时了解决议的一些基本观点,以安人心。

经过慎重考虑,党中央选择了由领导人单独会见外国记者的方式。

8月21日,邓小平在人民大会堂118厅会见意大利女记者奥琳埃娜·法拉奇。

法拉奇是驰名世界的记者,她以善于抓住关键时机采访风云人物著称,已经先后采访过世界上数十位著名的活动家。越战炽热时,她出入河内、华盛顿;中东危机时,她紧追阿拉法特、侯赛因;西德与东方暗送秋波,她便找到维利·勃兰特;西班牙风云突变,她又出现在卡里略眼前。

这位意大利女记者提问尖锐、言辞泼辣,善于触及敏感问题。连足智多谋的基辛格也曾被她诱出内心本不想吐露的隐秘,弄得狼狈不堪,只得叹息:"接受法拉奇采访是我一生最愚蠢的事情。"

也许,邓小平看中的正是她的这种风格。这位76岁的老人精神依然年轻,他内心企盼的是一种智慧的挑战。他乐于面对一位厉害的对手,乐于对付那些"难回答的问题"。

8月21日与8月23日,采访共有两次。

采访一开始，法拉奇即单刀直入，首先触及十分敏感的关于如何对待毛泽东的问题。她问："天安门上的毛主席像，是否要永远保留下去？"

邓小平明快、干脆："永远要保留下去。过去毛主席像挂得太多，到处都挂，并不是一件严肃的事情，也并不能表明对毛主席的尊重。"又说："从我们中国人民的感情来说，我们把他作为我们党和国家的缔造者来纪念。"

法拉奇坚决地将问题引向尖锐："对西方人来说，我们有很多问题不理解，中国人民在讲起'四人帮'时，把很多错误都归咎于'四人帮'，说的是'四人帮'，但他们伸出的都是五个手指。"

对于法拉奇的暗示，邓小平当即明确指出："毛主席的错误和林彪'四人帮'问题的性质是不同的。毛主席一生大部分时间是做了非常好的事情的。他多次从危机中把党和国家挽救过来。"借这个机会，邓小平对毛泽东的一生功过做了客观、全面的简要评价。

如果说这一番问答还比较概括，那么法拉奇听到关于毛主席纪念堂的回答时，一定体会到了一位老资格政治家准确而辩证的务实感。

邓小平主动告诉她，粉碎"四人帮"后建毛主席纪念堂是不对的，甚至是违反毛主席自己的意愿的。他点出问题的要害："粉碎'四人帮'以后做的这些事，都是从为了求得比较稳定这么一个思想考虑的。"

"那么毛主席纪念堂不久是否将要拆掉？"法拉奇问。

邓小平摇头："我不赞成把它改掉。已经有了的把它改变，就不见得妥当。建是不妥当的，如果改变，人们就要议论纷纷。现在世界上都在猜测我们要毁掉纪念堂。我们没有这个想法。"

谈话到现在为止，法拉奇还没有把采访的焦点对准邓小平本人。这并不是她的失误。作为职业记者，她的兴趣主要在个人，在于政治家个人以及彼此之间的关系。但她不想过于唐突，总是试图以职业技巧旁敲侧击，使被采访者无意中透露出自己需要的东西。但这一招对邓小平似乎不大灵。

每当法拉奇从个人角度、从毛泽东本人及其与他人的关系发问时，邓小平总是宏观地、充满历史感地回答，回答的性质便在不知不觉中转化为理性的、总结性的。

这一定让法拉奇在心里抱怨。她不能不感到，想探察邓小平本人是件力不从心的难事。于是，她不得不使出撒手锏，正面直问："据说，毛主席经常抱怨你不太听他的话，不喜欢你，这是真的？"

邓小平顿了顿，平静地说："毛主席说我不听他的话是有的，但也不是指我一个人，对其他领导人也有这样的情况。这也反映毛主席后期有些不健康的思想，就是说，有家长制这些封建主义性质的东西。他不容易听进不同的意见。毛主席批评的事不能说都是不对的。但有不少正确意见，不仅是我的，其他同志的在内，他不大听得进了。民主集中制被破坏了，集体领导被破坏了。否则，就不能理解为什么会爆发'文化大革命'。"

这里，邓小平仍是循着历史的思路侃侃而谈，似乎这些也正是他要阐述的。

法拉奇继续尝试着扭转话题："为什么你想辞去副总理职务？"

"不但我辞职，我们老一代的都不兼职了。"邓小平从容不迫地一句话又转到"文革"的教训方面。他说："'文革'的原因之一在于制度不健全，其中包括领导职务终身制"，"我们存在一个领导层需要逐渐年轻化的问题，我们需要带个头。"

法拉奇仍坚持探察。当邓小平说到周恩来、刘少奇、朱德等许多同志也对毛泽东思想作出了贡献时，这位意大利女记者又找到了机会："你为什么不提自己的名字？"

邓小平回答："我算不了什么。当然我总是做了点事情的，革命者还能不做事？"邓小平又平淡地将自己划到了一般"革命者"的行列。

法拉奇的感受，斯诺在 36 年前就已经经历了。在陕北的窑洞里，毛泽东答应向斯诺详细讲述他个人的经历，然而说着说着，斯诺便感到了那个奇妙的转化，他讲述的已不再是自己的经历，而是整个中国革命事业历程。

斯诺为此深为感动，而此刻法拉奇大为苦恼。

但是，最后，法拉奇终于还是以其独有的机智消除了自己的苦恼。

"对江青你觉得应该怎样评价，给她打多少分？"

"零分以下！"邓小平毫不犹豫。

问题顺势一推："你对自己怎么评价？"此话一出，法拉奇总算舒了一口气。在她看来，终于要"言归正传"了。

这个问题确实不好对付，但邓小平似乎也没打算回避："我自己能够对半开就不错了。但有一点可以讲，我一生问心无愧，你一定要记下我的话，我是犯了不少错误的，包括毛泽东同志犯的有些错误，我也有份，只是可以说，也是好心犯的错误。"

两次采访总共四个小时。

8月28日，意大利报纸发表了这次谈话的内容。随后各国报纸纷纷转载、评论。这次与记者的交谈，在中国共产党的历史上又成了一次成功的范例。

事隔五年，邓小平会见意大利共产党总书记纳塔时，回首往事，提及他与法拉奇的交锋，无比欣慰地说："她问了许多难回答的问题，我总算通过了考试。"

83 "主权问题不是一个可以讨论的问题"

　　1982 年 9 月 22 日下午 1 点 20 分，一架英国皇家空军的专机徐徐降落在北京机场。按照事先的约定，英国首相撒切尔夫人来中国进行正式访问。撒切尔夫人这次访问的中心任务之一就是要同邓小平谈香港问题。

　　香港（包括香港岛、九龙和新界）自古以来就是中国领土。1840 年英国发动鸦片战争，强迫清政府于 1842 年签订《南京条约》，永久割让香港岛。1856 年英法联军发动第二次鸦片战争，1860 年英国迫使清政府缔结《北京条约》,永久割让九龙半岛尖端。1898 年英国又乘列强在中国划分势力范围之机,逼迫清政府签订《展拓香港界址专条》,强行租借九龙半岛大片土地以及附近 200 多个岛屿(后称新界),租期 99 年,1997 年 6 月 30 日期满。

中国人民一直反对上述三个不平等条约。中华人民共和国成立后,中国政府的一贯立场是,香港是中国的领土,中国不承认三个不平等条约,主张通过谈判解决这一问题。

细心的人观察到,一向以果断、老练而被冠以"铁娘子"称号的撒切尔夫人,此次来华却显得满腹心事。她知道,邓小平向以"绵里藏针"著称,而这次,中国方面在谈判之前,丝毫没有透露将要采取什么样的策略,邓小平葫芦里卖的什么药?等待她的将会是什么?她猜不透。但她有一种预感,这次谈判绝不会像她的老祖宗割占香港那样痛快,中国绝不会像阿根廷那样容易对付。

来华之前,撒切尔夫人再三声明:"有关香港的三个条约仍然有效。"

9 月 24 日上午,撒切尔夫人盛装亮相,来到人民大会堂,准备与邓小平进行会谈。这将是两国之间最高级别的会谈,也将是在这个问题上最终摊牌性的会谈。

撒切尔夫人来到人民大会堂后,首先到新疆厅拜会了邓颖超。这只是礼节性的拜访。她在这里寒暄片刻即起身告辞,直奔福建厅。

撒切尔夫人来到门前时,邓小平满面笑容迎了出来,与撒切尔夫人握手,互致问候。

撒切尔夫人一见面就说:"我作为现任首相访华看到你很高兴。"

不料邓小平却说:"是啊,英国的首相我认识好几个,但我认识的现在都下台了,欢迎你来啊。"

邓小平说的倒也是实话,但外交场合这种话不免使人费解。

接着,双方分宾主就座。邓小平轻松自在地靠在沙发上,铁娘子双手平放膝上，正襟危坐。由于大批记者在场，话题顿时停留在寒暄阶段。

不一会儿，记者被请退场，会谈进入正题。

对这次会谈，卫星进行了转播，全世界许多人都在注视着会谈的每一个细节，每一句话。因为会谈的每一句话都可能对当今的世界产生极大的影响，也将永远载入史册。

撒切尔夫人的谈话没有新的内容，还是向邓小平强调三个条约有效。

邓小平首先向撒切尔夫人明确指出："坦率地讲，主权问题不是一个可以讨论的问题。现在时机已经成熟了，应该明确肯定：一九九七年中国将收回香港。就是说，中国要收回的不仅是新界，而且包括香港岛、九龙。中国和英国就是在这个前提下来进行谈判，商讨解决香港问题的方式和办法。"

邓小平越说越激动："如果中国在一九九七年，也就是中华人民共和国成立四十八年后还不把香港收回，任何一个中国领导人和政府都不能向中国人民交代，甚至也不能向全世界人民交代。如果不收回，就意味着中国政府是晚清政府，中国领导人是李鸿章。"

英国方面看到，中国在主权问题上没有让步的可能，于是想试探着交出名义上的主权而换取治权，以达到继续统治香港的目的。

撒切尔夫人说："只有在英国的管理下才能保证香港的繁荣，而中国的现代化离不开香港的繁荣。"

邓小平针锋相对地指出："保持香港的繁荣，我们希望取得英国的合作，但这不是说，香港继续保持繁荣必须在英国的管辖之下才能实现。香港继续保持繁荣，根本上取决于中国收回香港后，在中国的管辖之下，实行适合于香港的政策。"

至于香港不能继续保持繁荣，就会影响中国的现代化建设，邓小平指出："影响不能说没有，但说会在很大程度上影响中国的建设，这个估计不正确。如果中国把四化建设能否实现放在香港是否繁荣上,那么这个决策本身就是不正确的。人们还议论香港外资撤走的问题。只要我们的政策适当,走了还会回来的。"

撒切尔夫人一计不成又生一计,使出了最后的撒手锏。她说:"中国一旦宣布收回香港,香港就可能发生波动,到时就可能带来灾难性的影响。"

对此,邓小平似乎早有准备。他不慌不忙地说:"我还要告诉夫人,中国政府在做出这个决策的时候,各种可能都估计到了。我们还考虑了我们不愿意考虑的一个问题,就是如果在十五年的过渡时期内香港发生严重的波动,怎么办?那时,中国政府将被迫不得不对收回的时间和方式另作考虑。如果说宣布要收回香港就会像夫人说的'带来灾难性的影响',那我们要勇敢地面对这个灾难,做出决策。"

至此,双方的底牌都已摊开了。英国保持三个不平等条约继续统治香港的幻想已成泡影,中国不是阿根廷,香港也绝不会成为马尔维纳斯群岛。

外电评述,撒切尔夫人是锋芒毕露,邓小平则是绵里藏针。还说,尽管撒切尔夫人对内对外都坚持强硬的政策,有"铁娘子"之称,但在邓小平面前,她毕竟还年轻。

事情说来也巧,当她走出人民大会堂北门,走到倒数第二级石阶时,不知怎么高跟鞋与阶石相绊,身体失去平衡,一下子栽倒在石阶地下,以至于手袋、皮鞋也被摔到了一边。幸而她已将到平地,摔得不重,有惊无险。虽然这一摔使"铁娘子"颇为狼狈,但她不愧为女中豪杰,起身后神态自若,接过别人递过来的手袋时,还不忘道谢。随后,她轻挽裙摆,猫腰闪入停在石阶下的红旗牌小轿车内,坐好后又向记者挥手微笑,似乎叫记者不要为她这一跌担心。

不过,事后一时间,这却成了人们街谈巷议的话题。

84 "想用主权换治权是行不通的"

1983 年 9 月 10 日，邓小平会见希思。

希思，英国保守党领袖，1970 年出任英国首相，1974 年后多次访问过中国，和毛泽东、周恩来、邓小平等中国领导人都有过接触，尤其是和邓小平交往比较多。希思为发展中英关系做了很多工作。在 1972 年担任首相期间，他坚持和中国改善关系，使外交关系升为大使级。他下野后继续为进一步改善中英关系而努力，特别是在中英谈判解决香港问题的过程中，穿梭于两国之间，做了大量的工作，为香港问题的解决做出了贡献。

1974 年 5 月 25 日,在中南海毛泽东的书房里,毛泽东会见了来访的英国前首相希思。陪同会见的有周恩来、邓小平等人。

这是希思第一次见到邓小平。

谈到香港问题,毛泽东说:"剩下一个香港问题,我们现在也不谈。"

说着,毛泽东回头问坐在身旁的周恩来:"还有多少时间?"

"关于香港问题的条约,是 1898 年租给他们的,租期 99 年,到 1997 年期满,到现在还有 24 年。"周恩来迅速准确地回答道。

毛泽东说:"到时候怎么办,我们再商量吧。"

毛泽东说着,习惯地用那巨人般的手一挥,指着坐在不远的邓小平说:"是他们的事情了。"

时光流逝,8 年过去了。1982 年 4 月 6 日,希思再访中国。毛泽东、周恩来已经作古。已经是中国共产党第二代领导集体核心的邓小平会见了他。

希思提出了香港问题。这时离 1997 年只剩下 15 年的时间。

希思回顾了 1974 年 5 月会见毛泽东的情景,对邓小平说:"那次你也在座,当时毛主席和周总理说,反正要到 1997 年,那还早,还是让年轻人去管吧。现在离 1997 年只有 15 年的时间,你是如何考虑在这个期间处理这个问题?"

这次,在这个问题上希思有点着急了。实际上比希思更着急的是英国政府和英国各方面的人士,也包括香港的各方面的人士。他们考虑更多的是要在香港投资。香港的前途未卜,不能不令他们焦虑。当前国际上的投资需要有 15 年的稳定。距 1997 年只剩下 15 年。中国在香港问题上的态度如何,香港问题能不能解决好,对投资者来说,是十分担心的。在英国政府准备同中国政府讨论解决香港问题时,希思作为民间使者,先行一步摸底,了解中国的态度。

邓小平说:香港的主权是中国的,还有新界,包括整个香港,过去是不平等条约,实际上是废除的问题。我们是多年的老朋友了。如中国到时不把香港的主权收回来,我们这些人谁也交不了账。至于说到投资问题,中国要维护香港作为自由港和国际金融中心的地位,也不影响外国人在那里的投资,在这个前提下由香港人管理香港。

邓小平的这个态度,实际上在3年前香港总督麦理浩来访时就明确地表达了。

1979年3月29日上午,邓小平在人民大会堂新疆厅会见了麦理浩。麦理浩的来访,实际上也是为了试探中国的态度。

邓小平说:我知道,人们开始担心香港将来前途和地位问题。对这个问题,我们有一贯的立场。我们历来认为,香港主权属于中华人民共和国,但香港又有它的特殊地位。到1997年还有18年,18年时间并不长,我们可以到时根据具体情况来讨论怎样从政治上解决这个问题,当然,前提是香港是中国的一部分,这个问题本身不能讨论。可以肯定的一点,就是到时解决这个问题,我们也会尊重香港的特殊地位的。

说到人们担心的继续投资靠不靠得住的问题,邓小平明确地告诉麦理浩:请投资的人放心。我们把香港作为一个特殊地区、特殊问题来处理,这是一个长期的政策。即使到了1997年,不管具体怎么做,政治上如何解决,这个政策不会改变。不管将来香港的政治地位如何解决,香港的特殊地位都可以得到保证。中国政府的立场不影响他们的投资利益,说清楚点,就是在20世纪和21世纪初相当长的时期内,香港还可以搞它的资本主义,我们搞我们的社会主义。就是到1997年香港的政治地位改变了,也不影响他们的投资利益。

现在解决香港问题的时机已经成熟了。邓小平再一次向希思申明了中国方面的立场。

5个月后,英国首相撒切尔夫人访问中国,中英两国政府开始就香港问题举行正式会谈。双方同意通过外交途径就解决香港问题进行商谈。但在此后的半年里,由于英方在香港主权问题上立场不变,双方磋商没有进展。直到1983年7月,中英两国政府代表团才开始第一轮谈判。在前四轮谈判中，英方名义上同意交还主权，但坚持治权不放，并通过宣传工具制造种种舆论，说香港的繁荣离不开英国的管理，主张"以主权换治权"。同时英方还打出三张"牌"：一是"信心牌"，说香港人对中国政府接管没有信心；二是"民意牌"，说香港人不愿意这么干，对内地政府顾虑很多，并发动所谓征集"民意"运动；三是"经济牌"，即抽走资金等。1983年9月英资财团首先在伦敦大量抛售港币，引起港币暴跌，造成了抢购、挤兑的风潮。

就在中英香港谈判出现紧张状态之际，希思再一次访问中国。

1983年9月10日，邓小平会见希思。

邓小平直言不讳地说："想用主权换治权是行不通的。在香港问题上，我希望撒切尔首相和她的政府采取明智的态度。中国1997年收回香港的政策不会受到任何干扰、有任何改变，否则我们就交不了账。我们和英国朋友说，我不解决这个问题，我就是李鸿章。谁不解决这个问题都是李鸿章。从现在到1997年还有14年，这14年要过渡得好，核心是1997年收回主权时香港能顺利接收，而不会引起动荡，比较顺当地接收对各方都有好处。英国利益不会受到损害，美国、西欧的利益也不会受到损害。"

邓小平特别讲到，过渡期有个香港人参与管理的问题。无论政治、经济、商业和金融方面，不知道怎么行，一下子拿过来怎么行！

最后，邓小平希望今后会谈时不要再纠缠主权换治权问题，要扎扎实实地商量香港以后怎么办，过渡时期怎么办。这对彼此最有益处。如果英方不改变态度，中国就不得不到1984年9月单方面地公布解决香港问题的方针政策。

希思回国后向英国政府传递了邓小平的谈话内容，并说服时任首相撒切尔夫人改变立场。

这年的10月撒切尔夫人给中方来信提出，双方可在中国建议的基础上探讨香港的持久性安排。在随后开始的第五、六轮谈判中，英方确认不再坚持英国管治,也不谋求任何形式的共管,并理解中国的计划是建立在 1997 年后整个香港的主权和管治权应该归还中国这一前提的基础上。僵局再次被打破,中英关于香港问题的谈判得以比较顺利地继续展开。希思的作用又一次得到了肯定。

85 "我要来看看"

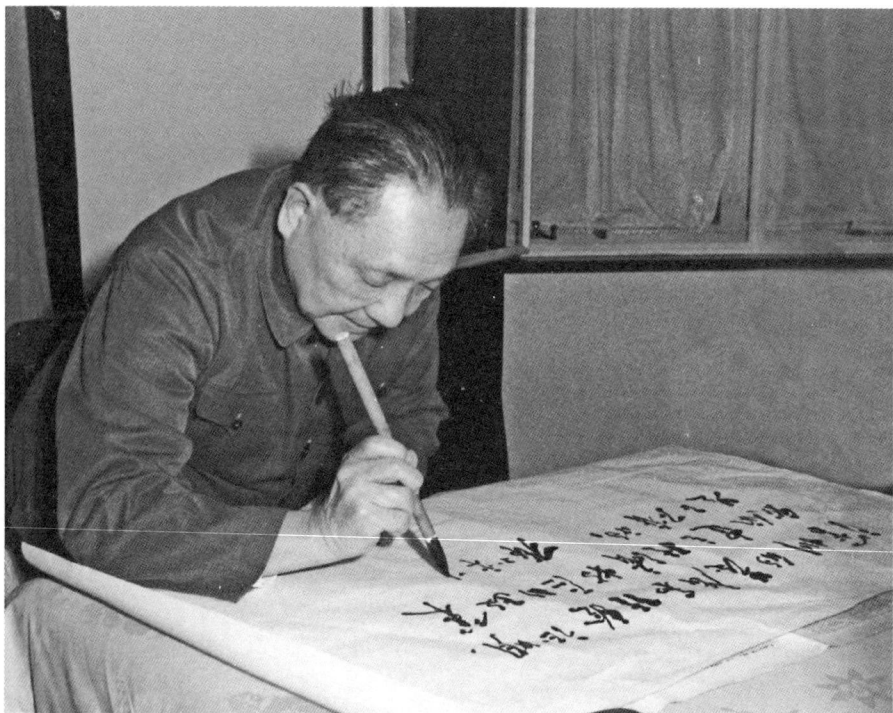

　　1984年1月下旬，邓小平在中共中央政治局委员王震、杨尚昆的陪同下，开始了他对经济特区的第一次视察。照片中，他正在为深圳特区题字。

　　1月24日上午10时，邓小平的专列到达广州站做短暂停留。广东省委负责人、广州军区负责人到车上看望邓小平。邓小平对广东省省长梁灵光说:"经济特区是我的提议,中央的决定。5年了,到底怎么样,我要来看看。"

中午,专列驶进深圳车站。邓小平身穿涤卡灰色中山装,脚穿黑色皮鞋,走下火车,同迎候在车站月台上的深圳市委、市政府的主要负责人一一握手。随后,邓小平一行乘车前往迎宾馆。

下午3时,邓小平听取了深圳市委负责人关于特区工作的汇报。听完深圳市委负责同志的汇报后,市委领导请邓小平作指示。邓小平表示:"这个地方正在发展中,你们讲的问题我都装在脑子里,我暂不发表意见,因为问题太复杂了。对有些问题要研究研究。"

下午4时50分,邓小平参观了罗湖商业区国际商业大厦。邓小平顺着这座高层大厦天台的围墙,从东面走到北面,又从北面走到西面、南面,尽情饱览深圳特区的建设风貌。最后,邓小平远望南方的香港,陷入了沉思。过了很久,邓小平对身旁的人说:"看见了,我都看清楚了。"

邓小平还参观了中国航空技术进出口服务公司深圳工贸中心、渔民村、招商局蛇口工业区、蛇口微波通讯大楼、华益铝厂有限公司、"海上世界"游乐中心等。

邓小平下榻在深圳的桂园。临离开深圳的前天晚上,深圳的许多干部群众站在桂园别墅外面,远远地望着别墅里那扇窗户透出来的灯光。他们在想,此刻邓小平在做什么?邓小平在深圳的两天时间里,看了不少地方,但每到一个地方,都是只看不说。他到底对深圳是一个什么印象?

市委的领导们心里也有这样的忐忑。邓小平从深圳到了珠海。他看了珠海特区后,欣然命笔:"珠海经济特区好。"

视察深圳、珠海特区后邓小平来到广州,下榻广州珠岛宾馆。

他为珠海经济特区的题词使得深圳人再也坐不住了。

此时,邓小平不知道,深圳的同志也已赶到广州,在等待他的题词。

担负这一任务的是深圳市接待处处长张荣。

1月29日张荣接受任务,30日一早赶到广州。他通过有关方面将深圳人的请求向邓小平汇报了。

邓小平说,回北京再题吧。

第二天是阴历的大年二十九,深圳人还在焦急地盼望着。市委领导对纷纷前来问讯的人们说:"这说明我们的工作离党中央的要求还有距离,珠海题了'好',应当向别人学习,气不能泄!"

2月1日,时间已到了大年三十,人人都准备过年了。

羊城的太阳分外明媚。花城的"花市"已经开了几天了,到处花气袭人。早饭后,邓小平领着外孙在珠岛宾馆内的小花园散步。邓小平的女儿邓楠看到迟迟不肯回去过年的张荣,想了想说:"那就这样吧,将他军,我们把纸、笔都准备好了,他一回来,我就同他说。"

一切准备就绪,邓小平散步回来,看见桌上摆着纸、笔,连墨都研好了,便问:"啥子事?"

邓楠把张荣介绍给他:"这是深圳来的张荣同志。"

邓小平笑笑说:"认识,认识。还没回去过年?"

邓楠说:"你没给题词,人家哪有心思过年!?"

邓小平听后笑了笑说:"这么严重,还要等着过年?"

于是在沙发上坐下来,问道:"你们说,写什么好?"

张荣赶忙递上几个准备好的字条,有"深圳特区好""总结成绩和经验,把深圳经济特区办得更好",等等。

邓小平拿起字条念了一下,随手搁到一边,然后拿起笔,在砚中蘸上墨,几无思索就俯下身去,在纸上一字一字地题写:"深圳的发展和经验证明,我们建立经济特区的政策是正确的。邓小平一九八四年一月二十六日。"

值得说明的是,细心的邓小平在落款时,问了一下几号。身边的同志告诉他2月1日,但邓小平没有落在广州下笔时的时间,而是把时间稍稍提前了一点,落的是他离开深圳的日子。

深思熟虑,不露声色,而作出的决定往往出乎常人的预料。这,就是邓小平!

1984 年春节,凌晨。当欢乐的第一枚爆竹呼啸着在深圳的夜空中炸响时,全城立刻沉浸在一片喜庆和欢乐之中。许多人见面的第一句话,竟不是"拜年""恭喜",而是兴奋地说:"题了,他题了!"

这个春节,有了邓小平这份厚重的礼物,深圳人过得何等快乐,何等踏实,何等充满喜悦啊!

86 "比我的工资还高呢！"

1984年1月25日下午,邓小平一行来到富甲全省农村的深圳特区渔民村参观。早在等候的党支部书记吴伯森见到邓小平到来,热泪盈眶地走上前去扶住老人说:"邓伯伯好！欢迎您！欢迎您！"

渔民村是深圳特区几年来迅速富起来的先进典型,他们利用与香港新界一河之隔的优越地理条件,依靠党的政策,大力发展养鱼业、运输业和来料加工业。1979年人均收入达到1 900多元,居全省之首。

1981 年户户过万元,成为全国第一个万元户村。1982 年 35 户全住进了由村里统一盖的每幢四室一厅双层小洋楼,年人均收入又创了新纪录,达到 2 800 多元。

老支书感谢党中央,感谢党的改革开放的政策。他陪同邓小平参观了配有空调设备的文化馆,并特邀邓小平一行去他家做客。

吴伯森家里为欢迎远方的客人呈现出一派喜庆的气象。他家是一幢别墅式的楼房,两层楼房有 180 平方米,有 2 个客厅,6 间卧室,还有饭厅、厨房、卫生间,楼上楼下的客厅里摆着彩色电视机和收音机,墙上挂着水粉风景画,陈设精致,两盆果实累累的金橘增添了欢乐的气氛。吴伯森也不再是过去的农民,他穿上了崭新的呢大衣、乌黑的皮鞋,坐在沙发上给邓小平数着家里的冰箱、彩电、洗衣机、组合音响⋯⋯他异常激动,说:"我们穷苦的渔民能过上今天这样幸福的日子,真是做梦也没想到。感谢邓伯伯! 是党中央和您为我们制定了好政策!"

邓小平说:"应该感谢党中央。"他还问吴伯森,"你现在什么都有了吧?"

"都有了。做梦没想到能有今天这样的好日子。群众都说,翻身不忘共产党。"吴伯森动情地说。

邓小平又一一询问吴家几口人、收入多少,听到去年全村纯收入达到 47 万元,每个劳动力年平均收入 5 970 元,平均每个劳动力月收入 439 元时,他高兴地说:"比我的工资还高呢! 全国农村要过上这样的生活,恐怕还有一百年!"

他的女儿、著名画家邓林插话说:"深圳也要那么久吗?"

旁边的深圳市委领导忙说:"有您的领导,一定会很快。"

邓小平很干脆,脱口而出:"那也得要五十年!"

走出客厅,邓小平参观了卧室,走进厨房观看了全套精致的不锈钢炊具和电子灶,他还来到院子里观赏了各种花卉,并愉快地同老支书站在门口,让摄影记者拍照留影。主人把客人领到一口池塘边,指着一排养鸭的水上茅棚说："这是六十年代以前群众住过的房子，现在都给鸭子住了。"他说，这几年集体发展了养殖业，兴办了加工业、商业和运输业，居民收入连年大幅度增长。全村 37 户人家，1981 年统一由集体建房，每幢投资 3 万元，集体支付 1 万元，其余 2 万元由群众分期还款，现在家家都还清了。

在村口告别时，吴伯森又一次紧握着邓小平的手，再三感谢党的富民政策。邓小平说，经过长期奋斗，全国广大农村都可以达到这样的生活水平。

(87) “要把整个厦门岛搞成特区”

1984 年 2 月 7 日，大年初六，当人们还沉浸在欢乐的新春佳节之中时，邓小平又风尘仆仆地踏上了新的旅程。他和王震乘专列来到福建厦门。中共福建省委第一书记项南、福州军区司令员江拥辉、福建省省长胡平、中共厦门市委书记陆自奋、厦门市市长邹尔均等省市党政军领导到车站欢迎。

在火车站到宾馆的路上，邓小平不顾一路的风尘，一边看窗外的厦门建设情况，一边听取了项南等的汇报。

2月8日,风和日丽。

邓小平身着银灰色中山装,神采奕奕,迈着稳健的步伐,视察已建成投产的东渡港5万吨位码头1号泊位。他关心地询问工程负责人:"工程进展好吗?"工程负责人回答道:"首期4个泊位已经建成,现在正抓紧储运仓库和港区道路建设。"

"好!好!"邓小平连声说道。

接着,他又了解了泊位的堆场建设情况,当他听说1号泊位已由杂货码头改为集装箱时,赞许地说:"要得,这一步有远见。"

离开东渡港,邓小平乘着"鹭江"号游艇,视察了集装箱码头、渔业码头,然后又向鼓浪屿方向驶去。

在游艇上,项南把一张厦门市区图在邓小平面前摊开,指着地图对邓小平说:"小平同志,厦门特区现在实际只有2.5平方公里,实在太小了,太束缚手脚了,即使很快全部建成,也没有多大的实际意义。"

"你们的意思是?"邓小平带着询问的目光注视着他和省市负责人。

"把特区扩大到全岛。"项南显然已经深思熟虑过了,因此语气颇为坚决,"使整个厦门岛都开放,这对引进外资和先进技术,对改造全岛的老企业,都可以起到更好的作用。"

邓小平边听边仔细地察看了地图,扭头看了看身边的王震,问道:"你说行不行?"王震说:"我完全同意。"然后邓小平平静地说:"我看可以,这没得啥子问题嘛。"

听到邓小平的回答,在场的省市领导人都相视而笑,为邓小平对他们的支持而高兴,连王震也露出了会心的笑容。

项南的要求还不止特区地域的扩大,他还向邓小平和盘端出了一个迄今为止在中国还算是大胆的设想:"现在台湾人到大陆都不是直来直去,要从香港或者日本绕道来,这太麻烦了。如果把离台湾、金门最近的厦门变成自由港,实行进出自由,这对海峡两岸中国人的交往,会起到很大的促进作用。"

王震率先表示赞同："应该考虑这个问题。"

邓小平沉思了一会儿，点了点头："可以考虑。"接着，他问项南，"自由港要实行哪些主要政策呢？"

几位在场的领导人议论了一下，回答道："一是货物自由进出；二是人员可以自由来往；三是货币自由兑换。"

"哦。"邓小平点燃一支烟，默默地陷入了沉思。过了一会儿，他说："前两条还可以，可后一条不容易，但没关系，在这个问题没解决之前，可以实行自由港的某些政策。"

显然，这不是一个容易对之立即作出决定的问题。

在游艇上，项南建议把正在建设的厦门机场改称厦门国际机场。

"鹭江"号游艇绕鼓浪屿环游一周后，缓缓靠岸。邓小平一行健步登上这个幽静迷人的绿岛。

在风景优美的海岛上走了一段路，邓小平似乎发现了什么，问道："怎么看不到游人啊？"

"他们都在那边。"陪同人员指着另一方向回答道。

"我们就到那边去看看吧。"说着，邓小平迈开脚步，领头向人群走去。

忽然，游人中有两位认出了邓小平，他们怔愣了一会儿，惊喜地叫道："啊，邓大人！"

邓小平亲切地向他俩点点头，微笑着纠正道："邓小平。"

邓小平来到鼓浪屿的消息迅速地传到了更多的游人和居民中间。大家自动地站在街巷两旁，向邓小平一行鼓掌。路旁的人群犹如一条欢乐的河流，把邓小平一行簇拥在其中。邓小平也含笑亲切地向大家挥手致意。

在步行回船的路上，邓小平似乎突然想起了什么，饶有兴趣地问项南："厦门机场为啥子要叫国际机场啊？"

项南回答说："搞经济特区，就应该与海外建立更为广泛的联系。

叫国际机场，就是为了与日本、新加坡、菲律宾和美国通航。将来还可以飞台湾，只有飞出去，才能打开局面。叫国际机场有利于对外开放。"

邓小平挥手朗声笑道："就是应该飞出去嘛！就用国际机场这个名字。"

2月9日，邓小平一行视察了基本完成"五道一平"正在建厂的湖里工业区。

湖里工业区位于厦门本岛西北部的湖里地区，距市区7公里，离新建的东渡码头、厦门国际机场和厦门火车北站只有2—3公里。工业区面积为2.5平方公里。它的建设分两期进行：第一期平整土地工程已基本完成，修建了道路、综合大楼、技术培训中心，以及一大批厂房和住宅楼。在湖里工业区建设中，省七建只用国家规定工期时间的三分之一，建成一幢1.5万平方米的通用厂房，震动了建筑界。闽江水电工程局以不到一年的时间，建成了厦门机场的跑道。省三建"冒雨盖楼，三天一层"，建成机场指挥塔楼。

听了这些汇报，邓小平连连点头，肯定了厦门建设速度。

当福建省委领导人汇报这几年福建集中财力、物力加强基础设施建设，为吸引外资、侨资创造条件；讲到搞这些基础建设，主要是利用国外贷款，并采取边借边还的办法，其中向美国芝加哥第一国民银行和休斯敦银行贷款3800万美元已提前还清时，邓小平尤其表示赞赏。

在看了厦门国际机场后，邓小平说，要争取和国外通航，让飞机飞出去。

9日上午，邓小平到湖里工业区听取了厦门经济特区委员会主任邹尔均汇报。

邹尔均后来回忆说："小平同志1984年来的时候，我向他汇报说，我们比较慢，我们现在才抓这些事情。他说了一句话，对头。""当时最苦恼的就是两个问题。一是特区小，只有2.5平方公里，一眼就望穿了，要求扩大到全岛；二是在经济特区方面，赋予自由港政策。当时小平同志听我向他汇报时,他点头微笑不答复。后来,他告诉我一句话,就是你的要求,我转告第一线的领导同志,让他们去作决定。"

听完汇报后,邹尔均请邓小平题词,邓小平欣然应允,他在铺开的宣纸上满怀深情地写下:"把经济特区办得更快些更好些。"

"把经济特区办得更快些更好些。"这是邓小平对厦门人民的要求和期望,也是他对所有在经济特区里为特区建设而奋斗的特区人民的要求和期望。

2月24日上午,邓小平同胡耀邦等中央领导同志谈话。他说:"厦门特区地方划得太小,要把整个厦门岛搞成特区。厦门岛全部搞成特区,就能吸收一批华侨资金,不仅华侨,许多外国人也会来投资,这样就能把周围地区带动起来,为它服务,使整个福建省的经济活跃起来。厦门特区不叫自由港,但可以实行自由港的某些政策。"

88 "香港要驻军的"

　　1984 年 5 月,六届二次政协及人大会议在北京举行,并做出了自中华人民共和国成立以来从未有过的创举,即首次邀请港澳记者赴京采访"两会"。邓小平接见了记者们。

　　5 月 24 日晚,港澳记者被负责安排接待的工作人员通知,明天上午9 时 10 分要准时在宾馆大会堂集合,10 时在大会堂有"重要人物会见"。至于"重要"到什么程度却没有说,记者们猜测可能是邓小平。

　　果不其然,翌日一早,记者们集合出发时,便获正式通知,邓小平将会见出席这次会议的港澳政协人大代表并与他们拍照留念,港澳记者亦躬逢盛会。记者乘车抵大会堂时,时间尚早,工作人员正忙着布置照相用的阶梯并在座位上贴名字,以便对号入座。反正闲着无事,记者们便你一言、我一语,拟好了四个问题,盘算着等会儿看到邓小平时,派代表发问。

不久,人大、政协港澳代表纷纷站上阶梯,等了约莫 35 分钟,邓小平便出现在人们面前,吴学谦、姬鹏飞、杨静仁等尾随其后,大家握手问好,接着便开始拍照,港澳记者也来摄取镜头,待看到邓小平与代表们的合影拍得差不多时,才急忙跑到设在另一边的阶梯上去。合影完毕,邓小平从座位上站起来,转身向着左边人大、政协港澳代表的方向笑笑。且说记者们原想合影后推举代表争取机会发问,但在合影前,大会方面已来打招呼不让提问,并说邓小平接见代表时,记者不得入内。希望化为泡影,所以记者们合影完毕后怅然若失,眼巴巴地望着邓小平步入东大厅,代表们跟着鱼贯而入。

正在这时,忽然大会又临时通知记者可以入内拍照 5 分钟,但仍不得提问。

正在拍得差不多时,不料一直坐着不发一言、神色凝重的邓小平却打破沉默,开口说话了,他劈头一句是:"有这机会,我和记者讲几句话。"

听到这振奋人心的消息,记者既惊且喜,全场响起热烈的掌声。邓小平吐出一口粗气,似乎不吐不快的样子,接着说,中央对香港问题的发言,除他本人和负责具体问题的姬鹏飞等人之外,所有其他的发言人都无效,都不算正式的。

这时,坐在邓小平左边的费彝民(中华全国新闻工作者协会副主席、香港《大公报》社长)插话:"五分钟了,够啦。够啦!"似欲制止邓小平再往下说,但邓小平此时显得十分激动。他继续着他的即兴谈话:"第二,我要辟个谣,黄华、耿飚讲的香港驻军问题不是中央的意见。你们去登一条消息,(有人鼓掌)没有那回事,香港要驻军的,既然是中国的领土,为什么不能驻军呢? 这个英国外相和我会谈时,他也承认,他也说:当然希望中国不驻军,用另外一种形式,但是他承认中国政府既然收回香港主权,有权在香港驻军。这个明确得很,难道连这一点权利都没有吗? 那还叫中国领土?"

说到这里,邓小平可能过于激动,咳嗽连声,似乎还有话说,但给咳嗽打断了。这时在场人士面面相觑,费彝民乘机兜住话头叫记者离场,工作人员也来帮腔。说来也怪,平时三番五次都请不走的记者却一反常态,闻言即三步并作两步地离开会场,慌慌张张得像逃命一般。曾经访问过黄华谈香港问题的亚洲电视台女记者,则吓得花容失色,掩住胸口说她刚才害怕得连麦克风都举不起来,以为邓小平四川口音很浓的那番话是指她们发播的新闻"胡说八道"。

当下,记者们就在大会堂的台阶上,在工作人员的帮助下,听过一遍邓小平的讲话录音,更感事态严重。也有记者提议不要急着将这消息发出去,但为时已晚,电台消息是最快的,而且两家电台又是竞争对手,早已把消息手脚麻利地发出了。尽管如此,记者们仍然热心地在一起商讨对策,不希望香港发生"地震"。经过一番商量,记者们决定守候在大门口,待会见结束后,拦截姬鹏飞、吴学谦这两位正式发言人,请他们就邓小平刚说过的话作进一步解释及补充。

等费彝民出来后,记者们便围上去要求他说一下邓小平在记者离场后还说了什么。费透露说刚才还说了驻军人数不必太多,三五千就够了。他还引述邓小平的话说,军队只是负责防御、防止暴乱的工作,不管具体治安,不会干涉香港内部事务。

费彝民这番安抚人心的话,使记者们当时吃了一颗"定心丸",这样才使邓小平的谈话没有在香港引起舆论大哗。

当天下午,负责处理香港记者采访事宜的新华社香港分社的编辑韩力,向记者们又发表了一份书面讲话,转述了邓小平在会见他们的过程中的谈话。记者们从各种消息来源证实,邓小平在记者离场后曾指出:"驻军是象征性的,是维护中华人民共和国主权的象征。港人治港是最广泛的自治啦,除驻军之外,几乎没有什么象征了。"还说:"应当估计到九七年后会有人捣乱,这是不以人的意志为转移的,乱不可能不出现,不出现才怪,有了军队就不能胡作非为了。等到乱了再派军队,就不同了。"

据信,引致邓小平批评黄华、耿飚的导火索是一份香港以知识分子为主要读者对象的报纸。邓小平接见政协、人大港澳代表的当天下午,刚好看了 22 日出版的这份报纸,报上刊载前国防部部长耿飚 5 月 21日出席湖南省人大代表小组会议时,就香港问题表示"中国军队将来不会驻在香港,而香港人也无须负担军费"。同时又有人向他说,黄华也接受过香港记者的采访,并曾就香港问题发言。他在盛怒之下,以为黄华说的也是驻军问题,于是在谈话时把两人批在一起了。具有极强原则性的邓小平在看到报纸和听到旁边人的说话后情绪比较激动。事隔三日后,他在接见香港"船王"包玉刚时,曾内疚地说:"黄华同志没有说过驻军问题,我不该错怪他(大意)。"

⑧⑨ 方针政策是坚定不移的

　　1984 年 6 月 23 日,邓小平会见香港知名人士钟士元、邓莲如、利国伟。

　　在此之前一个月的时候,香港立法、行政两局非官守议员钟士元等 9 人,赴英国游说,在机场上发表了并不能代表香港人立场而又降低自己威信的、不得体的声明,遭到舆论指责,在香港引起了一场不小的风波。未几,钟士元、邓莲如、利国伟又组成访问团赴北京,摆出一副"为民请命"的架势,被中国方面视为旨在干扰中英会谈。

6月23日,对香港人及三位两局议员来说,都是一个难忘的日子。

上午10时,邓小平在人民大会堂四川厅接见了这三位两局议员,既没有在会谈前与三位两局议员合影留念,也没有迎出厅外与他们握手。显然,邓小平对这三位两局议员是有所不满的。直到港澳办工作人员邓强进来通知他钟士元一行已到时,邓小平才露出笑容起身走到会见厅中央。

钟士元等从门外进来,即趋前与邓小平握手,他说:"邓主任,你好,我是香港来的钟士元。"接着他向邓小平介绍了身后的邓莲如和利国伟。邓小平与他们逐一握手,并对邓莲如说大家是同宗。

邓小平没有与他们闲谈,也没有说什么客套话,开门见山地说:"我欢迎你们以个人身份到北京来走走。听说你们有不少意见,我愿意听取。"

邓小平的言辞很严肃,钟士元一听不对劲,立刻接口说:"我们三个香港行政立法两局非官守议员(加重语气)很荣幸有这个机会来拜见邓主任及其他在座的中国领导人,今日来到北京,是我们的头一次,能到北京来参观,我感到非常荣幸。"

邓小平又说:"你们利用这个机会来了解北京,了解一下中华人民共和国,了解一下我们这个中华民族,很有好处。你们三位的立场,我们相信不是完全一样的。你们前不久伦敦之行,情况我们都了解,你们有话都可以讲,但是我要讲一句,中华人民共和国政府决定的方针、立场和政策是坚定不移的,不管这些方针、立场有多少人了解,我们相信这是符合五百万香港人的利益的,我们听到不同观点的人有不同意见,但我们不承认这些意见是代表全部香港人利益的。中英谈判你们是了解的,中英会谈我们会同英国解决。不会受到任何干预,过去所谓'三脚凳',我们一直不承认,我们只承认两脚,没有三脚……"

邓小平持论侃侃,直言无隐。这时,在旁的记者们都屏息静气,听得都快入神了,但按规定记者拍完照后必须离场,所以这才猛然醒悟过来,依依不舍地退出了会见厅。

会谈继续进行着。此前一天,邓小平会见了香港工商界访京团。

在这两次会谈中,邓小平详细地阐述了"一国两制"的伟大构想,指出:"中国政府为解决香港问题所采取的立场、方针、政策是坚定不移的。我们多次讲过,我国政府在一九九七年恢复行使对香港的主权后,香港现行的社会、经济制度不变,法律基本不变,生活方式不变,香港自由港的地位和国际贸易、金融中心的地位也不变,香港可以继续同其他国家和地区保持和发展经济关系……我们的政策是实行'一个国家,两种制度',具体说,就是在中华人民共和国内,大陆十亿人口实行社会主义制度,香港、台湾实行资本主义制度……我们对香港政策长期不变,影响不了大陆的社会主义。中国的主体必须是社会主义。大陆十亿人口实行社会主义制度,但允许国内某些区域实行资本主义制度,比如香港、台湾。大陆开放一些城市,允许一些资本主义进入,这是作为社会主义经济发展的补充,有利于社会主义生产力的发展……实行'一个国家,两种制度'的构想是我们从中国自己的情况出发考虑的……香港问题的成功解决,这个事例可能为国际上许多问题的解决提供一些有益线索。"在谈到港人治港问题时指出:"香港过去的繁荣,主要是以中国人为主体的香港人干出来的。中国人的智力不比外国人差……我们相信香港人能治理好香港,不能继续让外国人统治,否则香港人也是决不会答应的。港人治港有个界线和标准问题。港人治港的标准必须是以爱国者为主体的港人来治理香港……爱国者的标准是,尊重自己民族,诚心诚意拥护祖国恢复行使对香港的主权,不损害香港的繁荣和稳定……我们不要求他们都赞成中国的社会主义制度,只要求他们爱祖国,爱香港。"他提出:"从现在起要逐步解决好过渡时期问题。在这过渡时期中,一是不要出现大的波动、大的曲折,保持香港的繁荣和稳定;二是要创造条件,使香港人能顺利地接管政府。"

6月24日上午11时，钟士元一行在离京前夕，在下榻的建国饭店，以每小时380元外汇券的时租，租用了一个临时新闻发布中心，对在京记者讲了他们此行的一些活动，并不厌其烦地解答了记者的许多提问。

90 "我们把改革当作一种革命"

1984 年 10 月 10 日,邓小平在人民大会堂福建厅会见来访的联邦德国总理科尔。

一见面,科尔说:"十年前我第一次访问中国。从那之后,中国发生了很多事情,有了巨大的变化。但你看起来没有什么变化。"

"我长了十岁,都八十了。"邓小平笑着回答。

"你一定有长寿的秘密。"科尔说。

"我就是乐观。天塌下来也不要紧。我是小个子,天塌下来有你们大个子顶着。"一句话引得全场一片笑声。

"耳朵不好使了,十年前没有这个问题,要说变化,这也是变化之一。"邓小平接着说。

科尔说:"我想你在十年内发生的变化不仅仅是这些。"

邓小平说:"十年中我又有一段时间靠边站。1974 年我们见面时,我是国务院的副总理。那时周恩来总理病重,我实际上代理他的职务。1975 年,我主持着党中央和国务院的工作。1975 年底就被打下去了。自那以后有一年半靠边站,1977 年才重新工作。"

当科尔说到中国这几年内发生了很大的变化时,邓小平兴致勃勃地说:"中国现在发生的变化主要是从 1978 年底开始的,我指的是我们党的十一届三中全会。那次全会总结了历史经验,决定了一系列拨乱反正的政策。其实,拨乱反正在 1975 年就开始了。那时我主持中央党政工作,提出了一系列整顿措施,每整顿一项就立即见效,非常见效。这些整顿实际上是同'文化大革命'唱反调,触怒了'四人帮'。他们又一次把我轰下了台。"

邓小平对科尔说,如果 1977 年来中国还看不到变化,同 1974 年情况差不多。"以十一届三中全会为标志,才真正发生变化,到现在快六年了。这六年来发生的变化,确实比预料的要好。我们首先解决农村政策问题,搞联产承包责任制,搞多种经营,提倡科学种田,农民有经营管理的自主权。这些政策很见效,三年农村就发生了显著变化。"

邓小平向科尔介绍:"过几天我们要开十二届三中全会,这将是一次很有特色的全会。前一次三中全会重点在农村改革,这一次三中全会则要转到城市改革。包括工业、商业和其他行业的改革,可以说是全面的改革。"

科尔问道:"这一次改革的程度和农村改革一样吗?"

邓小平说:"无论是农村改革还是城市改革,其基本内容和基本经验都是开放,对内把经济搞活,对外更加开放。虽然城市改革比农村复杂,但是有了农村改革的成功经验,我们对城市改革很有信心。农村改革三年见效,城市改革时间要长一些,三年五载也会见效。十二届三中全会的决议公布后,人们就会看到我们全面改革的雄心壮志。我们把改革当作一种革命,当然不是'文化大革命'那样的革命。"

91 "多亏你批了八个大字"

1985年2月3日是一个星期天。邓小平在韩培信、向守志、郭林祥、沈达人、顾秀莲等的陪同下前往灵谷寺、中山陵、中山植物园和紫金山天文台参观。照片中邓小平在中山植物园参观。

上午9时20分，邓小平来到中山陵，刚一下车，游览的群众便不约而同地汇集过来，热烈鼓掌。邓小平向大家挥手致意。群众自觉让出一条过道，邓小平拾级而上。这时有四位年轻姑娘带了一个小男孩挤出人群，围着邓小平激动地喊道："邓爷爷好！""邓爷爷好！"还有一位四十开外的妇女挥手让十几岁的女儿来到邓小平面前，邓小平同她们一一握手。人群中爆发出一阵阵掌声。

离开中山陵，邓小平又来到了中山植物园的温室参观。

本来安排邓小平首先参观药物园。可是，邓小平在省负责人的陪同下，径直来到温室前。当他们走进温室时，主人却未到，邓小平一边等待，一边观赏千姿百态、姹紫嫣红的盆景。不一会儿，研究所副所长杨志斌赶到了。他双手紧紧握住邓小平的手，欢迎小平同志的到来。邓小平也非常高兴，连声称赞这里风景很美。

不知是太兴奋了，还是太紧张了，一时间杨志斌连客气话也不会说了，竟情不自禁地脱口说道："小平同志，多亏你批了八个大字，我们才能够回到这里来！"

不知是邓小平没听清楚，还是话题太突然，邓小平似乎没有听懂。在一旁的江苏省省长顾秀莲对杨志斌说："小平同志耳朵不太好，你声音说大点。"于是，杨志斌大声重复了一遍。邓小平听懂了，他回忆了一下说："对！是有这回事，一晃都过去十年啦！"

事情发生在十年动乱期间。

起因是1974年江苏省植物研究所全体科研人员和职工给邓小平写了一封信，反映他们研究所面临的困境。

南京中山植物园，其前身是1929年建立的"孙中山先生纪念植物园"。1954年，在"孙中山先生纪念植物园"旧址上重建了中国科学院南京中山植物园。到"文化大革命"开始时，该园已建立起"苗圃试验区""药用植物园""材用树种园""松柏园""树木园"和"分类系统园"共700余亩，试验温室2 000平方米，科研大楼拥有植物标本40余万份，还与40多个国家的300多个植物园建立过种子苗木交换关系，引进了油橄榄、速生松和优良绿肥等植物。

"文化大革命"开始后,中山植物园的厄运接踵而来。全所人员被"下放锻炼",研究所被并入其他单位。研究基地被不相干的单位占用,大批名贵树种被砍伐,苗圃与温室被辟为水稻田、菜园。

1972年夏,英国皇家科学院院士、《中国科学史》一书作者,80高龄的李约瑟先生来到南京,指名要看看中山植物园。接待人员只好以"植物园人员外出斗、批、改"为托词而婉言谢绝。李约瑟说:"我研究中国科学史数十年,早就想亲眼看一看世界闻名的中山植物园。人员去斗、批、改了,植物不去斗、批、改,能不能让我去看看植物?"结果还是遭到拒绝,他只好遗憾地离开南京。

林彪反党集团被揭露后,植物研究所的领导、科研人员和职工多次向上级有关部门打报告,要求归还被占用的房屋和园地。可是,一个个报告如石沉大海,杳无音信。植物研究所从领导到员工由气愤变成了气馁,由失望变成了绝望。

1973年3月,邓小平恢复了国务院副总理的职务。植物研究所的干部并不了解当时复杂的政治斗争内情,可是,他们凭着"直觉",认定邓小平是值得信赖的,于是鼓起勇气,抱着最后一线希望,给邓小平写了一封5 000余字的信,并在研究所发起了签名活动。当经办人拿着这封信到处找人签名时,有的人边签名边叹息道:"又来签名了,有什么用啊!"经办人则坚定地说:"有用!这次一定有用!"1974年6月中旬,这封寄托着植物研究所干部群众对邓小平无限信赖之情的信终于发出了,并很快到了邓小平的手中。

邓小平看完信后很快就写了如下批示:"军队占用地方房屋,凡能腾出的都应归还。此件转给南京军区处理(如来信属实,应坚决归还),并向军委报告。"

邓小平作出这个批示的当天下午3时40分,国务院值班室即向江苏省委打电话,查问有关江苏省植物研究所的情况,要求省委及时上报。随后,南京军区也接到中央军委办公厅转来的邓小平的批示和江苏省植物研究所给邓小平的信的复制件,要求迅速查处上报。这样,归还中山植物园的问题很快解决了。

当归还植物园的喜讯传来时,植物研究所的干部群众几乎不敢相信这是真的。直到他们带着幸存的几十万份植物标本和成箱成捆的研究资料重返阔别数年的故园时,这才兴奋得手舞足蹈,不能自已。兴奋之余,植物研究所的负责人想搞清楚,究竟是什么原因这么快就落实了政策,经多方询问,他们得知是邓小平作了"如属确实,坚决归还"的八字批示。尽管他们并没有亲眼看到邓小平的批示,可是,他们坚信不疑地向干部群众传达说,多亏邓小平作了这八个字的批示,我们才能够这么顺当地重返植物园。一传十、十传百,人们争相传诵着邓小平给植物研究所的八字批示。

了解了这段历史,人们对杨志斌见到邓小平时所表现出来的发自内心的感激之情也就可以理解了。所以,在十年之后,在植物研究所的大批研究人员经过浩劫重新回到研究所之后,在植物研究所乘改革开放的春风获得大发展的今天,听说邓小平来了,研究所的工作人员都赶来了。

所长贺善安向邓小平介绍了研究所的概况,介绍了改革开放以来研究所为经济建设服务和加强国际科技合作等方面的情况。邓小平认真地听着,不住地点头。

在参观时,当邓小平看到一盆标名"峨嵋海棠"的植物时,问道:"这真是峨嵋山的吗?"

"这是在峨嵋山发现的,而且是在野外环境下偶然发生的一个自然变异,是海棠属科中很难得的珍品。"贺所长回答说。

邓小平听了高兴地说:"哦,这是我们四川峨嵋山的东西。"这是一位普通老人多么真切的乡情。中山植物园是以研究培育仙人掌类植物著称于世的。在人们印象中,仙人掌只不过是沙漠中长着刺的块茎状植物,大不了再在顶端开几朵花。可是,在中山植物园仙人掌类植物展室里,呈现在邓小平眼前的竟是数百个品种的仙人掌植物,小的可置于掌心,大的如同粗壮的"琅琊棒",五光十色,争奇斗艳。

邓小平兴致盎然地观赏着。当他看到有株巨大的仙人掌一直长到房顶时,很感兴趣地问道:"再长高怎么办呢?"

贺善安回答说:"为了不影响它生长,我们就把它锯掉一截子,让它缩回来再长。"

邓小平听后说:"噢,这是个办法。"

接着,他又风趣地说:"你们应该把房子接上一层嘛!"

一句话,引得在场的同志都笑了起来。

原定参观的时间已经到了。这时贺善安向邓小平提出了题词的要求,邓小平看了一下身边的工作人员,然后和蔼地对主人说:"这样吧,我就不题词了,我给你们签个名吧。"他在签名簿上写道:"邓小平二月三日。"

92 "一个指头"与"100万"

新中国成立 35 周年盛大庆典之后不久，1984 年 10 月 25 日，一次对中国人民解放军的建设具有重大意义的会议在京西宾馆举行。

坐落在北京西长安街南侧的京西宾馆，戒备森严，给人以神秘的感觉。军队的许多高层会议在这儿召开，许多重大决策在这儿作出。

这次召开的是军委组织的座谈会。出席者，囊括了军队各方面的头面人物,包括海军、空军、第二炮兵和 11 个大军区的最高军政首长。

会议进行到第 8 天,即 11 月 1 日,军委主席邓小平在会上作了近 90 分钟的讲话。

"从哪里讲起呢?"邓小平环视了一眼在座的将军们,很随和、轻松地自问道。

"从这次国庆阅兵讲起吧。我不是讲这次阅兵如何,这次阅兵是不错,国际国内反映都很好。最近有位国际友人讲,非常好。"

说到这儿,邓小平稍加停顿。整整一个月前的今天,天安门前人海如潮,欢声笑语响彻云霄。特别是那规模宏大、场面壮观的阅兵式,令国人人心振奋,世界瞩目。提起这事,将军们面露喜悦,似乎那引导着受阅部队的鲜艳夺目的八一军旗还在眼前飘动。

此时,邓小平的思绪并没有停留在庆典、阅兵上,他看得更远、更深。

他话锋一转,神色严肃起来:"我说有个缺陷,就是八十岁的人来检阅部队,本身就是个缺陷。"

军队高层领导年龄老化,这是一个有目共睹的事实,但又是一个极为敏感的问题。正因为这个问题很敏感,所以邓小平显然是经过慎重考虑的,他先从自己这个军委主席谈起,并说:"这是个得罪人的事情哪! 我来得罪吧,不把这个矛盾交给新的军委主席。"

由于干部年龄老化的现状,邓小平又谈到与之相关的干部年轻化问题:"前两年解决了军以下各级领导班子的年轻化问题,但是高层领导的年轻化还没有解决。解决这个问题,一是要选拔优秀人才,看准了,就要把他提到重要的或更重要的岗位上;二是要让位,希望在我们军队中出现一些开明人士。"

邓小平深知,军队存在的问题,并不只是干部年龄老化这一问题,更严重的,是几经周折都没有能够解决的"肿"的问题,即机构臃肿、冗员过多。

于是，他接着谈到了军队如何服从整个国家建设大局这一话题。

"我想谈一谈顾全大局的问题。这个大局就是我们国家建设的大局。现在我们这个国家确实是生气勃勃，一片兴旺。外国很多人都这么看、这么说。出现这种局面是最近五年，特别是最近三年，也就是农村政策见效以后，这就增加了我们的信心。"邓小平在概括了改革开放政策及其到 20 世纪末实现翻两番的任务后，强调："现在需要的是全国党政军民一心一意地服从国家建设这个大局，照顾这个大局。这个问题，我们军队有自己的责任，不能妨碍这个大局，要紧密地配合这个大局，而且要在这个大局下面行动。军队各个方面都和国家建设有关系，都要考虑如何支援和积极参加国家建设。无论空军也好，海军也好，国防科工委也好，都应该考虑腾出力量来支援国家经济的发展。"

据此，邓小平提出了军队的体制改革，提出军队要进一步实行精简整编。而这次体制改革和精简整编的主要任务，就是裁减军队人员 100 万。

当邓小平缓慢而坚定地提出裁军 100 万的决策时，尽管在座的将军们都是久经沙场、有着坚强的超人的抑制力的，尽管他们事先已捕捉到一些消息，但他们心里仍然感到了一种强烈的震撼：这是一场伤筋动骨的改革！这是新时期军队建设的一次大动作！

1985 年 6 月 4 日，军委扩大会议在京西宾馆召开。

"在这么一个重要会议上，我想先就裁减军队这件事情，讲几句话。"一开口，邓小平就点出了这次会议的主要议题。

邓小平伸出一个指头，发出了一个令世界震惊的声音：人民解放军裁减员额 100 万！"我们下这样大的决心，把中国人民解放军的员额减少一百万，这是中国共产党、中国政府和中国人民有力量、有信心的表现。它表明，拥有十亿人口的中华人民共和国，愿意并且用自己的实际行动对维护世界和平做出贡献！"

几十年来，经历过两次世界大战的创伤，国际舆论一再呼吁人们重视战争的危害,联合国也一直把裁军列为其工作的基本任务之一,但事实是超级大国口头上承诺要裁军,背后却不断加紧军备竞赛,军费和核武器越"裁"越多。1985年,全世界军费已高达1万亿美元。在世界裁军进程停滞不前之际,我军单方面宣布裁军百万,这无疑对维护世界和平具有重大的作用和广泛的影响。

邓小平侃侃而谈,辩证地阐述了裁军百万的必要性:"减少一百万,实际上并没有削弱军队的战斗力,而是增强了军队的战斗力。即使国际形势恶化,这个裁减也是必要的,而且更加必要。""过去我们讲过,这么臃肿的机构如果不'消肿',不要说指挥作战,就是疏散也不容易。"

裁军百万,不仅是邓小平在考察了我军的现状,从我军自身现代化、正规化建设这一方面考虑而作出的,也是邓小平对新的国际形势进行冷静的科学的分析后作出的正确决策。

现在,裁军百万的决策即将实施,面对我军的高级将领们,邓小平将自己多年来逐渐考虑成熟的看法摆了出来,旨在阐明百万裁军决策的国际背景,指导我军建设实现战略性转变。他说:"粉碎'四人帮'以后,特别是党的十一届三中全会以后,我们对国际形势的判断有变化,对外政策也有变化,这是两个重要的转变。第一个转变,是对战争与和平问题的认识。过去我们的观点一直是战争不可避免,而且迫在眉睫。"

邓小平面带微笑,扳着手指,梳理着自己的思路:"这几年我们仔细地观察了形势","由此得出结论,在较长时间内不发生大规模的世界战争是有可能的,维护世界和平是有希望的。根据对世界大势的这些分析,以及对我们周围环境的分析,我们改变了原来认为的战争的危险很迫近的看法。"

"第二个转变,是我们的对外政策。""我们奉行独立自主的正确的外交路线和对外政策,高举反对霸权主义、维护世界和平的旗帜,坚决地站在和平力量一边,谁搞霸权就反对谁,谁搞战争就反对谁。所以,中国的发展是和平力量的发展,是制约战争力量的发展。"

说到这儿,邓小平微微一笑。他点燃一支烟,深深地吸了一口,徐徐地舒了口气,接着说:"现在看来,这两个变化是正确的,对我们是有益的,我们要坚持下去。只要坚持这样的判断和这样的政策,我们就能放胆地一心一意地好好地搞我们的四个现代化建设。"

这次军委扩大会议,无疑在中国人民解放军建设史上写下了重重的一笔:会议通过了《军队体制改革、精简整编方案》,要求在 2 年内减少军队员额 100 万;会议提出对军队建设指导思想实行战略性转变,把军队工作由原来的立足于早打、大打、打核战争的临战准备,真正转入和平时期建设的轨道。

6 月 10 日,中国官方最大的新闻机构——新华通讯社正式播发了百万裁军的消息:"中国政府决定,中国人民解放军减少员额一百万。这是中央军委主席邓小平 6 月 4 日在军委扩大会议上宣布的。"

一霎间,国际舆论沸腾了。美联社、路透社、法新社等各大新闻媒介连篇累牍地刊登报道和评论,国际政坛的风云人物也纷纷发表谈话,盛赞中国军队的这一重大举动,并对那位作出这一决策的老人交口叹服。

93 "今天我已经喝了五杯了"

　　1985年9月,中国共产党全国代表会议在北京召开。会议批准了一批老同志不再担任中央三个委员会成员的请求,增选了一批新的中央委员、候补中央委员、中央顾问委员会委员和中央纪律检查委员会委员。邓小平还专门同退下来的老同志共进午餐并谈心。

　　1985年9月23日,时令虽然已近寒露,北京人民大会堂福建厅里却和煦如春。邓小平、胡耀邦、李先念邀请部分退出中共中央顾问委员会的老同志在这里共进午餐。彭真、邓颖超、薄一波等也参加作陪。

当邓小平亲切地跟大家打招呼就座以后,中央顾问委员会退下来的一些老同志便围着一张大圆桌坐下了。他们当中有李井泉、何长工、傅钟、万毅、方志纯、帅孟奇、李贞、李楚离、杨献珍、张苏、张令彬、张启龙、范式人、周里、奎璧、钟期光、袁任远、夏衍、钱之光、郭化若、黄欧东。这21位老同志的平均年龄是82岁,平均党龄是59年。

餐桌中央陈放着五彩缤纷的鲜花和翠绿的长青草,吐露着芬芳和春意。花草中间摆有一座二龙戏珠的彩雕,那红火而呈跃动状的双龙显得很有生气。

邓小平笑着说:"耀邦,还是你开头啊。"

胡耀邦举起酒杯,热情地说:"祝老同志们健康长寿,长寿、长寿、再长寿!"邓小平带头将杯中的茅台酒一饮而尽。

邓颖超代表在座的老同志敬酒。她说:"祝常委同志们健康长寿,寿比南山,活100岁!"在喜洋洋的气氛中,大家相互碰杯。

这时邓小平点燃一支烟吸了起来。他看看周围说:"只有我、耀邦、井泉三个人抽烟?"

"还有夏衍同志也抽烟。"不知是谁答了一句。望着吸烟问题上的4位少数派,大家不约而同地笑开了。

1922年入党的何长工说:"党中央对退下来的老同志非常关心,我从内心感激党。到今年12月8日,我就85岁了。党号召废除领导职务终身制,我完全拥护。要从我们这一辈人做起,立下这个规矩,为后人做个好样子。"

邓小平说:"既然这样,要喝酒。"他率先举起了酒杯。

何长工拿起酒杯,满怀深情地望着小平说:"祝你们掌好舵。"

邓小平介绍说:"长工是去法国勤工俭学的老同志,当时我们还不认识。"

薄一波在席间讲话："这次和退出中顾委的老同志有两次活动,一次是全体常委与大家合影,是小平同志倡议的;一次就是和大家共进午餐,小平、耀邦同志都表示赞成。我们这些老同志都共事半个世纪了。这两次活动虽然是小事,但意义不小。它象征着我们党欣欣向荣、亲密团结;象征着党的全国代表会议取得圆满成功。"

这时,许多老同志都纷纷发言。88 岁的帅孟奇大姐说:"小平同志提出废除干部终身制的主张好;党代表会议开得好;中央对退下来的老同志各方面照顾得好。"

邓小平高兴地说:"好,再喝一杯嘛。"

邓大姐举起茶杯幽默地对小平同志说:"咱们'两小'喝一杯吧。"在座的中顾委秘书长荣高棠向旁边的人解释说:"周恩来同志和许多老同志都亲切地管邓大姐叫小超,所以就有了'两小'。"

邓小平又一饮而尽。他对旁边的同志说:"今天我已经喝了五杯了。"

万毅同志说:"参加今天的盛会,心情很不平静。远的不说,'文革'浩劫期间,在座的三位常委都拉了我一把,使我劫后余生,又为党做了些工作。"

接着他介绍了党的十一大开会时他给小平写信反映情况,小平同志三天后就在他的信上作了批示,不久,组织上为他安排了工作。

讲到这里,邓小平感叹说:"这种情况当时我批了不少啊!"

还有一些老同志都讲了话。一个多小时的充满战友深情的聚会结束了,老同志们热情握手、互道珍重。

94 "不要宣传我，要多宣传李明瑞"

1986 年 1 月 27 日，邓小平在广西壮族自治区领导陈辉光、韦纯束、钟家佐等以及桂林市委书记王仁武等人的陪同下乘船游览漓江。

因为漓江水浅，邓小平只得坐汽车到杨堤码头上船。

每年的 1 月，都是桂林缺雨的月份。漓江水位下降，游船行驶面临很大困难。1986 年的 1 月，情况似乎更加严重。经测定，当时漓江的水位最浅处只有 0.4 米，大的游船很难通航。按照过去的做法，在特殊情况下，如果不影响农田灌溉，可以适当地从水库放水，以提高漓江水位，便于行船。但是这一年青狮潭水库存水量很少，总库容量为 8 249 立方米。如果放水，一来解决不了大问题，提高不了多少水位；二来从水库放水，势必影响农田灌溉，要是邓小平知道的话，肯定也不会同意。因此只能先乘车至杨堤码头，然后上船，那里的江水比较深；而且游船也只好改大船为小船，使用只能容纳 60 人的一层小游船。

邓小平一家和王震一家同坐一条游船。

在从桂林到阳朔的江面上，一艘新式游艇顺流而下，漓水盈盈，碧波荡漾，两岸奇峰，层层托出，景景相连。迷人的漓江，是桂林山水的精华。她无私地、毫无保留地袒露自己秀丽的姿容，让中外游客尽情领略其"江作青罗带，山如碧玉簪"的奇妙意境，给人们留下无尽的美感与回味。

船上，邓小平和王震静坐览胜，他们怡情放眼，两岸那如诗如画、千姿百态的景色，令人目不暇接。

邓小平神情安然地一边抽着烟，一边望着船舱内嬉戏的孩子们和外面的秀美漓江山水。

在未进入主要景点前，邓小平和陪同的自治区的领导同志聊起了家常。

"你们都是广西人吗？ 是壮族吗?"邓小平问。

广西的同志一一作了回答。

小平同志的随和，使得谈话变得十分轻松和无拘无束，气氛也变得热烈起来。

"小平同志，1973年您来过桂林，这次是'故地重游'，欢迎您今后常来广西看看。"自治区的领导同志说。

一句话，打开了老人的思绪。

邓小平深吸了一口烟，像是想起了些什么似的，然后声音低缓地说："我对广西很熟悉。"

像所有的老人一样，回忆往事是异常兴奋的，更何况，邓小平要回忆的这段历史与人民军队的历史联系得是那么紧。

这时，坐在他身后的二女儿邓楠似乎看出了他的心思，很想了解父亲此时的感受，因为在家里，父亲很少说话，对于自己的过去也很少提及。她觉得这是个机会。于是，就有了下面这段难得的对话，也可以说是引子吧。

邓楠："爸，你什么时候第一次见到胡子叔叔（指王震）的？在中央苏区？"

邓小平："记不得了。"

王震："全苏大会（全国苏维埃代表大会）的时候。"

邓小平："噢，全苏大会，知道了。"

记忆的闸门打开了。

他情不自禁地讲起了1929年受党中央委派来广西创建红七军、红八军和领导发动百色、龙州起义的经历。受到他的感染，陪同人员也都活跃起来，不断询问他当年的一些事情。

那是一个血雨腥风的岁月。

1929年4月蒋桂战争以新桂系李宗仁、白崇禧的失败而告终。广西左派军人俞作柏、李明瑞利用蒋介石的力量，于同年6月掌握了广西的军政大权。由于他们在广西的根基比较薄弱，加之他们也深知蒋介石是靠不住的，于是，他们听取了俞作柏的弟弟中共党员俞作豫的建议，要求中共派干部到广西协助其工作，以巩固其地位。

1929年8月底，邓小平化名邓斌，以中共中央代表的身份来到广西，做国民党广西上层人士的工作，同时也领导中共广西党的全面工作，任中共广西前敌委员会书记。那时，邓小平的公开身份是广西省政府秘书。1929年的12月，邓小平与张云逸、韦拔群等发动百色起义，创建了红七军和右江根据地。第二年的2月，他又和李明瑞发动龙州起义，创建了红八军和左江根据地，邓小平出任红七军、红八军政治委员和前敌委员会书记。在邓小平等人的领导下，在4个多月的时间里，红军发展到7 000人，红色区域扩展到20多个县，拥有100多万人口，成为当时较大的革命根据地之一。

陪同的韦纯束说了一句："我们广西兵很能打仗。"

邓楠问道："比四川的呢？比一下嘛！"

"川军不能打，四川军战斗力最差。云南兵能打。那个时候他们（滇军）打广西，分两路，卢汉（滇军总指挥）带两个师往龙州那条路，他（滇军师长张冲）就带一个师往百色这个路，三个师就要打广西啊。"邓小平回答。

王震问："二十几岁，那时候你？"

邓小平说："哪个？"

这时，邓楠贴着邓小平的耳朵说："胡子叔叔问你那时候二十几岁？"

邓小平说："二十几岁？25岁。"

王震："你25岁就任那么多职务了！"

邓小平说："所以看不起年轻人怎么行！"

"那个时候中央提出三个口号：'打到柳州去！打到桂林去！打到广州去！'红七军、红八军不得不执行中央的决定，他们打仗很勇敢，但是，敌强我弱，红八军最后拼到只剩下七八十个人的一个团了……特别是李明瑞。不仅勇敢能吃苦，又会带兵打仗。七军北上开往江西的时候，李明瑞从来没有骑过马。我和他带一个先遣连（又叫特务连），一直走在队伍前面,李明瑞是个艰苦奋斗的人。"提起李明瑞,邓小平的语气中透出些许伤感,他这是在追忆这位过早逝去的战友。"我同李明瑞第一次见面,我是从百色到龙州,他们驻龙州。那个时候还没有打红旗啊,那个时候见面……"

李明瑞,北伐军中的著名将领。蒋桂战争后,任广西编遣特派员、国民党第四编遣分区主任。他思想开明,同情革命,对蒋介石十分不满。他比邓小平大10多岁。邓小平与李明瑞虽然相遇不久,但相知甚深。在百色粤东会馆,他和李明瑞彻夜长谈,争取了李明瑞在龙州发动起义,跟着共产党,走革命的路。

1929年年底,中央电令邓小平回上海汇报工作。邓小平向中央建议,吸收李明瑞加入中国共产党。但是,由于受"左"倾错误的影响,当时中央的一些领导人认为,对李明瑞不能存"丝毫的幻想"。邓小平说:"我们主要的工作虽然是发动下层群众,但我们不能忽视我们开展工作的上层线索。"不久,中央决定由李明瑞任红七军、红八军总指挥,邓小平任总政治委员。邓小平还主持了李明瑞的入党仪式。百色、龙州起义后,邓小平和李明瑞顶住"立三路线"的巨大压力,率领起义部队南征北战,历经11个月,行程数千里,终于把这支被毛泽东誉为特别能打仗的部队带到了江西中央苏区,为革命作出了巨大的贡献。在中央苏区,邓小平和李明瑞同时遭到王明"左"倾错误路线的迫害。不久,李明瑞被打成"改组派"首要分子,惨遭枪杀。李明瑞的牺牲,使邓小平悲痛欲绝,他多次向毛泽东力陈:"李明瑞是错杀的。"1945年在中共七大上,党中央终于为李明瑞公开平反昭雪,追认他为革命烈士。

几十年过去了,邓小平仍念念不忘这位战友,提起他时,心情总是激动难平。

韦纯束说:"我们广西电影制片厂要拍一部《百色起义》电影。"

邓小平说:"不要宣传我,要多宣传李明瑞,他英勇善战,北伐时期已会指挥打胜仗。"

这时，毛毛在一旁开玩笑地说："人家李明瑞带广西兵打胜仗，你们川军光打败仗，是不是？"

邓小平也以幽默相对："李明瑞总指挥能打仗，我是政委和他在一起的呀！"

接着邓小平又关切地问起李明瑞家属的情况，他对自治区的负责人说："李明瑞健在的亲属，你们要多多关照他们。"

95 "我只是一个普普通通的人"

1986年9月的北京,秋高气爽。9月2日,邓小平在中南海紫光阁接受美国哥伦比亚广播公司《60分钟》节目记者迈克·华莱士的电视采访。

这是邓小平第一次接受一对一的电视采访。这也是继1980年他通过意大利著名女记者法拉奇的"考试"后又一次对自己智慧和精力的严格的考试。这时邓小平已满82岁了。

和法拉奇一样,华莱士也是世界一流的新闻记者。他出生于波士顿一个俄国犹太移民家庭,从大学二年级就开始从事新闻事业,曾先后在美国密歇根大学广播中心和底特律广播电台就职。1968 年起他担任哥伦比亚广播公司《60 分钟》节目记者,在美国家喻户晓。华莱士的名气不仅仅因为他主持节目,还因为他有辉煌的采访业绩。他曾采访过水门事件、越南战争和中东战争。单独采访过的国际风云人物就有 10 多个:约翰逊、尼克松、里根、霍梅尼、萨达特、贝京、巴列维国王……

现在,他又把镜头对准了中国的邓小平。这不仅因为邓小平有着传奇般的政治生涯,他还是推进中国现阶段改革的主要人物,由他倡导、推行的改革开放政策在短短的几年中取得了巨大的成就,引起了世界的瞩目。1986 年美国《时代》周刊第 1 期选举邓小平为 1985 年风云人物,这是继 1979 年后,邓小平再度成为《时代》周刊的封面人物。

邓小平是许多中外记者渴望采访的对象。

这一次,邓小平之所以接受美国记者华莱士的采访要求,用他自己的话说,是想借这个机会同美国人民见见面,使美国人民更好地了解他,了解中国。

为了这次采访,华莱士在事前作了大量的准备。他仔细阅读了几乎所有能够找到的有关邓小平的文字材料,其中邓小平的女儿毛毛写的《在江西的日子里》一文,描写邓小平一家在"文化大革命"中的遭遇,给他留下了深刻的印象。他还请中央新闻纪录电影制片厂和中央电视台提供了些有关邓小平的革命经历和工作、生活方面的影视资料。他还根据电视特点,要求中国方面把采访地点定在中南海,而不是邓小平通常会见外宾的人民大会堂。因为中南海无论在国外还是中国国内都具有一种神秘的色彩,可以增加收视率。观众一方面可以欣赏到富于中国传统的古典建筑,另一方面也可以借此机会一睹红墙内中国领导人的日常办公所在地。

这天上午 10 时许,邓小平身着一套新的黑色中山装,脚穿一双锃亮的黑皮鞋,迈着非常稳健的步伐来到了位于中南海岸边的紫光阁。

邓小平的精神特别好。黝黑的脸庞发着亮光,看得出是刚从海边度假回来。

早早在此等候的华莱士迎上前去,邓小平同他握了握手。

华莱士高兴地说:"我把今天同你的交谈看成是一次非常难得的机会。因为像你这样的人物,我们记者不太容易得到专访的机会。"

确实,要求邓小平接见的新闻记者很多,能够得到专访机会的则是凤毛麟角。

邓小平笑着说:"我只是一个普普通通的人。"

邓小平总是把自己归入普通人的行列。这恰恰是他的伟大之处。

宾主坐下后,邓小平习惯地从一包熊猫牌香烟中抽出一根,面对华莱士说:"我抽烟可以吧?"

"可以,能给我一支吗?"华莱士伸出了手。

邓小平随手递给他一支,微笑着说:"我这个是他们为了对付我,特殊制造的,过滤嘴这么长。"

华莱士接过烟看了看,惊奇地说:"啊,过滤嘴比香烟还长。"

这不太像是采访,倒像是聊天。

华莱士说:"我希望我们在一起的一个小时对您是有趣的。"

"我这个人讲话比较随便。因为我讲的都是我愿意说的,也都是真实的。我在我们国内提倡少讲空话。"邓小平回答道。

"你有没有接受过一对一的电视采访?"华莱士又问。

邓小平说:"电视记者还没有,与外国记者谈得比较长的是意大利的法拉奇。"

华莱士马上说:"我读了那篇谈话,感到非常有趣。法拉奇问了你不少很难答的问题。"

邓小平略微停了一下说:"她考了我。我不知道她给我打了多少分。她是一个很不容易对付的人。基辛格告诉我,他被她毁了一顿。"

华莱士表示:"是的。我采访过法拉奇,但我也问了一些她很难答的问题。"这话颇有同行相轻的味道。

采访正式开始，华莱士首先问道："戈尔巴乔夫最近在海参崴对您、对中国发表了讲话。您对戈尔巴乔夫最近在海参崴的讲话有何看法?"

这是指7月28日戈尔巴乔夫在苏联远东大城市符拉迪沃斯托克(海参崴)，就苏联的亚洲政策和中苏关系发表的讲话。关于中苏关系，戈尔巴乔夫表示，苏联准备在任何时候任何级别上同中国最认真地讨论关于创造睦邻气氛的补充措施问题，希望在不久的将来苏中边界能成为和平与友好的地区;苏联愿以黑龙江主航道为界划分中苏边界的正式走向;苏联正同蒙古领导人一起研究关于相当大一部分苏军撤出蒙古的问题;1989年年底以前苏联将从阿富汗撤回六个团;理解和尊重中国的现代化目标。

华莱士提出这一问题，是希望邓小平代表中国作出正式答复。

邓小平说："戈尔巴乔夫在海参崴的讲话有点新东西，所以我们对他的新的带积极性的东西表示了谨慎的欢迎。但戈尔巴乔夫讲话也表明，他的步子迈得并不大。在戈尔巴乔夫发表讲话后不久，苏联外交部官员也讲了一篇话，调子同戈尔巴乔夫的不一样。这就说明，苏联对中国政策究竟怎么样，我们还要观察。"

华莱士："您以前有没有见过戈尔巴乔夫?"

"没有。"

"您是否想见见他? 因为他说过，他愿意，同你们在任何时候、任何级别上谈任何问题。您愿意同他进行最高级会晤吗?"

"如果戈尔巴乔夫在消除中苏间三大障碍，特别是在促使越南停止侵略柬埔寨和从柬埔寨撤军问题上走出扎扎实实的一步，我本人愿意跟他见面。"

这时，华莱士突然转开话题，问道："越南人今天发表讲话，表示愿意和中国谈判，以便结束中越之间的困难局面。"

这可急坏了在电视监视器前"督战"的节目制作人。他认为华莱士应该接过邓小平的话追问对方准备怎么与戈尔巴乔夫见面、在什么地方见面。但事已至此，只好任其继续。

邓小平说："越南这种表示至少有一百次了。我们也明确告诉他们，前提是越南从柬埔寨撤出全部军队。柬埔寨问题由柬埔寨四方商量解决。"

"要越南从柬埔寨全部撤军。对这个问题，苏联是能有所作为的。因为如果苏联不帮助越南，越南一天仗都打不了。戈尔巴乔夫在海参崴讲话一直回避这个问题。所以我说，苏联在消除中苏关系三大障碍上迈的步子并不大。"

华莱士又问道："看来，中国同资本主义的美国的关系比同苏联共产党人的关系更好一些，这是为什么？"

邓小平回答得很直率："中国观察国家关系问题不是看社会制度。中美关系是看中国和美国关系的具体情况来决定。中苏关系是看中国和苏联关系的具体情况来决定。"

这时正好摄像机内的第一盘录像带用完了，在停机换带的间歇，节目制作人迫不及待地对华莱士说了他的主意。

采访继续后，华莱士立即补充问道："邓主任，刚才我的节目制作人要我再问一下，邓主任是否愿意会见戈尔巴乔夫？"

这就引出了邓小平在这次采访中最精彩，后来被新闻界评述最多的一段谈话："我刚才说了，如果苏联能够帮助越南从柬埔寨撤军，这就消除了中苏关系的主要障碍……越南在柬埔寨驻军也是中苏关系实际上处于热点的问题。只要这个问题消除了，我愿意跟戈尔巴乔夫见面。我可以告诉你，我现在年龄不小了，过了82了，我早已经完成了出国访问的历史任务。我是决心不出国的了。但如果消除了这个障碍，我愿意破例地到苏联任何地方同戈尔巴乔夫见面。我相信这样的见面对改善中苏关系，实现中苏国家关系正常化很有意义。"

邓小平的这番话，真诚而又抓住了要害。

法新社是这样评说的："戈尔巴乔夫通过在符拉迪沃斯托克（海参崴）发表讲话取得了重要的几分，但是，80 多岁的邓小平的这次讲话却已把球挡了回去。"

邓小平还回答了华莱士提出的关于中美关系、致富与共产主义的关系以及中国以后的政策会不会变等诸多问题。

96 "不能把殖民主义尾巴拖到下一世纪"

　　1987 年 4 月 13 日,中葡关于澳门问题的联合声明在北京人民大会堂西大厅正式签署,邓小平出席了签字仪式。声明宣布:澳门地区是中国领土,中华人民共和国政府将于 1999 年 12 月 20 日对澳门恢复行使主权。

　　澳门自古以来就是中国的领土,16 世纪中叶以后,被葡萄牙人逐步占领。19 世纪中叶以后,在鸦片战争和帝国主义列强瓜分中国的背景下,葡萄牙人乘机相继侵占澳门半岛全部和内仔、路环两岛,从而占领整个澳门地区。

中华人民共和国成立后明确宣布:对于一些历史遗留问题,例如香港、澳门问题,中国政府主张在条件成熟的时候,经过谈判和平解决,在未解决之前维持现状。

澳门问题的提出,是从70年代中后期开始的。1979年中葡正式建立外交关系,双方在澳门问题上一致认为:澳门是中国领土,目前由葡萄牙政府管理,澳门问题是历史遗留问题,在适当的时候,中葡两国应通过协商友好解决。

邓小平后来说:"就澳门问题来说,解决的条件早已成熟,我们拖了一下,主要是当时对用什么方式解决澳门问题还没有考虑成熟。因为解决了澳门问题,香港、台湾问题怎么办?"1982年1月,邓小平在谈到祖国统一问题时说如果将来,整个国家是社会主义,在个别的地方允许另外的制度存在,允许存在资本主义制度,这是结合中国的实际情况。不只是台湾问题,还有香港问题,澳门也算类似的问题,也要考虑制度不变,是中华人民共和国的一部分,保持特殊地区或者叫特别区。他在谈到澳门将来实行的一些政策时还说,澳门由当地直接选出人来管理,北京不派人去。以后,邓小平又把"一国两制"的构想概括起来作了多次系统的阐述。其基本内容是:在一个中国的前提下,国家的主体坚持社会主义制度;香港、澳门、台湾是中国不可分割的组成部分,它们保持原有的资本主义制度长期不变,在国际上代表中国的只能是中华人民共和国。

1984年9月,中英达成关于解决香港问题的协议。10月3日,邓小平在人民大会堂接见港澳同胞国庆观礼团时说:"澳门问题的解决,想用香港的方式,在同一个时间解决。""澳门的解决当然也是澳人治澳,'一国两制'。"

10月6日,邓小平在接见澳门知名人士马万祺时进一步阐述了解决澳门问题的原则。

1985 年 5 月，葡萄牙总统埃亚内斯访问中国，邓小平在会见时说，澳门问题双方友好商量不难解决。

1986 年 6 月 30 日，中葡双方在北京开始了关于解决澳门问题的谈判。和中英香港谈判不一样的是，中葡双方在澳门主权问题上的分歧不大，不像中英关于香港问题谈判初期那样剑拔弩张。双方的分歧比较大的是中国收回澳门的时间。中方明确表示，考虑到中葡之间的友好关系，中方将当初确定的同时收回港澳的安排错开，比香港晚一年，即 1998 年恢复对澳门行使主权。但葡方强调，澳门与香港不同，中方应给葡方更多的过渡时间，至少不能小于给予香港的 12 年过渡期。葡萄牙国内甚至有人宣称，葡萄牙难以接受中国在 2000 年前收回澳门的管治权，这个时间应为 2017 年。

一时间，在葡萄牙和澳门，不能在 20 世纪内归还澳门的言论甚嚣尘上，为中葡会谈蒙上了一层阴影。

针对葡方的意见，中国政府采取了"既团结、又斗争"的原则，邓小平斩钉截铁地说："澳门问题必须在本世纪内解决，不能把殖民主义尾巴拖到下一世纪。"

1986 年 12 月 31 日，中国方面声明："在 2000 年以前收回澳门是包括澳门同胞在内的十亿中国人民不可动摇的立场和愿望，任何关于 2000 年以后交还澳门的主张都是不能接受的。"

1987 年 1 月，葡萄牙最高国务会议经过 4 个半小时的激烈争论达成共识：保持和发展与中华人民共和国的友好合作关系，对于维护澳门的稳定和繁荣、维护葡萄牙在澳门及远东的利益有着十分重要的意义。会议同意于 1999 年将澳门交回中国。

1987 年 3 月 18 —23 日，中葡双方在第四轮会谈中对各项协议文本内容最后取得一致意见。3 月 26 日，中葡两国政府代表团团长草签了两国政府关于澳门问题的联合声明及附件，同时决定在正式签署协议时,就部分澳门居民旅行证件问题互致备忘录。

对此,一位法国记者评论说:"西方分析家认为,23 日在北京宣布的 1999 年 12 月澳门归还给中国的协议是邓小平的一次胜利。邓小平的强硬态度迫使葡萄牙接受了一些让步。"

1987 年 4 月 13 日,中葡两国政府在关于澳门问题的联合声明及附件上正式签字。邓小平出席了签字仪式,留下了一张珍贵的照片。在会见前来参加签字仪式的葡萄牙总理席瓦尔时说:"中国在不长的时间内解决了香港问题、澳门问题,为处理国际上有争议的问题树立了一个范例。"

97 "结束过去，开辟未来"

1989 年 5 月 16 日，邓小平在北京人民大会堂会见苏共中央总书记戈尔巴乔夫，这是 30 年来中苏两国最高领导人之间的第一次晤面，引起了全世界的极大关注。

邓小平握住戈尔巴乔夫的手说："中国人民真诚地希望中苏关系能够得到改善。我建议利用这个机会宣布中苏关系从此实现正常化。"戈尔巴乔夫笑容满面地点头同意。

随即，邓小平又指着正在忙碌的记者说："趁他们还没有离开，我们也宣布两党的关系实现正常化。"两位领导人再次握手。

这是一次被推迟了的中苏高级会晤。邓小平为了这一天的到来，进行了许多年的努力。

会谈是友好、坦诚的，邓小平开门见山地点出了 60 年代的中苏论战问题,他以务实、直率的谈话风格说:"从一九五七年第一次莫斯科会谈,到六十年代前半期,中苏两党展开了激烈的争论。我算是那场争论的当事人之一,扮演了不是无足轻重的角色。""经过二十多年的实践,回过头来看,双方都讲了许多空话。""马克思去世以后一百多年,究竟发生了什么变化,在变化的条件下,如何认识和发展马克思主义,没有搞清楚。"他谈到世界日新月异的变化,认为各国必将根据自己的条件建设社会主义,固定的模式是没有的,也不可能有,墨守成规的观点只能导致落后,甚至失败。

邓小平以中苏最敏感问题为开场白,引发了一段对马克思主义及各国建设模式的议论,十分巧妙而冷静地批评了过去论战中的教条主义和形而上学的观点,为会谈定下了实事求是的基调。

戈尔巴乔夫神情专注地听着,对于那场中苏大论战,他在访问中国前已经作过详细的了解,他十分清楚坐在他身边的、比他年长 27 岁的邓小平是当时苏斯洛夫最头疼的对手,是中国代表团的团长。他对邓小平说:"我的年龄比你小,那场争论我们不想对此作出评价,而是指望你来作出评价,我同意你的基本想法。"

接着,邓小平郑重地阐述了两个问题,一是历史上中国在列强压迫下遭受损害的情况,他毫不客气地历数沙俄时代及斯大林时期侵害中国权益的历史事实,尖锐指出从鸦片战争起,列强侵略中国得利最大的一个是日本,一个是沙俄,在一定时期一定问题上也包括苏联。沙俄通过不平等条约侵占的中国土地,超过 150 万平方公里。十月革命后也还有侵害中国的事情,1929 年占去了中国的黑瞎子岛,1945 年美、英、苏三国在雅尔塔签订的秘密协定也极大地损害了中国的利益。

邓小平谈的第二个问题是近 30 年中国人感到对中国的威胁从何而来。他说:"从建国一开始,我们就面临着这个问题。那时威胁来自美国,最突出的就是朝鲜战争,后来还有越南战争……60 年代,在整个中苏,中蒙边界上苏联加强军事设施,导弹不断增加,包括派军队到蒙古,总数达到 100 万人。对中国的威胁从何而来？很自然地,中国得出了结论。1963 年,我率代表团去莫斯科,会谈破裂。应该说,从 60 年代中期起,我们的关系恶化了,基本上隔断了。这方面现在我们也不认为自己当时说的都是对的。真正的实质问题是不平等,中国人感到受屈辱。"

邓小平说到这些话时,戈尔巴乔夫很敏感,也有点紧张,他不清楚中国领导人又翻出历史旧账来做什么。他赶紧表白说:"对于不太遥远的往事,我们感到有一定过错和责任,至于两国间比较遥远的事情,是历史形成的。重提领土的变迁、边界的改划,就会使世界不稳定,就有可能引起冲突。"

邓小平摆摆手,对他说:"我讲这么长,叫'结束过去'。目的是使苏联同志理解我们是怎样认识这个'过去'的,脑子里装的是什么东西。历史账讲了,这些问题一风吹,这也是这次会晤取得了一个成果。"

谈话间,邓小平特意问戈尔巴乔夫还记不记得三年前请齐奥塞斯库捎口信的事。

戈尔巴乔夫连连点头表示记得,并说:"三年多的时间,清除三个障碍,平均每年一个。我要感谢你创造了条件,使我们能够走到一起来庆贺两国关系正常化。"

邓小平高兴地说:"我们这次会见的目的是八个字:结束过去,开辟未来。"他特别强调:"现在两国交往多起来了,关系正常化以后,无论深度和广度都会有很大发展。在发展交往方面,我有一个重要建议:多做实事,少说空话。"

戈尔巴乔夫马上赞成:"对,少声张,多做事。"

邓小平与戈尔巴乔夫的历史性会晤,是中苏关系的转折点,为中苏关系史揭开了新的一页。

98 "中国必须发展自己的高科技"

这是邓小平在中国科学院高能物理研究所视察。

1986 年 3 月 3 日，一份"关于追踪世界高技术发展的建议"呈送到中南海。这一建议是由王大珩、王淦昌、杨嘉墀、陈芳允四位著名的老科学家提出的。他们针对世界高科技的迅速发展和世界主要国家已制定了高科技发展计划的紧迫现实，向中央提出了全面追踪世界高科技的发展和制定中国发展高科技计划的建议和设想。

3月5日,邓小平就在这个建议上作了批示:"这个建议十分重要","找些专家和有关负责同志讨论,提出意见,以凭决策。此事宜速作决断,不可拖延"。

根据邓小平的意见,中央立即组织有关部门负责同志和专家对我国的高科技发展战略进行全面的论证,制定了高科技研究发展计划。在论证过程中,出现了不同意见,一种意见认为,高科技发展项目应以发展国民经济为主,还有一种意见认为应以增强军事实力为主。为此,又报告中央。

4月6日,邓小平又作出明确批示:"我赞成'军民结合,以民为主'的方针。"9月,有关方面比较全面地提出了关于高技术研究发展的计划报告。10月6日,邓小平再一次在报告上批示:"我建议,可以这样定下来,并立即组织实施。如有缺点或不足,在实施中可以修改和补充。"

10月18日,邓小平在会见美籍华人科学家李政道和意大利学者齐吉基时说:"我是热心科学的。中国要发展,离开科学不行。在这方面,我们还是比较落后。""在高科技方面,我们要开步走,不然就赶不上,越到后来越赶不上,而且要花更多的钱,所以从现在起就要开始搞。"

在邓小平的支持和推动下,11月,中共中央、国务院批转了《高技术研究发展计划纲要》,因为提出跟踪世界高技术发展的建议和邓小平作出批示的时间是1986年3月,所以中国高技术发展计划就简称为"863"计划。

计划中选择对中国未来经济和社会发展有重大影响的生物技术、航天技术、信息技术、先进防御技术、自动化技术、能源技术和新材料技术的一些领域作为突破重点,在几个重要的高技术领域跟踪世界水平。

1987年3月,这个计划开始组织实施。

邓小平一直关注我国的高科技发展事业。北京正负电子对撞机这项世界高科技工程,就是在他的关心下建成的。

1980年12月25日,聂华桐等14位美籍华裔科学家致信邓小平等中央领导同志,反映他们对我国发展高能物理研究及建造高能加速器的意见。10多天后,邓小平指示:"请国务院副总理兼国家科委主任召集一个专家会进行论证。"

1981年12月22日,中国科学院党组书记李昌、副院长钱三强向邓小平等中央领导同志报告,请求批准正负电子对撞机工程方案。当天,邓小平批示:"这项工程进行到这个程度,不宜中断,他们所提方针,比较切实可行,我赞成加以批准,不再犹豫了。"

几天后,邓小平在会见美籍科学家李政道前,再次对万里、姚依林和中科院的领导说:"要坚持,下决心,不要再犹豫了。"在谈到工程进度和经费时,邓小平说:"按5年为期,经费要放宽一些,不要再犹豫不决了,这个益处是很大的。"

1983年4月,国务院批准了对撞机工程计划任务书,同年12月,中央决定将对撞机工程列入国家重点建设项目,并由国家计委主任宋平负责组建工程领导小组。

1984年10月7日,北京正负电子对撞机工程破土动工,邓小平亲自为基石题词:"中国科学院高能物理研究所北京正负电子对撞机国家实验室奠基。"

就在这一天,邓小平来到高能物理研究所,听取了高能所副所长谢家麟关于工程总体规划和预期进度的工作汇报,接见了中国科学院部分在京学部委员及有关部门的负责同志,接见高能所和各部委参加对撞机工程建设的科技人员和职工代表,以及参加中美高能物理联合委员会第五次会议的美方代表,参观了北京正负电子对撞机模型。

经过广大科技工作者的4年努力,1988年10月16日,对撞机首次实现了正负电子对撞。

1988年10月24日,邓小平来到中国科学院高能物理研究所视察,庆祝北京正负电子对撞机首次对撞成功。

邓小平首先听取中科院院长周光召的汇报,然后在李政道教授的

陪同下参观了北京正负电子对撞机国家实验室，并作了重要讲话。

他指出："世界上一些国家都在制定高科技发展计划，中国也制定了高科技发展计划。下一个世纪是高科技发展的世纪。"

"过去也好，今天也好，将来也好，中国必须发展自己的高科技，在世界高科技领域占有一席之地。如果没有原子弹、氢弹，没有发射卫星，中国就不能叫有重要影响的大国，就没有现在这样的国际地位。这些东西反映了一个民族的能力，也是一个民族、一个国家兴旺发达的标志。"

"现在世界的发展，特别是高科技领域的发展一日千里，中国不能安于落后，必须一开始就参与这个领域的发展。因为你不参与，不加入发展的行列，差距越来越大。不要失掉时机，要不然我们很难赶上世界的发展。"

99 "谈到人格，但不要忘记还有一个国格"

1989 年，以美国为首的西方国家对中国横加指责，干涉中国内政，美国带头制裁中国，中美关系面临困境。

就是在这样一个时刻，1989 年 10 月 31 日尼克松访问了中国。邓小平会见了这位老朋友。

尼克松说："我来过中国多次，每次都受到欢迎。"

邓小平说："主要是你做的事情值得我们赞赏和关注。"

接着，尼克松谈到了目前两国关系正面临着严重考验，希望两国的政治家想办法，使两国的正常关系得到恢复和继续发展。

邓小平坦率地说："北京不久前发生的动乱和暴乱，首先是由国际上反共反社会主义的思潮煽动起来的。很遗憾，美国在这个问题上卷入得太深了，并且不断地责骂中国。中国是真正的受害者。中国没有做任何一件对不起美国的事。可以各有各的看法，但不能要我们接受别人的错误指责。"

邓小平强调："我们不能容忍动乱，这是中国的内政，不会损害任何国家。中国人这么多，底子这么薄，没有安定团结的政治环境，没有稳定的社会秩序，什么事也干不成。稳定压倒一切。"

针对西方国家的一些人用人权问题攻击中国，邓小平说："人们支持人权，但不要忘记还有一个国权。谈到人格，但不要忘记还有一个国格。特别是像我们这样第三世界的发展中国家，没有民族自尊心，不珍惜自己民族的独立，国家是立不起来的。请你告诉布什总统，结束过去，美国应该采取主动，也只能由美国采取主动。因为强的是美国，弱的是中国，受害的是中国。要中国来乞求，办不到。哪怕拖一百年，中国人也不会乞求取消制裁。如果中国不尊重自己，中国就站不住，国格没有了，关系太大了。中国任何一个领导人在这个问题上犯了错误都会垮台的，中国人民不会原谅的。这是我讲的真话。我可以肯定地告诉你，谁也不能阻挡中国的改革开放继续下去。不管我在不在，不管我是否还担任职务，十年来由我主持制定的一系列方针政策绝对不会改变。我相信我的同事们会这样做。"

对于这次会见，尼克松后来记述道："10月31日，我会见了邓小平，这也许是我同他的最后一次会见。然而，在我同中国领导人进行的历时三小时的毫无限制的会谈结束时，我比以往任何时候更加确信，邓小平是当代最重要的领导人之一。"

100 "任何一个领导集体都要有一个核心"

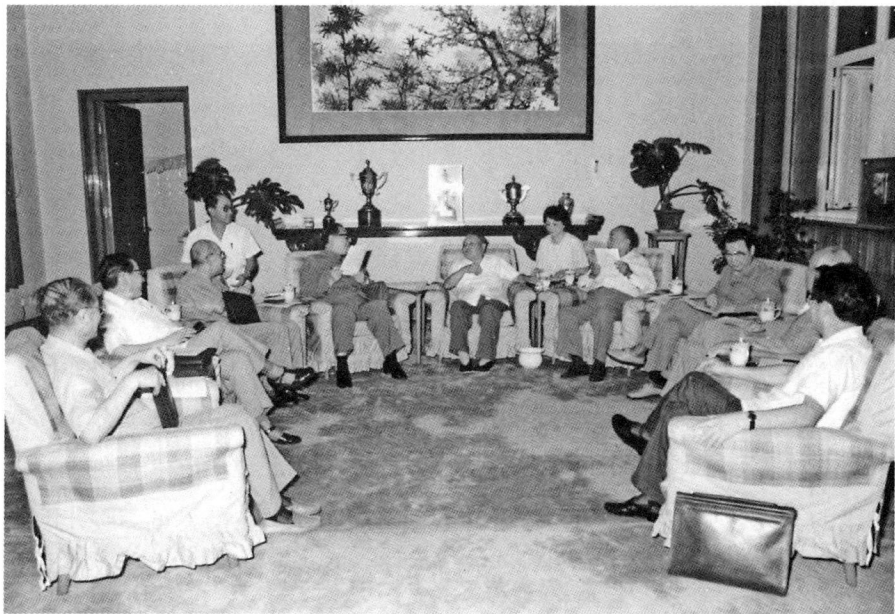

　　1989 年 6 月 23—24 日，在党的十三届四中全会上，组成了新的中央领导机构，产生了以江泽民为总书记的新的政治局常委会，这标志着中国共产党第三代中央领导集体正式确立。

　　在新的中央领导集体建立的过程中，邓小平在总结党的历史经验的基础上明确提出："这个新的领导集体要有一个核心。"

　　早在 1989 年 5 月组建这个班子时，他就对李鹏、姚依林明确表示：

"希望大家能够很好地以江泽民同志为核心,很好地团结。只要这个领导集体是团结的,坚持改革开放的,即使是平平稳稳地发展几十年,中国也会发生根本的变化。关键在领导核心。"他表示:"新的领导班子一经建立了威信,我坚决退出,不干扰你们的事。"

6月16日,他在同中央几位负责同志谈话时,联系我们党的历史,论述了维护党的领导核心的重要性。他说:"任何一个领导集体都要有一个核心,没有核心的领导是靠不住的。我们党第一代领导集体的核心是毛主席。因为有毛主席作领导核心,'文化大革命'就没有把共产党打倒。第二代实际上我是核心。因为有这个核心,即使发生了两个领导人的变动,都没有影响我们党的领导。""现在进入第三代的领导集体,也必须有一个核心,这个核心就是江泽民。新的常委会从开始工作的第一天起,就要注意树立和维护这个集体和这个集体中的核心,都要以高度的自觉性来理解和处理这个问题。"

这年的9月,邓小平在目睹了以江泽民为核心的新的中央领导集体在近三个月的时间内所作出的成绩之后,感到无比的欣慰。他决定从中央领导岗位上完全退下来。

9月4日,他在同中央政治局常委江泽民、李鹏、乔石、姚依林、宋平、李瑞环等人谈起他的退休问题时说:"现在看来,对新的领导班子这一段的活动,国际国内的反映至少是很平静,感到是稳妥的,证明我们这个新的领导班子是能够取得人民的信任和国际上的信任的。如果再加上我们这些人退出去,人家再看上两三个月或半年,我们的局面真正是稳定的,是一个安定团结的政治局面,中国还在继续发展,继续执行原有的路线、方针、政策。到那时,我们这些人的影响就慢慢消失了。消失了好!"

同一天,邓小平致信中共中央政治局,请求批准他辞去中央军委主席的要求。他说:"党的十三届四中全会选出的以江泽民同志为首的领导核心,现已卓有成效地开展工作。经过慎重考虑,我想趁自己身体还健康的时候辞去现任职务,实现夙愿。这对党、国家和军队的事业是有益的。恳切希望中央批准我的请求。我也将向全国人民代表大会提出辞去国家军委主席的请求。"

邓小平表示:"作为一个为共产主义事业和国家的独立、统一、建设、改革事业奋斗了几十年的老党员和老公民,我的生命是属于党、属于国家的。退下来以后,我将继续忠于党和国家的事业。"

邓小平说:"我们党第一代领导集体的核心是毛主席,第二代我算是个领班人,第三代的领导集体也必须有一个核心,就是江泽民同志,大家要维护这个集体和这个集体中的核心,这是我的政治交代。"

101 退休第一天

1922—1989—永远

1989年11月9日清晨,天还未亮,飘飘洒洒的细雨就已润湿了深秋的大地。

邓小平像往常一样,按时起了床。像往常一样,准时而又规律地吃了早饭,坐下来看书、看报、看文件。

最小的孙儿因患感冒而未去幼儿园,小女儿邓榕带他去看爷爷。

邓小平问邓榕:"还下雨吗?"

邓榕说:"开始下雪了。"

邓小平一听,马上起身,先把窗户大大打开,进而索性开门走出室外。外面的空气寒冷而又湿润,雨水中果然夹杂着点点雪花,纷纷落落、飘飘扬扬随风而下。

邓小平望着雨和雪,感慨地说:"这场雨雪下得不算小呀,北京正需要下雪啊!"

这场雨雪虽不很大,但毕竟是北京今冬的第一场雪。

邓榕在《我的父亲邓小平》一书中对这一天作了详细记述。

> 九点多钟,办公室主任王瑞林来了,向爸讲述了正在召开的党的中央全会的一些情况。当然,重点汇报了这次全会上关于爸退休的议程、日程的安排和讨论情况。他告诉爸,经过阅读有关文件和讨论,与会的同志们逐渐理解了爸请求退休的决心和意义,许多同志在发言中讲了很多相当动感情的肺腑之言,今天下午全会将进行表决,晚上由新闻公布。
>
> 爸听后十分高兴,说:"总之,这件事情可以完成了。"
>
> 中午吃饭的时候,我们一家人围坐在桌旁,席间的话题自然离不开爸退休这个题目。姐姐说,咱们家应该庆祝一下。哥哥说,我捐献一瓶好酒。妈妈说,如果身体好,我也想去参观下午的照相活动。爸则说:"退休以后,我最终的愿望是过一个真正的平民生活,生活得更加简单一些,可以上街走走,到处去参观一下。"大孙女眠眠笑着说:"爷爷真是理想主义!"
>
> 下午三时,中国共产党第十三届中央委员会第五次会议进行表决,通过了爸辞去中共中央军事委员会主席的请求。
>
> 四时许,爸驱车前往人民大会堂,和参加本次中央全会的全体与会者一起照相。
>
> 在休息厅里,刚刚从五中全会会场内出来的中央各位领导同

志,看到爸进来,纷纷走过来和爸握手。刚刚当选为中共中央军事委员会主席的江泽民同志一步趋前,紧紧握住爸的手。他建议,几位领导同志一起,和爸照一张相。当江泽民、杨尚昆、李鹏、姚依林、乔石、宋平、李瑞环、王震、薄一波、万里、宋任穷、胡乔木等十二位同志簇拥着爸一字排好后,记者们一拥而上,闪光灯噼啪闪烁地拍下了这一历史性时刻。

这些就是我们党和国家的领导人,他们有的银丝红颜,有的乌发满头,他们紧紧地站在一起。

当爸一行人走进大厅时,掌声骤起。爸走过中纪委委员的行列,走过中顾委委员的行列,走过全体中央委员的行列。

爸笑容满面地站在麦克风前,他说:"感谢同志们对我的理解和支持,全会接受了我退休的请求。衷心感谢全会,衷心感谢同志们。"随后,爸与参加和列席全会的全体同志合影留念。

在离开大会堂的时候,江泽民同志一直把爸送到门口,他紧握住爸的手说:"我一定鞠躬尽瘁,死而后已。"

夜幕渐渐降临,而我们家却是一片灯火通明。

全家人忙忙碌碌了整整一下午,到了吃饭的时间,四个孙子孙女一齐跑去请爷爷。他们送给爷爷一个他们亲手赶制的贺卡,上面贴有四朵美丽的蝴蝶花,代表他们四个孙辈。卡上端端正正地写道:"愿爷爷永远和我们一样年轻!"他们四个人轮流上前亲爷爷,才三岁的小孙子小弟亲了爷爷一脸的口水,逗得全家人哈哈大笑。在餐厅里,桌子上摆满了在我们家工作了三十多年的杨师傅精心设计的丰盛宴席,淡蓝色的墙壁上高高地贴着一排鲜红的字:1922—1989—永远。

爸望着这一排字,脸上浮现出了深沉的笑容。

11月10日,《人民日报》发表了邓小平要求退休的信和中共十三届五中全会的决议。

全会的决议写道："邓小平同志是我国各族人民公认的享有崇高威望的杰出领导人,在党所领导的革命和建设的各个历史时期都做出了重大贡献。""全会高度评价邓小平同志对我们党和国家建立的卓著功勋……几十年来的革命实践表明,邓小平同志不愧是杰出的马克思主义者,坚定的共产主义者,卓越的无产阶级革命家、政治家、军事家,我们党、国家和军队久经考验的领导人……邓小平同志根据马克思列宁主义同中国实际相结合的原则提出的一系列观点和理论,特别是建设有中国特色的社会主义的基本理论,是毛泽东思想的重要组成部分,是毛泽东思想在新的历史条件下的继承和发展,是中国共产党和中国人民的宝贵精神财富。"

102 "浦东开发晚了"

　　1990年1月20日,邓小平离开北京前往上海。1月26日,除夕之夜。邓小平与上海市的党政军负责同志欢聚一堂,共迎90年代的第一个新春佳节。

　　邓小平来到洋溢着新春气氛的会见厅,与中共上海市委书记、市长朱镕基,市顾问委员会主任陈国栋等负责同志一一亲切握手,互致节日问候。朱镕基代表上海人民祝邓小平同志健康长寿。

邓小平高兴地说："我到上海来过春节,向你们拜年来了! 并通过你们向上海人民拜年!"

在一片欢笑和热烈的掌声中,邓小平和大家合影留念。

大年初一的上午,朱镕基、陈国栋等上海市委主要领导来到了邓小平下榻的宾馆,给邓小平拜年。话题很快落到了上海的浦东开发建设上。

邓小平说："浦东开发晚了,但还来得及,上海市委、市政府应该赶快向中央报告。""不要怕,报嘛。"

作为一个统领全局的伟大的战略家,邓小平以其独特的视角看到了上海在对外开放方面拥有的优势,他将上海浦东开发开放视为举足轻重的一枚棋子。

2月13日晚,邓小平准备乘专列离开上海返回北京。在前往火车站途中同朱镕基谈话。在朱镕基谈到虽然有东欧事件冲击,但上海仍然稳定时,邓小平说："不要紧,我们天不怕、地不怕。要多做政治思想工作。"在谈到建议开发浦东时说："你们搞晚了。但现在搞也快,上海条件比广东好,你们的起点可以高一点。从八十年代到九十年代,我就在鼓动改革开放这件事。胆子要大一点,怕什么。"在谈到浦东开发需要优惠政策时说："我赞成,你们应当多向江泽民同志汇报。"

回到北京,邓小平心里仍想着浦东的开发。

他对中央政治局的领导说："我已经退下来了,但还有一件事。我还要说一下,那就是上海浦东的开发,你们要多关心。"

2月17日上午,邓小平接见香港基本法起草委员会的全体委员。接见前,邓小平同江泽民、杨尚昆、李鹏谈浦东开发问题。邓小平拉住李鹏的手说："你是总理,浦东开发这件事,你要管。"

2月26日,上海市委、市政府向中央提出了《关于开发浦东的请示》。上海市提出准备开发的浦东地区,指黄浦江以东、长江口西南、川杨河以北紧靠市区的一块三角地区。它东北濒长江，南临杭州湾，西靠黄浦江，面积约 350 平方公里，有良好的建港和水运条件。

3 月 3 日，邓小平找江泽民、李鹏等几位中央负责同志谈话。他指出："现在特别要注意经济发展速度滑坡的问题，我担心滑坡。世界上一些国家发生问题，从根本上说，都是因为经济上不去，长期过紧日子。如果经济发展老是停留在低速度，生活水平就很难提高。人民现在为什么拥护我们？就是这十年有发展，发展很明显。假设我们有五年不发展，或者是低速发展，这不只是经济问题，实际上是个政治问题。加强思想政治工作，讲艰苦奋斗，都很必要，但只靠这些还不够。最根本的因素，还是经济增长速度，而且要体现在人民的生活逐步地好起来。""要实现适当的发展速度，不能只在眼前的事务里打圈子，要用宏观战略的眼光分析问题，拿出具体措施。机会要抓住，决定要及时，要研究一下哪些地方条件更好，可以更广大地开源。"说到这儿，邓小平亮出了底牌。他加重语气说："比如抓上海，就算一个大措施。上海是我们的王牌，把上海搞起来是一条捷径！"

邓小平这次谈话后不久，3 月 28 日至 4 月 8 日，姚依林受党中央、国务院的委托，率领国务院特区办、国家计委、财政部、中国人民银行、经贸部、商业部、中国银行等单位和部门的负责人来到上海，对浦东开发问题进行专题研究和论证。在听取上海市关于浦东开发基本思路和总体规划的汇报后，他们又对浦东外高桥地区进行了实地考察。

与此同时，很多国内外专家也被请到上海，做浦东开发的可行性研究。

4 月 10 日，中共中央召开政治局会议，一致通过了浦东开发开放的决策。

4 月中旬，李鹏总理前往上海视察。4 月 18 日，他在上海大众汽车有限公司成立 5 周年大会上宣布了中共中央、国务院关于开发开放上海浦东的重大决策：原则批准在浦东实行经济技术开发区和某些经济特区的政策,并将浦东作为今后 10 年中国开发开放的重点。中央的这一重大决策,吹响了实施对外开放第二个战略步骤的号角。

6 月 2 日,中共中央、国务院正式发出《关于开发和开放浦东问题的批复》,指出:"开发和开放浦东,是进一步实行对外开放的重大部署;开发开放浦东,必将对上海和全国的政治稳定与经济发展产生极其重要的影响。"

9 月,国务院批准建立上海浦东外高桥保税区。

1991 年 1 月 28 日晚,邓小平又一次来到上海。在去住地的途中听取朱镕基汇报。谈到浦东开发问题,邓小平说,浦东开发至少晚了 5 年。浦东如果像深圳经济特区那样,早几年开发就好了。开发浦东,这个影响就大了,不只是浦东的问题,是关系上海发展的问题,是利用上海这个基地发展长江三角洲和长江流域的问题。

浦东开发启动后,上海开始进入一个新的发展阶段。

103 "开放不坚决不行"

　　1991年2月6日上午9时30分,邓小平在中共上海市委书记朱镕基的陪同下视察了上海大众汽车有限公司。

　　邓小平一行在大众公司汽车一厂总装车间门口下车后,与在门口迎接他的陆吉安、刘雅琴、方宏、王荣钧、尤逸尘一一握手,然后参观了总装配厂、发动机厂和国产化陈列室,详细询问了桑塔纳车的型号、性能、原材料是否国产化、出口的价格等。

邓小平一边参观一边兴致勃勃地与陪同的负责人交谈。他看着一辆辆桑塔纳从总装流水线上下来,高兴地说:"还是改革开放,如果不开放,车身还得用手敲出来呢!"他赞扬车间里很干净,说:"文明生产搞得很好。"同时又指出:"你们的厂房利用率比丰田差远了。我到日本参观过汽车厂,他们的厂房里设备摆得很紧凑,按你们的面积,可以年产 100 万台。"当邓小平听说桑塔纳轿车的质量受到用户好评时说:"上海与德国的合作是成功的,德国产品质量好,唐山地震时地下管道设施都坏了,德国造的却是好的。"邓小平说:"如果不是开放,我们生产汽车还会像过去那样用锤子敲敲打打,现在就大不相同了,这是质的变化。质的变化反映在各个领域,不只是汽车这个行业。开放不坚决不行,现在还有好多障碍阻挡着我们。你们还要抓紧创新,搞新产品,变换车型,把车身变一变,像产品换个包装一样。"

在发动机厂看到发动机缸体铸件毛坯时,邓小平说:"中国的稀土(稀土元素)、中东的石油都是宝。钢铁里加稀土,钢铁的性能就更好了,你们用了稀土没有?"邓小平认为我们还没有广泛研究,对这个宝怎样利用还不够重视。要研究利用稀土金属,要保护稀土资源。

最后,邓小平还参观了当时设立在发动机厂的桑塔纳国产化陈列室。

在视察途中,当陪同的朱镕基谈到外滩的一些大楼,新中国成立前是银行大楼,新中国成立后是政府办公楼,这些楼可以租赁给外资银行,但又有顾虑时,邓小平说:"我赞成!你们试一试,什么事情总要有人试第一个,才能开拓新路。试第一个就要准备失败,失败也不要紧。"

在朱镕基说到还有不少人认为合资企业不是民族工业,害怕它的发展等问题时,邓小平指出:"说'三资'企业不是民族经济,害怕它的发展,这不好嘛。发展经济,不开放是很难搞起来的。世界各国的经济发展都要搞开放,西方国家在资金和技术上就是互相融合、交流的。"他还说："改革开放还要讲，我们的党还要讲几十年。会有不同意见，但那也是出于好意，一是不习惯，二是怕，怕出问题。光我一个人说话还不够，我们党要说话，要说几十年。当然，太着急也不行，要用事实来证明。当时提出农村实行家庭联产承包，有许多人不同意，家庭承包还算社会主义吗？嘴里不说，心里想不通，行动上就拖，有的顶了两年，我们等待。不要以为，一说计划经济就是社会主义，一说市场经济就是资本主义，不是那么回事，两者都是手段，市场也可以为社会主义服务。"

(104)“我家里有许多这样的模型”

1991 年 2 月 13 日，春雨绵绵。邓小平在国家主席杨尚昆和上海市委负责人朱镕基、黄菊、王力平等的陪同下，来到位于闵行的上海航天局运载火箭总装厂——上海新中华机器厂视察。

上海航天事业的起步是从 20 世纪 60 年代末开始的。1969 年 8 月 14 日,周恩来总理代表党中央、国务院下达了上海也要研制运载火箭的光荣任务。经过几个春秋的努力,由上海航天人研制的"风暴一号"大型运载火箭,从 1975 年起,相继将 6 颗卫星送入轨道。1981 年 9 月,一枚"风暴一号"运载火箭不负众望,成功地将一组三颗卫星送入不同轨道,创造了中国航天史上首次发射一箭多星的记录,使中国成为世界第四个能用一箭发射多颗卫星的国家。1984 年,倾注着上海航天人满腔心血的"长征三号"运载火箭研制成功,同年 4 月成功地将我国第一颗地球静止轨道试验通信卫星定点在太空。此后的几年,"长征三号"运载火箭独领风骚,先后 4 次成功地发射我国实用通信卫星。1990 年 4 月 7 日,用"长征三号"运载火箭发射的美国制造的"亚洲一号"通信卫星被成功地定点在 3.6 万公里高度的轨道上,为 30 多个国家和地区提供先进的通信服务,标志着中国开始在通向国际商业发射市场的道路上迈出了成功的第一步,全球为之震撼! 外电评价说,这次发射,不亚于 60 年代初中国第一次爆炸了原子弹。1988 年 9 月,一枚长 40 余米、起飞推力 300 吨的"长征四号"运载火箭首飞成功,把我国第一颗太阳同步轨道气象卫星"风云一号"发射升空,这是以上海航天基地为主研制的大型运载火箭 ,标志着上海的航天科研水平已经进入了一个新的阶段。1990 年,第二颗"风云一号"气象卫星又被送上太空。

上海航天基地自 70 年代初承担运载火箭研制任务至今,已研制和参与研制了四种型号的运载火箭,先后参加了 14 次发射任务,将 18 颗不同用途的卫星送上太空,80 年代以来,取得了箭箭成功的优异成绩。

上午 9 时 35 分,一辆中型客车缓缓地停在刚刚撩开神秘面纱的运载火箭总装厂房门口。

邓小平健步走下车来,与早已等候在那里的上海航天局党政领导苏世堃、尹荣昌以及航天老专家们一一握手。

邓小平仔细听取了苏世堃的简短介绍。当介绍到厂房内陈列的

"长征四号"运载火箭是合练弹时,邓小平询问道,合练弹做什么用? 苏世堃回答说,合练弹是用于发射塔架对接协调和操作练习用的。邓小平满意地点点头。

运载火箭部分是由上海航天局副总设计师李相荣负责介绍。

在稍事休息之后,邓小平走到横卧着的"长征四号"运载火箭合练弹前,与迎上前来的李相荣亲切握手。邓小平问,"长征四号"是什么时候开始研制的? 是固体发动机还是液体发动机? 李相荣说,作为运载,现在都用液体;作为战略导弹,现在都用固体。

当得知从 1988 年开始研制的采用液体发动机的"长征四号"运载火箭,已经连续两次成功地发射气象卫星时,邓小平高兴地说:"万无一失啊。"

陪同视察的杨尚昆问:"你们已经连续几次成功?"

苏世堃说:"'七五'期间我们参与了 7 次发射任务,都是箭箭成功。"

邓小平说:"箭箭成功,办到了,了不起,世界上没有。"

当汇报到周恩来总理对航天工作提出的"严肃认真、周到细致、稳妥可靠、万无一失"的方针指示时,邓小平语重心长地说:"你们还要继续坚持这个方针。"

当汇报到在老一辈革命家的关怀决策下,上海的航天人努力完成了各项任务时,邓小平说:"我参与了这些决策。我们的决策主要是政治上决策,具体的技术还要靠你们技术人员来实现。我们决策是务虚,实干还是靠你们,能否干好靠你们了。"

邓小平的话,使在场的同志深感老一辈无产阶级革命家和中央领导同志的关怀和信任,深感肩负的历史使命之重大。

在新近研制的"风云一号"气象卫星模型前,副总设计师徐福祥向邓小平简短地介绍说,这颗由我国自行研制的卫星升空之后,不仅已经开始为国内气象、农业、渔业和海洋业服务,还向世界各国传递气象云图。

邓小平饶有兴趣地接过徐福祥递过来的卫星云图,露出了欣慰的微笑。

杨尚昆说:"气象卫星搞得不错,很有用处。"

在上海航天局研制的某型号战术武器面前,邓小平关切地询问:"一年能生产多少?"

穆虹总工程师汇报说:"我们的批量生产不够,投资不够,要保持航天发展势头,希望国家能加大投资。"

邓小平说:"这个导弹很有用。防空是很重要的,我们是社会主义国家,我们有能力根据国家的需要,我们可以集中人力、物力办几件大事。我们现在主要是发展经济,只要我们经济上去了,我们将来什么都可以有,甚至还可以买。"

对于航天局的同志提出的资金短缺问题,邓小平笑着指身边的杨尚昆主席说:"你们找他要去。"杨尚昆也笑着说:"我的口袋里也是空的。"在场的人全笑了。

邓小平一边走着,一边一字一顿地嘱托道:"你们还要搞新的发明,搞新的型号,增强新的能力,你们会办得好的。"

穆虹表示,一定按照小平同志的要求搞好研制工作。

在介绍到另一种型号的导弹时,邓小平对这种型号的总设计师梁晋才说:"这种导弹我知道。"

当邓小平得知还有一种型号的战术导弹已经批量生产时便关切地询问:"装备什么部队,装备到哪一级,需要的量有多大?"在得到答复后,邓小平连声说:"好,好。"

邓小平和杨尚昆等领导同志在参观中始终表现出了浓厚的兴趣,他们仔细地看着,不时地问着,为中国的国防现代化有如此精良的产品而欣慰。

参观完军工产品之后,邓小平、杨尚昆等来到航天局研制的部分民用产品面前。航天牌电冰箱、上海牌电视机、为桑塔纳轿车国产化配套开发的车用空调、上海牌洗衣机和其他民用产品，整齐地排列在那里。

邓小平还询问了电冰箱和电视机的价格。他建议航天民品的造型能否再漂亮一点，标志是否再明显一点，这样就更便于推销，打开市场。

当邓小平得知上海航天基地已开发了100多种民用产品，民用产品产值已占总产值的90%时，高兴地说："没有改革开放，就没有这些。我们抓国防工业的军民结合，这一条抓对了。有的国家就不行，所以搞得很困难。"

短短55分钟过去了，邓小平一行即将离开新中华机器厂。

在签名册上，邓小平郑重地写上了自己的名字，为上海航天人留下了珍贵的纪念。

与在场的上海航天局党政领导和航天专家们合影之后，邓小平握着国家级有突出贡献专家孙敬良总设计师的手说："感谢你们的工作。"

临走时，航天局的同志送给邓小平一个"长征四号"的模型。邓小平笑着说："我家里有许多这样的模型。"

邓小平的女儿说："咱们家没有这个模型。"

邓小平笑了。

这个模型后来一直放在邓小平办公室的书柜里。

在返回住地的途中，邓小平说："我们抓国防工业的军民结合，抓得比较早，这一条抓对了。有的国家就不行，所以搞得很困难。"

105 "我们说上海开发晚了，要努力干啊！"

　　1991 年 2 月 18 日上午，邓小平在朱镕基等人的陪同下又来到南浦大桥浦西段的建设工地。朱镕基把上海黄浦江大桥工程建设指挥部总指挥朱志豪介绍给邓小平。

　　当邓小平听说这是第一次在黄浦江上造桥时，特别高兴。

　　朱志豪向邓小平汇报了工程造价、施工周期、工程质量等情况，邓小平听后很满意，说上海这么大，总是要造好几座桥。

邓小平问朱志豪："这座大桥是不是世界上最大的？"

"这座大桥是当今世界斜拉桥第三，第一是加拿大的阿拉西斯桥，主桥跨度465米，第二是准备造的印度加尔各答胡格里桥，主桥跨度457米，南浦大桥主桥跨度423米，位居第三。"朱志豪回答。

邓小平听了之后满意地笑着。

朱志豪汇报说，在建大桥时，给老百姓带来很多困难，但大家都没有怨言，所以工作开展得很顺利。

邓小平点点头。

朱志豪接着说，工人们在工作中不计报酬，白天黑夜都在干。建好后，只要7分钟就能从浦东到浦西了。

听完介绍，邓小平又健步来到南浦大桥工地，亲切看望坚持春节加班的建设者，并兴致勃勃地在大桥上合影留念。

随后，邓小平兴致勃勃地来到新锦江大酒店顶层的旋转餐厅。

旋转餐厅里挂着两张大幅地图，一张是上海地图，另一张是浦东新区地图，地图旁摆着浦东开发的模型。

邓小平看着眼前的地图和模型，缓缓地说："抓紧浦东开发，不要动摇，一直到建成。只要守信用，按照国际惯例办事，人家首先会把资金投到上海，竞争就要靠这个竞争。"

邓小平一边透过宽敞明亮的玻璃眺望上海中心城区的面貌，一边嘱托身旁的上海市委书记、市长朱镕基："我们说上海开发晚了，要努力干啊！"

接着，邓小平又满怀信心地说："这是件坏事，但也是好事，你们可以借鉴广东的经验，可以搞得好一点，搞得现代化一点，起点可以高一点。后来居上，我相信这一点。"

他俯瞰着上海的全貌，远望着浦东说："（浦东）自由机动，余地大，就像画图画，怎么画都可以。全靠新的，比旧的改造容易，而主要的是好得多。"

这就是老人对浦东寄予的希望!

随后,邓小平驱车前往浦东视察。

朱镕基向邓小平汇报了浦东开发开放中"金融先行"的一些打算和做法。

邓小平听后,精辟地说:"金融很重要,是现代经济的核心。金融搞好了,一着棋活,全盘皆活。上海过去是金融中心,是货币自由兑换的地方,今后也要这样搞。中国在金融方面取得国际地位,首先要靠上海。那要好多年以后,但现在就要做起。""要克服一个'怕'字,要有勇气。""什么事情总要有人试第一个,才能开拓新路。试第一个就要准备失败,失败也不要紧。希望上海人民思想更解放一点,胆子更大一点,步子更快一点。"

106 "发展才是硬道理"

　　1992 年 1 月 18 日上午 10 点 31 分,一辆列车到达武昌,稳稳地停在 1 号站台上。

　　车门打开,一位老人走下车来,准备在站台上散散步。而此时,中共湖北省委书记关广富、湖北省省长郭树言、湖北省委副书记兼武汉市委书记钱运录等几位领导人正等在车站的贵宾室里。由于事先没有得到可以见面的通知,他们只好将自己想见见老人家的意思通过老人家身边时任中央警卫局副局长的孙勇做个转达。孙勇告诉老人家,湖北省委的领导已经来了，想见见面。老人家爽快地说："好，那就见见吧。"

邓小平头戴铝灰色鸭舌帽，身穿深灰色呢大衣，围着一条白色围巾，精神矍铄。

关广富、郭树言、钱运录快步走上前去，代表湖北省和武汉市人民向邓小平问好。邓小平把手向前轻轻一挥，说："我们边散步边谈吧。"

邓小平这次南行，出发前没有向沿途各省打招呼，也不想惊动地方负责人出来迎送。

武昌火车站的站台只有短短的500米。他们走走停停，边走边谈，这是一次信息高度浓缩的谈话。邓小平一边走一边听着关广富的汇报，时而插上几句话，时而停下脚步。

关广富后来回忆说，他们就这样来回走了4趟，一共停下来6次。

邓小平第一句话就问："你们生产搞得怎么样？以经济建设为中心你们抓得怎么样？"

关广富、郭树言简要地汇报了湖北的情况后，老人家一字一顿地说："就是要抓住以经济建设为中心嘛！"

接着，邓小平又说："现在有一个问题，就是形式主义多。电视一打开，尽是会议。会议多，文章太长，讲话也太长，而且内容重复，新的语言并不很多。重复的话要讲，但要精简。形式主义也是官僚主义。要腾出时间来多办实事，多做少说。毛主席不开长会，文章短而精，讲话也很精炼。周总理四届人大的报告，毛主席指定我起草，要求不超过五千字，我完成了任务。五千字，不是也很管用吗？我建议抓一下这个问题。"

邓小平又说："多搞点'三资'企业不要怕，只要我们头脑清醒就不怕。我们有优势，有国营大中型企业，有乡镇企业，更重要的是政权在我们手里。"

他还一针见血地批评了一些"左"的言论和表现，指出："右可以葬送社会主义，'左'也可以葬送社会主义。中国要警惕右，但主要是防止'左'。"

邓小平谆谆告诫省委、省政府负责人关广富、钱运录等："发展才是硬道理""能快就不要慢""不坚持社会主义,不改革开放,不发展经济,不改善人民生活,只能是死路一条",办事情正确与否"主要看是否有利于发展社会主义社会的生产力,是否有利于增强社会主义国家的综合国力,是否有利于提高人民的生活水平""低速度就等于停步,甚至等于后退"。同时,他也继续强调必须坚持四项基本原则,反对资产阶级自由化。要坚持两手抓,两手都要硬。他强调,中国的事情关键在人,关键在党。他还对培养年轻干部提出了要求。他说:"我们这些老人关键是要不管事,让新上来的人放手干。"

邓小平语重心长地对湖北的负责人说,一些国家出现严重曲折,社会主义好像被削弱了,但人民经受了锻炼,从中吸取了教训。因此,不要惊慌失措,不要认为马克思主义就消失了。"我坚信,世界上赞成马克思主义的人会多起来的,因为马克思主义是科学。""学马列在精,要管用的⋯⋯我的入门老师是《共产党宣言》和《共产主义 ABC》。""我读的书并不多,就是一条,相信毛主席讲的实事求是。过去我们打仗靠这个,现在搞建设,搞改革也靠这个。"

邓小平的这番话,是有所指的。当时,我国的改革开放和社会主义现代化建设事业正处于重要的历史时刻。在国际政治风云急剧变化,国内也发生了一场严重政治风波之后,党内外有些人对坚持党的"一个中心、两个基本点"的基本路线发生动摇,有些人把改革开放说成是引进和发展资本主义,认为和平演变的主要危险来自经济领域。同时,怀疑和否定四项基本原则的思潮仍然存在。

时间过得真快。29 分钟过去了。邓小平与湖北省的负责人握手告别,走上专列。上午 11 点零 2 分,火车开动,向南方驶去⋯⋯

关广富、郭树言、钱运录走进武昌火车站贵宾厅,他们三个人凭着记忆,将邓小平同志 29 分钟的谈话记录下来,由钱运录作笔录。当夜,湖北省委将这份邓小平同志的谈话记录传至中共中央办公厅。

107 基本路线要管一百年，动摇不得

  1992 年 1 月 20 日上午 9 时 35 分，邓小平在省、市负责人的陪同下，来到深圳国贸大厦。全大厦的男女职工们站在两旁，鼓掌欢迎邓小平的到来，他们齐声呼喊："邓爷爷好！"邓小平也高兴地向大家招手，并鼓掌致意。

  国贸中心大厦，楼高 160 米，高高耸立，直插云端，是当时国内第一高楼。这是深圳人民的骄傲。深圳的建设者们曾在这里创下了"三天

一层楼"的记录，成了"深圳速度"的象征。到深圳的中外人士，总要登上楼顶的旋转餐厅，远眺深圳的景色。

邓小平每到一地，总喜欢登高望远，纵览全貌。邓小平登上 53 层楼，来到了旋转餐厅。临窗而坐，俯瞰深圳市区全貌。他先听市委书记李灏介绍眼前的市容。望远处，高楼林立，马路纵横，全是新建筑，到处是一片欣欣向荣的景象；看近处，老宝安城已变得巴掌般大，矮房窄巷湮没在高楼大厦之中。上次来深圳曾经登临的国商大厦，如今成了"小弟弟"。邓小平看了后很是高兴。

接着，李灏打开一张深圳市总体规划图，简要汇报了深圳的改革开放和经济建设的情况。

李灏说，深圳的经济建设发展很快，人民生活水平有了很大提高，1984 年，人均收入为 600 元，现在是 2 000 元。改革开放也有了很大的发展。他说，这些年来，我们的精神文明建设和物质文明建设是同步发展的。深圳人对建设有中国特色的社会主义坚定不移，并且充满信心。

听完汇报，邓小平充分肯定了深圳在改革开放和建设中所取得的成绩。

李灏汇报说：我们这些年接待了不少国家首脑级外宾，特别是新加坡总理李光耀先生几次来过深圳，并发表过不少意见。概括起来是三句话：一句是中国不能没有深圳，因为它是改革开放的试验场；第二句话是深圳进行的改革如果成功，说明邓小平先生提出的建设有中国特色社会主义的路子走得通；第三句话讲廉政建设，他说他当了多年新加坡总理，培养了不少百万富翁，但他自己不能做百万富翁。这实际上表明了一个领导者应具备的政治素质和道德素质。

邓小平当即接过话题说道：广东 20 年赶上亚洲"四小龙"，不仅经济要上去，廉政建设、社会秩序、社会风气也要搞好，两个文明建设要超过他们，这才是有中国特色的社会主义。新加坡的社会秩序算是好的。他们管得严，我们应当借鉴他们的经验，而且比他们管得更好。

邓小平望望窗外,谈兴更浓。他语气坚定地说:改革开放迈不开步子,不敢闯,说来说去就是怕资本主义的东西多了,走资本主义道路。要害是姓"资"还是姓"社"的问题。判断的标准,应该主要看是否有利于发展社会主义社会的生产力,是否有利于增强社会主义国家的综合国力,是否有利于提高人民的生活水平。

讲着讲着,邓小平激动地举起右手,加重语气说:要坚持党的十一届三中全会以来的路线、方针、政策,关键是坚持"一个中心、两个基本点"。不坚持社会主义,不改革开放,不发展经济,不改善人民生活,只能是死路一条。基本路线要管一百年,动摇不得。只有坚持这条路线,人民才会相信你,拥护你。谁要改变三中全会以来的路线、方针、政策,老百姓不答应,谁就会被打倒。这一点,我讲过几次。如果没有改革开放的成果,"六四"这个关我们闯不过,闯不过就乱,乱就打内战,"文化大革命"就是内战。为什么"六四"以后我们国家能够很稳定? 就是因为我们搞了改革开放,促进了经济发展,人民生活得到了改善。所以,军队、国家政权,都要维护这条道路、这个制度、这些政策。

当时在场的陈开枝后来在《起点——邓小平南方之行》一书中这样写道:"这一番话是老人家到达深圳以后的第一次有系统、有重点的谈话。我认为也是他老人家整个南方谈话中最重要的一次。老人家讲这番话时,声音特别洪亮,神情特别凝重,语气特别严肃,眼睛里放射出一种让人不容置疑的光芒。讲到激动的时候,还不断举起微微颤抖的右手来加强语气,使在场的同志都被强烈感染……"

紧接着,邓小平又说道:"在整个改革开放过程中,必须始终注意坚持四项基本原则。十二届六中全会我提出反对资产阶级自由化还要搞二十年,现在看起来还不止二十年。资产阶级自由化泛滥,后果极其严重。特区搞建设,花了十几年时间才有这个样子,垮起来可是一夜之间啊。垮起来容易,建设就很难,在苗头出现时不注意,就会出事。"

邓小平说:"一手抓改革开放,一手抓打击各种犯罪活动。这两只手都要硬。打击各种犯罪活动，扫除各种丑恶现象，手软不得……开放以后，一些腐朽的东西跟着进来了，中国的一些地方也出现了丑恶的现象，如吸毒、嫖娼、经济犯罪等等。要注意很好地抓，坚决取缔和打击，决不能任其发展……事实证明，共产党能够消灭丑恶的东西……廉政建设要作为大事来抓，还是要靠法制，搞法治靠得住些。总之，只要我们的生产力发展，保持一定的经济增长速度，坚持两手抓，社会主义精神文明就可以搞上去。"

邓小平特别强调必须培养好接班人，他说："要进一步找年轻人进班子。现在中央这个班子年龄还是大了点，六十过一点就算年轻的了。这些人过十年还可以，再过二十年，就八十多岁了，像我今天这样聊聊天还可以，做工作精力就不够了。现在中央的班子干得不错嘛！问题当然还有很多，什么时候问题都不会少。我们这些老人关键是不管事，让新上来的人放手干，看着现在的同志成熟起来。老年人自觉让位，在旁边可以帮助一下，但不要作障碍人的事。对于办得不妥当的事，也要好心好意地帮，要注意下一代接班人的培养。我坚持退下来，就是不要在老年的时候犯错误。老年人有长处，但也有很大的弱点，老年人容易固执，因此老年人也要有点自觉性。越老越不要最后犯错误，越老越要谦虚一点。现在还要继续选人，选更年轻的同志，帮助培养。不要迷信。我二十几岁就做大官了，不比你们现在懂得多，不是也照样干？要选人，人选好了，帮助培养，让更多的年轻人成长起来。他们成长起来，我们就放心了。现在还不放心啊！说到底，关键是我们共产党内部要搞好，不出事，就可以放心睡大觉。十一届三中全会确立的这条中国的发展路线，是否能够坚持得住，要靠大家努力，特别是要教育后代。"

在国贸大厦，邓小平还强调：要抓住时机，发展自己，关键是发展经济，发展才是硬道理。要多干实事，少说空话。他说，"会议太多，文章太长，不行"。谈到这里，他指着窗外的一片高楼大厦说："深圳发展得这么快,是靠实干干出来的,不是靠讲话讲出来的,不是靠写文章写出来的。"

邓小平纵论天下事,从特区谈到全国,从国内谈到国际,足足讲了30多分钟。

(108) 合家欢

1992年1月21日，虽然天气还比较寒冷，但风和日丽。邓小平来到华侨城，兴致勃勃地游览了中国民俗文化村和锦绣中华微缩景区。

上午9点50分，邓小平在省、市负责人的陪同下来到中国民俗文化村。

中国民俗文化村是深圳人按照中国众多兄弟民族各有特色的生活习惯建设的体现各民族民俗特色的村落，是集民间艺术、民族风情、民居于一园的大型游览区。

当邓小平出现在民俗村东大门广场时，广场上顿时一片欢腾。这边，唢呐管弦，悠悠扬扬；那边，威风锣鼓，铿铿锵锵；这里是秧歌队，扭得热火朝天；那里是高跷队，踩得多彩多姿。身穿鲜艳民族服装的各族青年，载歌载舞。邓小平在人群中走着、笑着，走得是那么轻盈，笑得是那么开心。他不时停下脚步向大家鼓掌，招手致意。

在广场西侧，邓小平登上电瓶车，经过"徽州石牌坊群"、富有民族特色的"贵州鼓楼""风雨桥""云南藤桥"，以及金碧辉煌的"西藏喇嘛寺"等，进入中华民族源远流长的传统文化长河中。

根据邓小平事前的嘱咐，当天景区照常开放，此时景区已经有些游客，邓小平沿途不断地向各村寨的少数民族员工、景区工作人员和游客亲切招手。在电瓶车经过"陕北窑洞"时，正好碰上一个马来西亚的华人旅行团。当他们发现车上乘坐的是邓小平时，都喜出望外，许多人高喊"是邓小平、邓小平"，并争相拍照，邓小平也高兴地向他们招手致意。次日香港一家报纸发表的一张邓小平坐在电瓶车的"独家照片"，就是这个团的一位团员提供的。

参观过程中，当华侨城建设指挥部主任马志民介绍到现在民俗村每天平均有一万多名游客时，邓小平风趣地说："今天可能就要受干扰了。"

经过海边椰林时，邓小平对高大的铸铜千手观音很感兴趣，他说："我从来还没有见到过这样大的千手观音。"

在民俗村景区看过了"陕北窑洞"之后，邓小平下车步行至"新疆村"，抱着小孙子观看新疆维吾尔族的歌舞表演，兴致很高。表演结束后，邓小平走上前去对年纪最小的演员古丽孜尔说："你这小辫子真漂亮，可是在'文化大革命'时期是要剪掉的，还是现在好啊！"

游览了民俗文化村，邓小平又步行一段路来到锦绣中华微缩景区。这是集中国名胜古迹于一体的微缩景区，也是当今世界最大的缩微景区。

听说邓小平来了,正在这里游览的外国朋友和来自全国各地的游客,不约而同地从远处、近处,从四面八方向他涌来,向他鼓掌,表示敬意。有许多人还举起相机,拍下珍贵的镜头。

邓小平乘电瓶车游览了各个景点。

在"天安门"前,他走下电瓶车观赏了"故宫"景色。然后,他走到"故宫"景点旁边的小卖部,饶有兴趣地欣赏玻璃柜内的纪念品。

当经过"乐山大佛""崇圣寺三塔""桂林山水"等景点时,邓小平说:"这些地方我都去过。"

到达"布达拉宫"前,大家都下了车,邓小平说:"中国其他地方我都去过了,就是没有到过西藏。"卓琳当即说:"恐怕你以后也去不了了。"于是,一向不爱照相的邓小平分别同家人、身边的工作人员及陪同的负责人在"布达拉宫"前合影留念。他还高兴地同全家人合影,拍摄了一张"合家欢"。

邓小平虽然没有到过西藏,但对西藏有着很深的情结。1950年1月2日,毛泽东从莫斯科发来电报,确定进军西藏的任务由中共中央西南局担任。2月,邓小平亲自主持拟定了关于和平解放西藏的四项条件。随后,在这四项条件的基础上,亲自起草了同西藏地方当局谈判的十大政策。这十大政策,后来成为"十七条协议"的基本框架和基础。1951年10月,邓小平麾下的十八军进驻拉萨,西藏和平解放。

在驱车回宾馆途中,邓小平和陪同的负责同志亲切谈话。

据李灏回忆:当时,我们向小平同志汇报了深圳支援相对落后地区的有关情况。我提到,深圳市1990年成立了合作发展基金,每年都按固定的比例从财政收入中划出一部分作为这种基金。基金主要为贫困地区开发"造血"型项目,已取得比较好的成效。小平同志听后表示赞同,他说,将来,发达地区上缴利润的方式可以改变一下,用发达地区上缴的钱来补内地。当然现在不变。将来国家要抓这个问题,否则,差距太大。你们好,人家都往你这里跑,你也受不了。对于这种事情,一方面当然要控制人口流入;另一方面特区要多上缴一些利润、税金给国家,投向内地。对于这一点,你们要有思想准备。当然,不是现在就要向你们开刀,现在还不是时候,现在主要还要增加你们的活力。但到一定程度,就要向你们开刀。到本世纪末,就要考虑这些问题了。听到这里,车里的同志都热烈鼓掌。

邓小平还说:走社会主义道路,就要逐步实现共同富裕。共同富裕的构想是这样提出来的:一部分地区有条件先发展起来,一部分地区发展慢点,先发展起来的地区带动后发展的地区,最终达到共同富裕。如果富的愈来愈富,穷的愈来愈穷,两极分化就会产生,而社会主义制度就应该而且能够避免两极分化。解决的办法之一,就是先富起来的地区多交点利税,支持贫困地区的发展。当然,太早这样办也不行,现在不能削弱发达地区的活力,也不能鼓励吃"大锅饭"。

他说:不发达地区又大多是拥有丰富资源的地区,发展潜力是很大的。总之,就全国范围来说,我们一定能够逐步顺利解决沿海同内地贫富差距的问题。

当深圳市市长郑良玉汇报到在发展经济的同时,把社会主义精神文明建设搞好时,邓小平说:只要我们的生产力发展保持一定的增长速度,人民的精神文明建设也可以搞上去。我们完全有能力把社会主义精神文明建设搞好。

邓小平还谈到要尽快把经济建设搞上去。他说:有条件的地方要尽可能搞快点,只要是讲效益,讲质量,搞外向型经济,就没有什么可以担心的。

109 "谁反对改革开放,谁下台!"

　　1992年1月23日9点40分,邓小平登上了海关902快艇,启程前往珠海经济特区考察。

　　快艇劈波斩浪向珠海急驶而去。8年前邓小平由深圳到珠海时也是横渡百里珠江口,走的还是这条航线。当年,邓小平视察珠海经济特区后,题写了"珠海经济特区好",给珠海人民以巨大的精神鼓舞。

　　船舱内,邓小平坐在小沙发上,戴上老花镜,对谢非急切地说:"拿地图给我。"早有准备的谢非迅速拿出一张彩色的广东省地图，摊在邓小平面前，一边指点，一边和梁广大一起向邓小平汇报广东改革开放和经济发展的情况。邓小平戴上老花镜，一边看地图，一边听汇报。

谢非说：广东经济发展大致可分为三种类型，一片是经济较发达的珠江三角洲，为"第一世界"；一片是粤东粤西平原地区，为"第二世界"。谢非讲到这里，邓小平问："那余下的是'第三世界'了？"谢非说："是，我省广大山区经济还比较落后，为'第三世界'。我们正努力缩小贫富地区差距，力争在下世纪初赶上中等发达国家水平。"邓小平说："要得。"他肯定了广东发展的思路，指出广东在改革开放中起了龙头作用，今后还要继续发挥龙头作用。广东要上几个台阶，争取用20年赶上亚洲"四小龙"。

接着梁广大简略汇报了珠海的发展变化。

邓小平听后很激动地说："对于我们这样发展中的大国来说，经济要发展得快一点，不可能总是那么平平静静、稳稳当当。要注意经济稳定、协调地发展，但稳定和协调也是相对的，不是绝对的。发展才是硬道理……要抓住时机，发展自己，主要是发展经济。现在，周边一些国家和地区经济发展比我们快，如果我们不发展或发展太慢，老百姓一比较就有问题了。所以，能发展就不要阻挡，有条件的地方要尽可能搞快点，只要是讲效益，讲质量，搞外向型经济，就没有什么可以担心的。低速度就等于停步，甚至等于后退。要抓住机会，现在就是好机会，我就担心丧失机会。不抓呀，看到的机会就丢掉了，时间一晃就过去了。"

他强调：从国际经验来看，一些国家在发展过程中，都曾有过高速发展时期，或者高速发展阶段。现在，我们国内条件具备，国际条件有利，再加上发挥社会主义制度能够集中力量办大事的优势，在今后的现代化建设中，出现若干个发展速度比较快、效益比较好的阶段，是必要的，也是能够办得到的。我们就是要有这个雄心壮志！

谈到如何选好各级的带路人，邓小平对谢非和梁广大说："我在一九八九年五月底还说过,现在就是要选人民公认是坚持改革开放路线并有政绩的人,大胆地放进新的领导机构里,使人民感到我们真心诚意搞改革开放。人民,是看实践。人民一看,还是社会主义好,还是改革开放好,我们的事业就万古长青!"

谈到各级领导班子必须坚持党的十一届三中全会以来的路线、方针、政策时,邓小平语气坚定地说:"谁反对改革开放,谁下台!"

邓小平说,对改革开放,一开始就有不同意见,这是正常的。不只是经济特区问题,更大的问题是农村改革,搞农村家庭联产承包,废除人民公社制度。开始的时候只有三分之一的省干起来,第二年超过三分之二,第三年才差不多全部跟上,这是就全国范围讲的。开始搞并不踊跃呀,好多人在看。我们的政策就是允许看。允许看,比强制好得多。我们推行三中全会以来的路线、方针、政策,不搞强迫,不搞运动,愿意干就干,干多少是多少,这样就慢慢跟上来了。不搞争论,是我的一个发明。不争论,是为了争取时间干。一争论就复杂了,把时间都争掉了,什么也干不成。不争论,大胆地试,大胆地闯。农村改革是如此,城市改革也应如此。

快艇已接近珠海市九洲港,望着窗外烟波浩渺的伶仃洋,邓小平把话题转到国际共产主义运动的发展历程,他说:"时间算长一点,一九一七年到现在也才七十多年,时间还短,所以不能掉以轻心。我们共产党员的任务还没有完成。问题是要自觉,共产党员要讲自觉性,少开点会。联系实际,教育人民,教育党员,首先教育领导层。教育者要自我教育,最靠得住的是这个东西。所以我们进行改革,三中全会以来,不搞强迫,不搞运动。这在改革开放之前我们说过,运动无论如何不要搞,那个危害太多,人也整得太多,整得滥,正确的也说理不够,不要搞那个运动啦,但是不等于不搞教育。"

梁广大说:"港澳同胞特别关心中国改革开放政策的稳定性,创办特区的实践中,群众反映最大的是我们的政策有时这样,有时那样,有些政策'下放'不久又'回收'了，下边执行起来左右为难，不知怎么才好。"

说到这里，邓小平接过话题，神情严肃地强调说："现在，有右的东西影响我们，也有'左'的东西影响我们。但根深蒂固的还是'左'的东西。有些理论家、政治家，拿大帽子吓唬人的，不是右，而是'左'。'左'带有革命色彩，好像越'左'越革命！'左'的东西在我们党的历史上可怕呀！一个好好的东西，一下子被他搞掉了。"

邓小平的话音未落，他的小女儿邓榕就问他："您在历史上受过几次'左'的迫害呀？"邓小平提高声音，伸出三个指头说："三次啊！"

邓小平说："右的东西有，动乱就是右的！'左'的东西也有。把改革开放说成是引进和发展资本主义，认为和平演变的主要危险来自经济领域，这些就是'左'。我们必须保持清醒的头脑，这样就不会犯大错误，出现问题也容易纠正和改正。"

邓小平还说道："学马列要精，要管用的。长篇的东西是少数搞专业的人读的，群众怎么读？要求都读大本子，那是形式主义的，办不到。我的入门老师是《共产党宣言》《共产主义 ABC》。最近，有的外国人议论，马克思主义是打不倒的。打不倒，并不是因为大本子多，而是因为马克思主义的真理颠扑不破……我们改革开放的成功，不是靠本本，而是靠实践，靠实事求是。农村搞家庭联产承包，这个发明权是农民的。农村改革中的好多东西，都是基层创造出来，我们把它拿来加工提高作为全国的指导。实践是检验真理的唯一标准。我读的书并不多，就是一条，相信毛主席讲的实事求是。过去我们打仗靠这个，现在搞建设、搞改革也靠这个。我们讲了一辈子马克思主义，其实马克思主义并不玄奥。马克思主义是很朴实的东西，很朴实的道理。"

快艇行驶了一个多小时，邓小平也不停地与省市领导交谈了一个多小时。快艇靠岸了，他和艇上的工作人员一一握手，并合影留念。

110 "看到这样年轻的科技队伍,中国有希望啊!"

　　1992 年 1 月 25 日上午 9 点 35 分,邓小平来到珠海市高新技术企业亚洲仿真控制系统工程有限公司参观。当邓小平走来时,公司员工立即报以热烈的掌声。老人家停下脚步,大声地说:"祝贺你们,祝贺你们年轻人!"

　　公司总经理游景玉向他详细介绍了公司的科研、生产和科技队伍等情况。当游景玉汇报到亚仿公司走的是一条科技、生产、效益相结合的道路时,邓小平问道:"科学技术是第一生产力的论断,你认为站得住脚吗?"

游景玉回答说:"我认为完全站得住脚,因为我们是用实践来回答这个问题的。"

邓小平点点头说:"就是靠你们来回答这个问题。"

游景玉说:"我们过去的实践、现在的实践和未来的实践都会说明这个问题。"

邓小平微笑着说:"我相信它是正确的。"

随后,邓小平又亲切地问游景玉:"你是留美的吗?"

游景玉回答道:"我是代表我们国家去完成引进任务,在美国住的时间比较长。"邓小平听后,敏锐而风趣地说:"是培训。"

游景玉点点头说:"我们公司还有不少人都是在美国经过不同的培训回来的。但是我们有个很坚定的意志,我们在中国一定会把高科技发展起来,在改革开放这样一个大环境之下,一定能够很好发展起来。我们的经济,我们的科技一定能发展上去。我们全公司不同年龄的知识分子的干劲和全体职工的干劲都是为了发展高科技这一目的。而且在珠海这样一个好的环境下,深得各级领导的关心、支持和帮助,我们要把民族科技搞上去。"

邓小平沉思片刻,深情地说:"你们要带头,希望所有出国学习的人回来。不管他们过去的政治态度怎样,都可以回来,回来后妥善安排。这个政策不能变。告诉他们,要做出贡献,还是回国好。希望大家通力合作,为加快发展我国科技和教育事业多做实事。"

邓小平在省、市领导的陪同下走进机房。眼前出现的是一台 30 万千瓦的模拟电机组正在微机控制下工作。邓小平看得很认真,显得十分兴奋。他说:"我相信你们能在发展高科技方面带个头。"说着竖起大拇指轻轻地晃动着,双眼充满着对年轻科技工作者的希望。

参观中，游景玉汇报说："我们公司投产第一年，人均产值达 20 多万元。"邓小平马上接着道："更重要的是水平。近一二十年来，世界科学技术发展多快啊！高科技领域的一个突破，带动了一批产业的发展。要提倡科学，靠科学才有希望。近十几年来我国科技进步不小，希望在 90 年代，进步得更快。"

游景玉向邓小平介绍说，他们公司 105 人中 80％以上是博士、硕士和高中级科技人员。邓小平听后看着机房内先进的技术设备和良好的工作条件，颇有感慨地对科技人员说："你们现在的条件要比 50 年代好多了。大家要记住那个年代，钱学森、李四光、钱三强那一批老科学家，在那么困难的条件下，把'两弹一星'和好多高科技项目搞起来。应该说，现在的科学家更幸福，因此，对我们的要求也更多、更高了。""要提倡科学，靠科学才有希望。近十几年我国科技进步不小，希望 90 年代进步更快。每一行都树立一个明确的战略目标，一定要打赢。高新科领域，中国要在世界上占有一席之地。"

在计算机房内，邓小平在游景玉的陪同下进入机房，参观了正在研制的两套火电站仿真机。邓小平连声称赞："好东西，好东西啊！"

游景玉介绍说，这两套火电站仿真机设备是追踪世界最新技术搞起来的。邓小平高兴地说："我是看新鲜。要发展高新技术，越新越好，越高越好，越新越高，我们就高兴。不只我们高兴，人民高兴，国家高兴！"

机房里坐在计算机旁的都是年轻人。邓小平走着看着，脸上露出喜悦的神情。当他走到一台计算机旁时，停了下来，正在操作的复旦大学毕业的年轻人郑在峰站了起来，她有些害羞，怯生生地伸出了手，邓小平亲切地和她握着手。一旁的浙江大学毕业的硕士生吴芳辉也站了起来，连忙向邓小平伸出了手。邓小平也高兴握着这位年轻人的手，说："我要握握年轻人的手，科学的希望在年轻人。"顿时，人群沸腾了。一双双年轻的手伸过来，邓小平一一同大家握手，握过前排的手又握中排，握过中排的手再握后排，一个也没落下。邓小平一边握手，一边说：

"我很高兴，我们有这样年轻的科技队伍。"

在公司大厅，游景玉指着墙上"造就人才，贡献中华"几个醒目的大字对邓小平说："我们全公司的人都在为贡献中华而努力。"邓小平听了，充满深情地对在场的人员说："对国家要爱哟！中国要发达起来，中国穷了几千年了，现在是改变这种状况的时候了，是时候了，现在就是要抓住这个机遇，要抓呀，要抓呀，我国各行业要共同努力，来证明可以干很多事。"

邓小平兴致很浓，他与游景玉又探讨起仿真技术能否用于现代化的军事指挥系统的问题。游景玉告诉邓小平，仿真技术是一门系统工程，要进一步发展起来需要许多行业共同合作和支持。邓小平说，社会主义制度的好处就是，我们可以调动人力，可以集中人才，打歼灭战，这个是资本主义办不到的。

在返回的路上，邓小平由衷地对周围的人说："真高兴啊，我真高兴看到这样年轻的队伍，当年钱学森搞导弹的时候，中央给他 100 个中学生、高中生，就这样带出来了。现在这个公司大专以上的科技人员就有100 人，学历比那时高多了。珠海这个地方就容纳了这么多高科技人才，从全国来说，就更多了。要不断造就人才，只要有了人才，事业就兴旺。今天真高兴看到这样年轻的科技队伍，中国有希望啊！"

梁广大接过话题说："您一贯重视科技人才。根据您的思想。我们准备在今年 3 月召开推动科技进步大会，对有突出贡献的科技人员给予轿车、住房、现金重奖。"

邓小平伸出大拇指说："我赞成！"然后又说："今天我们看到那么多年轻的科技工作者，有希望啊！从中国出去的科学工作者，有许多都很怀念祖国，这很好啊！要把他们吸引回来。"

梁广大回答说："去年已有不少在国外的科技人员要求来珠海工作。"

谢非也说道："广东省已制定了政策，欢迎留学生回来，也允许留学生回去。"

邓小平听后说："这个好嘛！这要有点胆量。不是讲改革开放吗？开放嘛，进出就是要自由一点嘛。事实上，回来的，绝大多数都学有所用，只要安排妥当，绝大多数留学生回来后是不会出去的。"

(111) “我们肩膀上的担子重，责任大啊！”

1992年1月25日，参观完亚洲仿真控制系统工程有限公司，邓小平一行来到拱北地区的芳园大厦，乘电梯上到29层的旋转餐厅，他一边观赏窗外的拱北新貌和澳门风光，一边听取谢非、梁广大的汇报，一边同他们交谈。

谢非说：“您提出的‘一国两制’构想即将变为现实。广东处在第一线，广东的情况怎样，影响很大。我们会用自己的实践证明社会主义制度的优越性，但这有个过程。广东作为改革开放的前沿，十多年的建设使这里发生了很大的变化，我们将坚定不移地沿着改革开放的道路走下去。"

邓小平接着说："这十年真干了不少事。我国发展这么快，使人民高兴，世界瞩目。这就足以证明三中全会以来路线、方针、政策的正确性，谁想变也变不了。谁反对改革开放谁就垮台。说来说去，就是一句话：坚持这个路线方针不变。反对的人让他去睡觉好了。改革开放以来，我们立的章程并不少，而且是全方位的。经济、政治、科技、文化、教育、军事、外交等各个方面都有明确的方针和政策，而且有准确的表述语言。这次十三届八中全会开得很好，肯定农村家庭联产承包责任制不变。一变就人心不安，人们就会说中央的政策变了。农村改革初期，安徽出了个'傻子瓜子'问题。当时许多人不舒服，说他赚了一百万，主张动他。我说不能动，一动人们就会说政策变了，得不偿失。像这一类的问题还有不少，如果处理不当，就很容易动摇我们的方针，影响改革的全局。城乡改革的基本政策，一定要长期保持稳定。当然，随着实践的发展，该完善的完善，该修补的修补，但总的要坚定不移。即使没有新的主意也可以，就是不要变，不要使人们感到政策变了。有了这一条，中国就大有希望。"

听了邓小平的这番话，梁广大深有感触地说："试办特区前，珠海和澳门一水之隔，却差别很大。虽然我们的舆论整天宣传社会主义是'天堂'，资本主义是'地狱'，港澳同胞生活在水深火热之中，但是存在决定意识，老百姓看到在困难时期港澳同胞回来探亲穿得漂漂亮亮，还把一筐一筐的东西带回来，我们当时吃也没得吃，穿得也很寒酸，所以老百姓就不信。很多人趁刮风下雨的晚上，就往香港、澳门外逃，冒着生命危险冲过去，非要往'地狱'里闯一闯，非去'水深火热'中泡一泡。因此，有不少人外流到香港、澳门。生产队长一早起来吹开工哨才发现，队里六七十个强劳动力一夜之间全跑了。有个 260 多户人家的村子，除老人和孩子,全都跑空了。特区创办后,珠海人的生活一天比一天好起来,过上了小康水平的富裕日子,原来外流的珠海人也纷纷回来了。那个跑空了的村子,除队长一户感到无颜见江东父老没有回来外,其余260户人家都回珠海定居了。现在还有些澳门女子嫁到珠海来定居。"

邓小平听后,很高兴地说:"这很好嘛,说明社会主义能够战胜资本主义。"

接着,邓小平说道:1989年开始治理整顿,我是赞成的,而且确实需要。经济"过热"确实也带来一些问题。比如,票子发得多了一点,物价波动大了一点,重复建设比较严重,造成了一些比较浪费。但是怎么全面地来看待那五年的加速发展,也可以称作一种飞跃,但与"大跃进"不同,没有伤害整个发展的机体、机制。那五年的加速发展功劳不小,这是我的评价。治理整顿有成绩,但评价功劳,只算稳的功劳,还是那五年加速发展也算一功? 或者至少算是一个方面的功? 如果不是那几年跳跃一下,整个经济上了一个台阶,后来三年治理整顿不可能顺利进行。看起来我们的发展,总是要在某一个阶段,抓住时机,加速搞几年,发现问题及时加以治理,尔后继续前进。

缓缓旋转的餐厅此时转到了与澳门相对的角度,老人家眺望着远处的澳门说道:"我坚信,世界上赞成马克思主义的人会多起来的,因为马克思主义是科学。它运用历史唯物主义揭示了人类社会发展的规律。封建社会代替奴隶社会,资本主义代替封建主义,社会主义经历一个长过程发展后必然代替资本主义。这是社会历史发展不可逆转的总趋势,但道路是曲折的。资本主义代替封建主义的几百年间,发生过多少次王朝复辟? 所以,从一定意义上说,某种暂时复辟也是难以完全避免的规律性现象。一些国家出现严重曲折,社会主义好像被削弱了,但人民经受锻炼,从中吸取教训,将促使社会主义向着更加健康的方向发展。因此,不要惊慌失措,不要认为马克思主义就消失了,没用了,失败了。哪有这回事!""社会主义从总的方面来说,没错,我们跟着这个路线走，中国永远不会倒，不仅不会倒，而且会沿着社会主义道路飞速发展。""我们要在建设有中国特色的社会主义道路上继续前进。资本主义发展几百年了，我们干社会主义才多长时间！何况我们自己还耽误了二十年。如果从建国起，用一百年时间把我国建设成中等水平的发达国家，那就很了不起！从现在起到下世纪中叶，将是很要紧的时期，我们要埋头苦干。我们肩膀上的担子重、责任大啊！"

在旋转餐厅游览结束后，正当邓小平走进电梯准备下楼时，他的小女儿邓榕向他反映说："楼下有好多群众想见您！"

老人家立即高兴地说："我一定要去看看他们。"片刻之后，当老人家走出芳园大厦，出现在数以千计的群众面前时，人们欢呼雀跃。闻讯前来的群众竟有 6 000 多人，其中大部分是珠海市民和来特区的打工仔、打工妹，也有来珠海浏览观光的游客，还有许多从澳门来拱北购物的澳门同胞。大家虽然素不相识，却自发地一起维持秩序，又情不自禁地朝前拥着、挤着，想多看一看老人家这位伟人的风采。

老人家面带微笑，稳步向人群走去。顿时，掌声雷动。有人用普通话高呼："小平同志，您好！"

更多的群众用广东话喊道："邓伯伯，您好！""邓爷爷，您好！"老人家举起右手向四面八方的群众依次挥动，点头。他看到了，看到了这些用双手在荒滩上盖上一砖一瓦的特区人的风貌，也领略到了特区人的情感和特区人继续开放改革的信心——领袖与人民群众心贴心，心连心。

掌声，欢呼声，如山呼海啸，此起彼伏。人们喊着，蹦着，后排人踮起脚尖或跳跃起来，唯恐错过这一千载难逢的机会，而被挡在厚厚的人墙后面的人索性你抱我看一下，我抱你看一眼，让衷心爱戴的老人家的音容笑貌映入眼中，刻进心中！

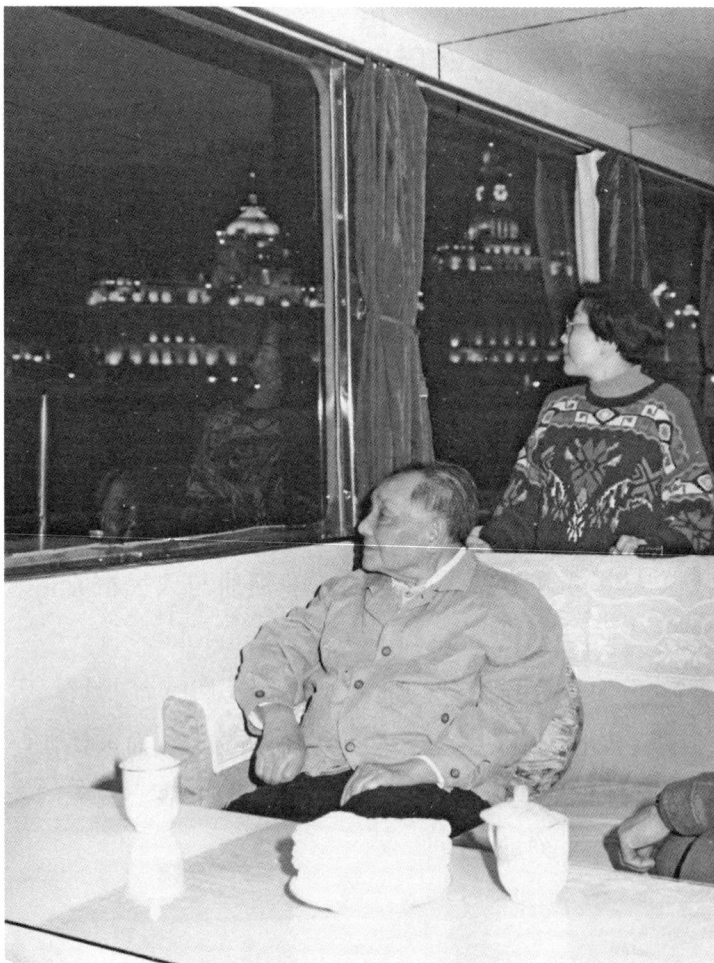

112 "21 世纪靠你们年轻人"

1992 年 2 月 3 日晚,农历除夕之夜,邓小平满面春风地出现在上海各界人士齐聚的迎猴年新春晚会上,向大家致意,向上海人民问好。

这年的春节连续三天晴好,2 月 7 日这天突然转阴,天气特别阴冷。邓小平不顾天气寒冷出发到他特别关注的浦东考察。这天,邓小平一行先到南浦大桥,高兴地让在场的记者拍了一张全家福,接着就来到南浦大桥工地。在模型前,邓小平听取大桥建设总指挥朱志豪的介绍后,转身想看一下建设中的杨浦大桥雄姿时,发现百米高处有正在施工的工人,于是扬起手向桥塔上的工人致意。这时,在场的工人和百米桥塔上的工人一齐报以热烈的掌声。

2 月 8 日,在上海市委负责人黄菊、吴邦国的陪同下,邓小平夜游浦江,在饱览黄浦江两岸璀璨景色的同时,他专门就选拔、培养、使用年轻干部的问题发表了重要意见。他说,干部培养体制上要后继有人,各个梯次上都要有。要解放思想,这是解放思想最重要的一个方面,胆子要大一点,人无完人。他语重心长地对在座的几位市委老同志说:"年轻一点的同志有这样那样的缺点,老的就没有吗? 老的也是那样走过来的。要从基层搞起,就后继有人。"

2 月 10 日,晴空万里,阳光和煦。邓小平、杨尚昆一行来到位于漕河泾新兴技术开发区的中外合资上海贝岭微电子制造有限公司视察。

上午 9 时许,两辆大客车徐徐进入贝岭公司大门,驶向公司的主厂房——硅片制造部。车门打开,邓小平神采奕奕地出现在早已等候在厂门口的干部职工面前。

在听取了公司情况的介绍之后,邓小平饶有兴趣地开始视察生产线情况。当他看到一台首次引进到国内的 IC 生产关键设备大束流离子注入机时,对这台高科技的设备表现出了浓厚的兴趣,他边听边问:"它们姓'资'还是姓'社'?"片刻,他意味深长地说,它们姓"社",资本主义国家的设备、技术、管理引进为我们所有就是姓"社"。只有搞好开放引进,使我们国家经济技术尽快赶上世界水平,才不至于落后挨打。

紧接着，邓小平分析了苏联这个原来经济技术较发达的国家，因闭关自守而导致落后最终解体的例子。他还对为提高上海贝尔的程控交换机国产化率而配上大规模集成电路和相关部件生产技术给予了充分肯定。

按原计划，视察后与公司、仪表局负责人合个影就该上车走了。但临上车时，邓小平看到大楼前聚集了很多年轻技术人员，就主动走过去向他们鼓掌示意，并和前排的人一一握手。

测试部女大学生周剑锋见到邓小平就热情问候："邓爷爷好！"

质量部女研究生华剑萍怀着崇敬的心情说："您在我们年轻人心目中是最德高望重的。"邓小平微笑道："这不好说吧！有一点贡献，做了一点事，很多事情没有做，来不及做，也做不完。"

杨尚昆问大家："你们是什么学校毕业的？"

"华东师大。"

"复旦大学。"

"外语学院。"

年轻人一一做了回答。这时，有人插话介绍："他们都是大学生！"

邓小平高兴地点点头，语重心长地说："21 世纪靠你们年轻人。"

站在他旁边的杨尚昆大声重复道："21 世纪靠你们了。"

荆亦仁、华剑萍等同声回答："请放心，我们年轻人会把中国建设好的。"

(113)“上海一定要抓住这个发展的机遇”

1993年1月22日是农历的除夕，邓小平在上海与上海各界人士共迎新春佳节。

当邓小平神采奕奕来到会见厅时，中共中央政治局委员吴邦国首先转达了江泽民总书记向小平同志的问候。江泽民同志在电话中说：

"我代表中央各位同志向小平同志拜年，祝小平同志健康长寿。"

邓小平说："请代我向江泽民同志和各位中央同志拜年。"

吴邦国接着说："我代表上海 1 300 万人民向小平同志拜年，祝小平同志春节好，健康长寿。""小平同志对上海工作提出：'一年变个样，三年大变样。'我们要认真学习小平同志建设有中国特色社会主义的理论和对上海工作的批示，坚定不移贯彻基本路线，加快上海发展，不辜负小平同志对上海的殷切期望。"

邓小平说："我向大家拜年，祝你们春节快乐，并通过你们向全体上海人民，首先是上海工人阶级拜年。上海工人阶级长期以来一直是中国工人阶级的带头羊。""希望你们不要丧失机遇。对于中国来说，大发展的机遇并不多。中国与世界各国不同，有着自己独特的机遇。比如，我们有几千万爱国同胞在海外，他们对祖国做出了很多贡献。"

邓小平充分肯定了上海人民去年所做的工作。他说："上海人民在1992 年做出了别人不能做到的事情。当然，走一步，回头看一下是必要的。要注意稳妥，避免大的损失。有一点小的损失不要紧。回头总结经验，改正缺点就是了。你们上海去年努力了一年，今年再努力一年，乘风破浪，脚步扎实，克服困难更上一层楼。""实践证明，以江泽民同志为核心的党中央领导集体工作做得是好的，是可以信任的。"

吴邦国后来回忆说："1993 年春节过了以后他回北京，我和黄菊送他走，已经送他上了火车了，已经告别过了，又把我和黄菊叫到火车上去，又谈了十分钟，谈到火车已经动了，再不下火车就把我们带到北京来了，这十分钟的时间重点就谈一个问题，就是上海不能错过机遇，上海的机遇不多，上海一定要抓住这个发展的机遇。他对我和黄菊同志说，你们要有勇气，不要在你们手上失掉机遇。当时对我们来讲感到这是一个很大的政治责任，而且对上海的发展提出新的要求。"

114 逛京城

1993 年 10 月 31 日, 星期天。

邓小平一行在北京市常务副市长张百发的陪同下, 乘坐一辆乳白色丰田面包车逛京城。

邓小平现在退休了, 他要常出来逛一逛京城。这次出行前的一个月, 邓小平就惦记着出来, 看看北京新建的马路、老百姓的房子。退休以后, 在北京巡视, 他不止一次地让张百发同志为他当向导。他说过,他现在是普通老百姓了，不要过多地惊动部长、市长。

这天，他一见到张百发同志，就高兴地打招呼："队长！队长！"

虽然国庆节已经过去了一个月，但街头的花坛仍时有所见，傲然盛开的菊花点缀着街头巷尾。

上午9时，邓小平乘坐的车子驶入宽阔的长安街。同车的医生要求，活动控制在一个小时以内。因此巡视路线确定以看新落成的道路为主，先经长安街看市区，再上东南三环快速路、四元立交桥和首都机场高速路。

邓小平坐在车上，透过车窗注视着掠过的人群、建筑、街道，车子缓缓行进。邓小平兴致勃勃，窗外掠过的每一幢高大建筑物，他都要问问是什么楼，国际饭店、海关大楼……唯一陪同的张百发手指路旁，告诉邓小平，新建的长安大戏院将在那儿建起。

"再有两年可以投入使用了，到时请您去看戏。"张百发笑着对邓小平说。

出建国门，奔劲松路，上了东三环高架桥。邓小平看着窗外，感慨地说："北京全变了，我都不认识了。"

经过京广大厦，邓小平马上记起来了："这楼那年我来过。"张百发说："是啊，3年前我曾陪您登上这座大楼。"

虽然京广大厦仍巍然挺立着它那高大的身躯，但东三环高架桥的建起、周围建筑的拆迁，使这个地方已不是3年前的样子了。邓小平环视了一下周围，再次说："噢，这地方我来过，全变了，都变了！"

交谈中，张百发建议邓小平常出来走动走动。邓小平说："年纪大了，不愿多走动。"张百发说："有些老人同您年纪一般大，还打网球呢。"

邓小平笑着说："他们胆子都比我大，我不行啊。"

谈笑间，一条现代化的道路——机场高速公路展现在眼前。邓小平要下车看看。因外面有风，车上人劝他，到四元桥吧，那里气势恢宏。

车子到了四元桥停下，随行的大夫却坚持不让邓小平下车。邓小平向车上的人做了个无奈的表情,然后问亚运村在哪儿。

张百发将亚运村的方位指给邓小平看。

离开四元桥,车子驶上了平展宽阔的机场高速公路。在通过一排民族风格牌楼式的收费站时,邓小平的小女儿毛毛问张百发:"收多少钱?"

张百发回答说:"像咱们坐的这种车,过一次交 20 元。"

毛毛转身将手伸向父亲,调皮地说:"拿钱。"

邓小平以浓重的四川口音风趣地回答:"我哪里有钱?! 从 1929 年起,我身上就分文全无!"

一席话,说得坐在身边的卓琳和全车的人哈哈大笑起来。

已是 10 点多钟,邓小平仍兴致不减。在归途中,他指着脚下的高速公路问张百发:"这样的路算不算小康水平?"

张百发回答说:"已经超过了。"

邓小平欣慰地点点头,又扯扯自己身上穿的烟色水洗绸夹克衫,风趣地问:"我这件衫子算不算小康水平?"

张百发笑着回答:"您这件是名牌,也超过了。"

车上又一次响起了一片愉快的笑声。

谈话间,邓小平又问到申办奥运会的事情。张百发简要地向他介绍了蒙特卡洛最后投票的情况。

邓小平沉默了一下说,这是意料之中的事情,关键还是把我们自己的事情搞好。

车子在四元桥上稍事停留,按原计划,邓小平要下车走走,因为出来的时间已 1 小时 15 分钟,超过了预定时间,被医生劝阻。邓小平毫无倦意,坐在车上继续听张百发介绍四元是指什么、亚运村在哪个方向……

临下车时,邓小平说:"我总想出来走走,逛逛公园和商店,可是他们不让。"他一边说一边指指身边的警卫和医生。

　　张百发提出，明年春暖花开的时候请邓小平看看世界公园和建设中的北京西站。并介绍说，西客站是京九铁路的起点。1996年这条铁路建成后，邓小平不用坐飞机，坐火车就可以从北京直达香港，实现1997年去香港看看的愿望。

　　邓小平听后连连点头说："好，好！"

115 "喜看今日路，胜读百年书"

1993 年 12 月 9 日的上午，邓小平离开北京前往上海。10 日清晨，专列到达了上海。

1993 年，是上海有史以来在城市建设方面的最大的丰收年。在这一年里，上海重大工程 23 个项目全部完成，城市基础设施建设的丰硕成果一个接着一个，这里面，有世界第一跨度的斜拉桥——杨浦大桥，有上海第一座五层立交桥——罗山路立交桥，有上海第一条高架道路——内环线一期工程等。此外，吴淞大桥、江苏路拓宽工程、龙阳路立交桥、外高桥港区工程、外滩改造二期工程、凌桥水厂一期工程等 18 项重大市政工程也都按期完成。上海正在向全世界显示：它正以坚实的步伐向国际经济、贸易、金融中心挺进，长江流域的巨龙终于在太平洋西岸高高地昂起了头。

一到上海，邓小平心里放不下的还是浦东。他要亲眼看一看。

黄菊回忆说："1994 年的春节，90 高龄的小平同志一到上海第一天就要看杨浦大桥，我说你刚到，第二天，到第三天；他说，一定要去。第一、第二天天气是好的，第三天天气是蒙蒙细雨，六级风了。一早五点多他就起来，八点钟，我陪着他去。"

12 月 13 日这天，不仅下雨、刮风，气温也骤降至零摄氏度左右。邓小平在中共中央政治局委员、时任中共上海市委书记吴邦国和时任上海市市长黄菊陪同下乘小面包车又一次视察浦东。

汽车经南浦大桥，驶向内环线浦东段，视察浦东最大的罗山路、龙阳路两座立交桥后，沿途看见浦东热气腾腾的建设景象，已经初具规模的浦东基础设施，邓小平笑吟道："喜看今日路，胜读百年书。"

女儿在边上对他说："40 年了，我还没听到过你作诗呢。"

邓小平对吴邦国、黄菊说："我这不是诗，这是出自我内心的话。"

汽车在雄伟的杨浦大桥上停下来。

还是在 1990 年 8 月 23 日南浦大桥刚刚封顶时，时任上海市市长的朱镕基就把建造杨浦大桥的任务交给了黄浦江大桥工程总指挥朱志豪。杨浦大桥是 1991 年 5 月 1 日正式开工的。总投资 13.3 亿人民币，比南浦大桥增加了 60％，主桥跨度比南浦大桥长 42％，主塔高度比南浦大桥高 38％，工期要求却要比南浦大桥缩短 5 个月。

面对时间紧、任务重的杨浦大桥的建设任务，广大造桥技术干部和工人，开展劳动竞赛。指挥部将任务分配下去，分块、分段包干，哪一块、哪一段工程完成速度快、质量好，现场会就在哪里开。广大造桥工人非常珍惜荣誉,大家争先恐后,干得热火朝天。1992年2月7日,邓小平视察杨浦大桥建设工地,慰问在工地上施工的造桥工人,询问大桥的建设情况,给了广大造桥工人以极大的鼓舞。1993年9月20日,仅用了2年零5个月的时间就完成了杨浦大桥的建设。

今天是邓小平第二次来到杨浦大桥视察。

车门打开,一阵寒风带着雨点迎面扑来。这时等候在桥上的工程建设总指挥朱志豪迎上来说:"桥上风大,下雨,又冷,还是我上车向老人家汇报吧。"

邓小平不顾寒风细雨,坚持要下车。下车后,邓小平沿桥走了十几米,朱志豪在旁边汇报说,杨浦大桥是当今世界上最大的斜拉桥,并指着小平同志题写的、高高悬挂在大桥主塔上的"杨浦大桥"四个字说:"你为我们大桥题写的桥名已经装到大桥上了。"

邓小平抬头望了望。

"这四个字,每个字都有14平方米。"朱志豪说。

站在世界第一斜拉桥上,邓小平内心充满着喜悦,他高兴地握着大桥建设总指挥朱志豪的手说:"感谢上海的工程技术干部,感谢上海的造桥职工,向他们问好!""这是上海工人阶级的胜利。我向上海工人阶级致敬!"

1994年的元旦之夜,邓小平在吴邦国、黄菊的陪同下,登临新锦江大酒店的顶层,俯瞰灯光璀璨的上海不夜城景色,高兴地说:"上海变了。"

正在大酒店欢度节日的中外旅客,意外地见到邓小平,情不自禁地长时间鼓掌,向邓小平表达敬意和问候。邓小平也含笑向中外旅客频频招手致意。